刘京涛 著

淘宝天猫
数据化运营实战

如何击败99%的人

北京大学出版社
PEKING UNIVERSITY PRESS

内 容 简 介

本书从电商目前的发展状况展开，分析了每个电商平台运营的特点，着重讲解了行业选品需要遵循的要点、宝贝卖点挖掘的方法、宝贝价格定义的分类、黑马词挖掘的思路与宝贝标题撰写的技巧、直通车推广技巧的汇总、钻展与DMP结合推广做到精准营销、优质淘宝客寻找的方法与合作的模式、各个平台活动的报名技巧与案例解析、新媒体与电商结合的案例分析等，希望对目前从事电商运营工作的人员有所帮助。

本书特别适合意欲或正在从事电商类工作的人员，电子商务专业的毕业生，同时也适合电商创业者，尤其适合那些在运营中遇到瓶颈的商家使用。本书还适合作为大学生实战型电商教材和培训机构培养就业型电商人才的教材。

图书在版编目(CIP)数据

淘宝天猫数据化运营实战 / 刘京涛著. — 北京：北京大学出版社，2020.10
ISBN 978-7-301-31564-4

Ⅰ.①淘… Ⅱ.①刘… Ⅲ.①网店－运营管理 Ⅳ.①F713.365.2

中国版本图书馆CIP数据核字(2020)第155870号

书 名	淘宝天猫数据化运营实战
	TAOBAO TIANMAO SHUJUHUA YUNYING SHIZHAN
著作责任者	刘京涛 著
责 任 编 辑	吴晓月
标 准 书 号	ISBN 978-7-301-31564-4
出 版 发 行	北京大学出版社
地 址	北京市海淀区成府路205号 100871
网 址	http://www.pup.cn 新浪微博：@北京大学出版社
电 子 信 箱	pup7@pup.cn
电 话	邮购部 010-62752015 发行部 010-62750672 编辑部 010-62570390
印 刷 者	河北滦县鑫华书刊印刷厂
经 销 者	新华书店
	787毫米×1092毫米 16开本 16.5印张 400千字
	2020年10月第1版 2020年10月第1次印刷
印 数	1-4000册
定 价	58.00元

未经许可，不得以任何方式复制或抄袭本书之部分或全部内容。
版权所有，侵权必究
举报电话：010-62752024 电子信箱：fd@pup.pku.edu.cn
图书如有印装质量问题，请与出版部联系，电话：010-62756370

◆ 为什么要写这本书？

随着电子商务的发展，淘宝、天猫、京东、全球速卖通等电商平台几乎占据了我们的购物生活，甚至已经成为很多人购物的"主战场"。确实，电商已经给人们的生活带来了太多改变。例如，网店不打烊，可实现24小时购物；人们足不出户即有快递员送货上门……这些现象不得不让我们去思考电商的重要性。

无论你是否从事电商行业的工作，都应或多或少地了解电商这个行业，否则你就out了。如果你准备进入电商行业，就更需要进一步了解和钻研这个行业了。但是电商行业的"大咖"能把自己钻研的成果分享出来的少之又少，更别说拿自己运营的行业真实数据进行解读了。所以笔者致力于撰写一本能帮助电商爱好者和从业者更好地了解和运营电商的书。

◆ 本书有何特色？

1. 数据真实可靠，案例应用性强

为了写好本书，笔者将这些年真实创建店铺及运营店铺的经验运用相关数据进行了表述，对真实案例进行了分析总结。

本书提出并解答了近50个常见的应用型问题，如转化率低怎么办、标题如何撰写、如何利用直通车拉升自然排名等。针对这些问题，笔者选用真实的数据进行分析解读，根据运营中真实的案例进行撰写，可供读者直接应用。

2. 本书分享了大量宝贵的相关资源

为使读者更好地理解本书所写的内容，针对重要的章节笔者定期录制课程并召开大讲堂，供读者免费学习。请读者关注微信公众号（jingtaoebc），获取视频资源。此外，本书还提供所涉及的视频、电商运营表格及其他相关资源，可以根据提示获取资源。

3. 化繁为简，便于理解和记忆

本书以教学的形式进行讲解，将复杂的问题简单化，多处使用了数字记忆法，如主图设计的10种常见方法、黑马词的3项指标、直通车六大应用等，使读者轻松熟记这些技巧。最后，笔者进行了汇总与脑图的设计，读者可以从微观记忆上升到理解，这是本书最大的特色。

4. 提供了完善的技术支持和售后服务

读者如果在学习过程中遇到了问题,可以加添笔者微信号(jingtaodui)或QQ号(8187537),还可以登录百度贴吧(京涛老师吧)进行提问。

◇ **本书的适用范围**
- 适合电商从业者阅读。
- 适合作为电商培训机构的教材。
- 适合中小店铺创业者阅读。
- 适合作为大学生电商实战教材。
- 适合作为农村淘宝落地实训教材。
- 适合作为中大型电商企业内训教辅。

◇ **阅读本书的建议**
- 没有电商行业基础知识者,务必从第1章开始阅读,最好自己开一个店铺,边实践边学习。
- 有一定电商基础知识者,可以重点看第4~8章,学习如何快速引流量。
- 针对每个知识点,建议读者先学习,后练习,并且反复练习,不懂的地方通过技术支持问老师,效果更佳。
- 疑难问题可以在笔者指定的教学群或贴吧进行提问,互相探讨才能出真知。
- 学习是一个循序渐进的过程,要做好电商行业的工作,就必须关注电商的实时动态,定期访问电商运营的相关网址,用发展的眼光看待学习,才能不被时代淘汰。

◇ **资源下载**

本书涉及的视频和运营所需表格与方案,以及做淘宝要用的网址和直播手册等相关资源,已上传到百度网盘,供读者下载。请读者关注封底"博雅读书社"微信公众号,找到"资源下载"栏目,根据提示获取。

◇ **致谢**

本书能够出版尤其需要感谢达内网络营销总监李新刚老师的支持,新媒体电商章节很多内容来自李新刚老师整理与提供,没有他的无私奉献也很难完成本书的创作。

Contents 目录

第1章 数据分析是打开电商大门的金钥匙

1.1 电商平台综述 /2
    1.1.1 淘宝平台现阶段的发展 /2
    1.1.2 天猫平台不是你想开就能开的 /2
    1.1.3 京东平台看过来 /3
    1.1.4 全球速卖通平台进入卖家视野 /3
    1.1.5 阿里巴巴玩法新花样 /3
1.2 大数据下如何选品 /4
    1.2.1 淘宝与天猫平台选品思路 /4
    1.2.2 京东平台的选品思路 /7
    1.2.3 全球速卖通平台的选品思路 /8
    1.2.4 选品要点汇总 /9
1.3 大数据下如何选卖点 /9
    1.3.1 淘宝、天猫产品卖点挖掘 /9
    1.3.2 京东产品卖点挖掘 /11
1.4 电商团队人员搭建 /11
1.5 电商团队的考核指标 /14
1.6 做淘宝天猫必须要避开的18个"坑" /18

第2章 阿里开店——数据化运营新思路

2.1 阿里店铺分类 /21
2.2 如何开通一个属于自己的阿里店铺 /21
    2.2.1 淘宝开店 /21
    2.2.2 天猫店铺的类型 /23
    2.2.3 天猫开店的收费标准及所需材料 /24
    2.2.4 天猫注册开店的难点及

应对策略 / 24
2.2.5 阿里巴巴开店 / 26
2.2.6 全球速卖通开店 / 27
2.2.7 店铺转让 / 28
2.3 稳定的店铺货源是开店的必备条件 / 29
2.3.1 线下找货 / 29
2.3.2 线上找货 / 30
2.3.3 店铺铺货的过程 / 31
2.3.4 自己备货的利与弊 / 33
2.3.5 自己建仓与官方仓 / 33
2.4 产品定价策略剖析 / 33
2.4.1 任何宝贝都有5个价格 / 33
2.4.2 4种常见的宝贝定价技巧 / 34
2.4.3 宝贝价格区间 / 35
2.4.4 如何查看自己店铺的价格范围 / 35
2.4.5 宝贝打折常用软件及操作步骤 / 36
2.4.6 设置宝贝优惠券的软件及操作步骤 / 36
2.5 优秀的店铺布局是什么样的 / 37
2.5.1 店铺整体分类 / 38
2.5.2 任何店铺都应该有3个款 / 38
2.6 现阶段淘宝、天猫运营的3种思维 / 39

第3章 店铺装修——所有流量的落脚点

3.1 店铺装修概述 / 42
3.1.1 店铺定位 / 42
3.1.2 店铺装修版本 / 42
3.1.3 店铺装修要点 / 43

3.1.4 店铺海报页面的设计 / 44
3.1.5 店铺专题页的设计 / 45
3.2 宝贝主图设计新思路 / 46
3.2.1 宝贝主图的重要性 / 46
3.2.2 宝贝主图设计要点 / 46
3.2.3 常见主图设计的10种思路 / 47
3.2.4 一张优秀的主图是如何诞生的 / 50
3.3 详情页设计新思路 / 50
3.3.1 宝贝详情页的重要性 / 51
3.3.2 详情页包含的内容 / 51
3.3.3 详情页设计要点 / 51
3.3.4 详情页设计的优秀案例 / 53
3.4 PS在宝贝设计中的作用 / 54
3.4.1 PS常见的术语 / 54
3.4.2 PS的工作界面 / 55
3.4.3 PS常见的快捷键 / 56
3.4.4 PS常用工具 / 57
3.4.5 PS常见抠图工具的讲解 / 60
3.4.6 PS图像合成要点 / 62
3.5 宝贝运费模板设计要点 / 63

第4章 自然流量——不懂数据分析是拿不到的

4.1 做淘宝、天猫必须知道的三项指标 / 66
4.1.1 核心三量解读 / 66
4.1.2 核心三率解读 / 68
4.1.3 其他十项重要数据指标 / 70
4.2 千人千面 / 74
4.2.1 什么是千人千面 / 74
4.2.2 千人千面在哪里展现 / 74

4.2.3　千人千面在后台怎么看　/ 74
　　4.2.4　千人千面带来的影响　/ 77
　　4.2.5　如何应对千人千面　/ 77
4.3　影响宝贝排名的因素　/ 78
　　4.3.1　店铺对宝贝排名的影响　/ 78
　　4.3.2　宝贝本身对排名的影响　/ 80
4.4　如何写出一个白金标题　/ 82
　　4.4.1　关键词的分类　/ 82
　　4.4.2　黑马词的三项指标　/ 83
　　4.4.3　查找关键词常用的方法　/ 84
　　4.4.4　搜索引擎的算法　/ 84
　　4.4.5　白金标题撰写步骤　/ 84
4.5　8个一致性助力转化提升　/ 89
4.6　宝贝销量提升助力自然流量　/ 89
　　4.6.1　如何快速提升销量　/ 90
　　4.6.2　销量提升常见手法　/ 90
4.7　打标助力自然流量　/ 91
4.8　对提升宝贝自然流量的补充　/ 92

第5章　直通车核心应用解密

5.1　什么是直通车推广　/ 94
5.2　开车前的准备工作　/ 95
　　5.2.1　明确开车的目的　/ 95
　　5.2.2　上车前需要做的事情　/ 95
　　5.2.3　直通车的3种应用场景　/ 96
5.3　直通车后台摘要　/ 97
　　5.3.1　如何创建一个计划　/ 97
　　5.3.2　后台10个按钮　/ 100
　　5.3.3　后台工具使用概况　/ 101
5.4　直通车核心应用——测款　/ 104

　　5.4.1　为什么要测款　/ 104
　　5.4.2　店铺是否需要测款　/ 104
　　5.4.3　测款的核心要点　/ 104
　　5.4.4　测款的具体步骤　/ 105
　　5.4.5　用数据判断测款结果　/ 107
　　5.4.6　宝贝测款案例　/ 107
5.5　直通车核心应用——测图　/ 108
　　5.5.1　为什么要测图　/ 108
　　5.5.2　测图能得到什么　/ 108
　　5.5.3　一张优秀的主图涉及的工作
　　　　　人员　/ 109
　　5.5.4　车图诞生的三要素　/ 109
　　5.5.5　测图具体步骤　/ 111
　　5.5.6　车图好坏的判断指标　/ 112
5.6　直通车核心应用——养分　/ 112
　　5.6.1　什么是质量得分　/ 112
　　5.6.2　提高质量得分应遵循的原则　/ 112
　　5.6.3　如何优化质量得分　/ 113
　　5.6.4　优化质量得分的步骤　/ 114
　　5.6.5　提升质量得分的常见误区　/ 114
　　5.6.6　质量得分更高级知识的延伸　/ 115
5.7　直通车核心应用——打造爆款　/ 115
　　5.7.1　为什么直通车能打造爆款　/ 115
　　5.7.2　直通车打造爆款的操作手法　/ 115
　　5.7.3　如何判断爆款打造成功　/ 116
　　5.7.4　打造爆款时的注意事项　/ 116
5.8　直通车核心应用——提升ROI　/ 117
　　5.8.1　ROI在各个场景中的应用　/ 117
　　5.8.2　ROI整体问题　/ 117
5.9　直通车核心应用——低价引流　/ 118
　　5.9.1　低价引流需要探讨的问题　/ 118
　　5.9.2　低价引流适用的3种场景　/ 118
　　5.9.3　低价引流实操的4种场景　/ 119

5.9.4 低价引流的操作手法 / 119
5.9.5 低价引流案例 / 120
5.10 直通车高级应用——定向推广 / 122
　　5.10.1 定向推广常见人群 / 122
　　5.10.2 人群定向到底该出多少钱 / 123
　　5.10.3 定向推广展示位置 / 123
　　5.10.4 你不知道的定向推广执行过程 / 124
　　5.10.5 定向推广优秀结果的判断指标 / 124
5.11 直通车6种出价方法 / 125
5.12 "车神"应该具备的思维 / 126
　　5.12.1 用"车神"的眼光看待三项指标 / 126
　　5.12.2 "车神"必须懂数据报表 / 126
　　5.12.3 直通车未来的发展方向 / 127

第6章 钻石展位推广爆款

6.1 钻石展位 / 129
　　6.1.1 智钻推广的分类 / 129
　　6.1.2 为什么要玩智钻 / 129
　　6.1.3 钻手思维 / 130
6.2 智钻基础知识 / 131
　　6.2.1 智钻扣费原理 / 131
　　6.2.2 智钻展示位置 / 131
　　6.2.3 钻石展位站内优质资源 / 132
　　6.2.4 钻石展位站外优质资源 / 133
　　6.2.5 钻石展位创意要点 / 135
6.3 智钻投放 / 136
　　6.3.1 智钻全店推广 / 136
　　6.3.2 智钻单品推广 / 139
　　6.3.3 智钻内容推广 / 141
6.4 如何玩转智钻 / 142
　　6.4.1 智钻推广的黄金比例 / 142
　　6.4.2 智钻后台的扩展定向分解 / 143
　　6.4.3 达摩盘 / 144
　　6.4.4 0.5元日引4000访客 / 145
　　6.4.5 智钻出价技巧 / 145
　　6.4.6 智钻账户诊断思路 / 145
　　6.4.7 高手是如何做AB测试的 / 148
　　6.4.8 智钻与直通车的区别 / 148
　　6.4.9 智钻常见的要点 / 149

第7章 淘宝客销量增长利器

7.1 淘宝客概述 / 152
　　7.1.1 如何理解淘宝客 / 152
　　7.1.2 淘宝客的分类 / 152
7.2 淘宝客各种计划 / 153
　　7.2.1 通用计划 / 153
　　7.2.2 如意投计划 / 153
　　7.2.3 定向推广计划 / 155
　　7.2.4 活动计划 / 156
　　7.2.5 营销计划 / 157
　　7.2.6 团长计划 / 158
　　7.2.7 各种营销计划的佣金 / 159
7.3 如何玩转团长招商 / 159
　　7.3.1 团长招商报名要点 / 159
　　7.3.2 团长招商活动报名流程 / 160
　　7.3.3 团长招商活动的营销场景 / 160
　　7.3.4 如何寻找优质淘宝客 / 161

7.4 淘宝客后台的活动栏目解读 / 163

7.5 一淘活动广场 / 165

    7.5.1 什么是一淘活动 / 165

    7.5.2 一淘活动的分类 / 166

    7.5.3 一淘活动报名流程 / 167

    7.5.4 一淘活动要点 / 168

7.6 淘宝达人推广 / 169

    7.6.1 淘宝达人推广概况 / 169

    7.6.2 淘宝达人等级讲解 / 170

    7.6.3 有好货的玩法 / 171

7.7 淘宝头条的玩法 / 174

    7.7.1 淘宝头条对达人的要求 / 174

    7.7.2 淘宝头条内容的特征 / 174

    7.7.3 选题方向 / 175

    7.7.4 选择达人的方法 / 175

    7.7.5 投放淘宝头条的流程 / 176

7.8 淘宝短视频的玩法 / 176

7.9 淘宝直播的玩法 / 179

7.10 微淘营销的玩法 / 183

    7.10.1 发布微淘的过程 / 184

    7.10.2 "双12"微淘的玩法 / 186

    7.10.3 内容营销玩法 / 187

7.11 淘宝客的其他玩法 / 187

    7.11.1 众划算营销推广 / 187

    7.11.2 聚划算营销推广 / 189

    7.11.3 试客联盟营销推广 / 192

7.12 内容营销知识延伸 / 194

    7.12.1 11步创作一篇优秀的电商文案 / 194

    7.12.2 内容变现的要点 / 195

    7.12.3 阿里创作者的商业模式 / 195

第8章 活动推广——引爆店铺流量的利器

8.1 活动概况 / 198

    8.1.1 活动的重要性 / 198

    8.1.2 淘系活动的分类 / 199

    8.1.3 参加活动的产品的特征 / 199

8.2 淘宝天猫活动的玩法 / 200

    8.2.1 天天特价的玩法 / 200

    8.2.2 淘抢购的玩法 / 203

    8.2.3 聚划算的玩法 / 207

    8.2.4 淘金币的玩法 / 210

    8.2.5 "双11"活动的玩法 / 212

    8.2.6 平台其他活动的玩法 / 214

8.3 无线手淘活动 / 217

8.4 天猫活动 / 218

8.5 活动与其他推广的关系 / 218

第9章 新媒体电商

9.1 什么是新媒体运营 / 220

9.2 常见的新媒体平台 / 222

    9.2.1 微信平台 / 223

    9.2.2 新浪微博平台 / 224

    9.2.3 问答平台 / 225

    9.2.4 百科平台 / 225

    9.2.5 直播平台 / 226

    9.2.6 视频平台 / 226

    9.2.7 音频平台 / 226

    9.2.8 其他常见的自媒体平台 / 227

    9.2.9 新媒体与淘宝结合的案例 / 227

9.3 抖音如何做内容电商 / 229

9.3.1 抖音APP的去中心化算法分类 / 229

9.3.2 分析抖音中卖产品的案例 / 230

9.4 抖音账号的运营 / 232

第10章 用数据玩转淘宝天猫——案例篇

10.1 常见困境分析 / 237

10.2 4种常见问题解读 / 237

10.2.1 个人找工作类问题解读 / 238

10.2.2 个人创业类问题解读 / 238

10.2.3 创业类企业商家的困境 / 241

10.2.4 腰部企业商家的困境 / 241

10.3 3个店铺案例分析 / 242

10.3.1 案例一：天猫店铺礼品方向 / 242

10.3.2 案例二：淘宝店食品方向 / 246

10.3.3 案例三：淘宝店女装方向 / 249

10.4 店铺运营方案 / 250

第1章

数据分析是打开电商大门的金钥匙

当今电商行业的发展瞬息万变,很多商家都聘请了专业的运营人员,甚至重金聘请了代运营公司协助运营,可结果往往不尽如人意。究其原因,是很多商家不懂运营,随时都有可能被淘汰。通过对本章的学习,读者能了解电商究竟是怎样运营的,数据分析思路是什么,成熟的电商运营团队的组织架构是怎样的,有哪些"坑"是需要回避的。

1.1 电商平台综述

电商平台发展到现在已基本饱和，很多想自己做 B2C 或 C2C 等类型的网站或者 APP 基本很难做起来。目前，从消费层级来说，中高端平台有京东，中低端平台有天猫和淘宝，低端平台有拼多多。另外，这些平台还在分别向自身不足的一面发展，如京东加入了拼购店铺，阿里巴巴开通了 etao 返利比价网等，只是这些目前还没有被太多地推广。通过本节的讲解，希望读者能够对每个平台有一个基本的了解。

1.1.1 淘宝平台现阶段的发展

淘宝平台现在正朝着"新奇特优 + 功能性 + 小而美"的商品方向发展。要想在竞争激烈的大环境下得以生存，就得做出高流量店铺，让买家能够记住你。

每个店铺都必须有自己独特的一面，这就是现阶段淘宝发展的结果。用高端的术语讲，就是 STP 战略，即想存活下来，就必须用数据分析的方法找出自己在市场中所处的位置，然后分析买家的人群画像，做出符合买家"口味"的主图与详情页，这样才能提升转化率。

告别传统的刷单套路，摒弃作弊手法，走上正轨才是现阶段淘宝店铺运营的正确方向，所以电商从业人员必须学习最新的知识，更新自己对淘宝平台的理解。

1.1.2 天猫平台不是你想开就能开的

天猫平台是阿里巴巴走向中高端的平台，是大商家获得流量与品牌曝光的地方，这从一开始就没有改变过。可是，我们对天猫的认知并不够，因为我们只会用淘宝 APP 购物。可是你有没有发现，排在前面的商家基本上都属于天猫平台。这些大的商家一天销量过万很容易，所以天猫平台的流量多是毋庸置疑的。

那么，开了天猫店铺真的就能赚到钱吗？答案并非如此，也许开 10 个店只有 4 个能赚到钱。究其原因，是自己没有专业的团队，尤其在前期资金投入上，可能会超出自己的预算。

举个简单的例子，我要卖一款打底裤，排名靠前的销量都是过万单的，我的打底裤要排在前面是不是也得销量过万呢？答案是肯定的。那么前期要想排名靠前，常见的方法就是低价冲量，以冲到1万人付款来算，每卖一单要赔几元，你是否能接受呢？

其实，过后还会发现，不是便宜的东西就能卖出去，我们还要付费推广，甚至找淘宝客进行推广，这些都需要资金投入，不是我们把图片放上去就能卖出去这么简单的。这些运营思维与操作都需要由专业的团队负责。随着招商平台的要求越来越严格，目前入驻天猫需要品牌入池，或者拿到邀约码，并不是有家公司就能开店的。综上所述，天猫不是你想开就能开的，更不是你想做好就能做好的。

1.1.3 京东平台看过来

京东平台一直以中高端的品牌形象展现在消费者面前，在京东购买给人的感觉就是配送速度快，而且服务好，有保障。这些都是京东在买家心里长期积累下来的形象，所以京东平台产品的价格相对比较高。

京东发展到现在，如果你的产品没有足够的评价数量，没有入仓，那么真的很难做起来。这些都需要压货，不是投资十万、八万就能做起来的。

所以，要做好京东平台的店铺，除了要有好的产品、专业的运营团队外，还要有资本。京东和天猫最大的区别就是京东是仓储物流，然而很多卖家并没有认识到这一点。试想一下，如果你不给京东钱，京东会让你赚到钱吗？

2019年，京东针对平台的刷单、偷梁换柱等现象进行了一系列的稽查，让平台的发展更加公平化，而商家的流量来源已经从单一的搜索流量发展到了搜索流量、付费流量、活动流量、内容流量4类流量同时发展。因此，做京东平台的店铺运营需要转变思维。

1.1.4 全球速卖通平台进入卖家视野

全球速卖通是一个让很多卖家耳目一新的名词，2010年上线的全球速卖通发展到现在已经将近10年，很多大卖家在该平台上已经成功地升级成皇冠卖家。

当然，全球速卖通除了要求经营人员懂运营外，还要懂目标国家的语言与风俗习惯，这样才能有针对性的提高。全球速卖通从开始不收费，到现在平台费用过万元，说明了其正在向规模化方向发展，所以竞争压力也是比较大的。

全球速卖通的引流方式从刚开始的自然优化到后来的直通车推广，再到现在的联盟营销，说明竞争在逐步扩大。所以，必须要用数据进行纵横数据分析，找到目标客户进行精准营销。

1.1.5 阿里巴巴玩法新花样

阿里巴巴发展了20年，很多厂家开通的店铺甚至连装修都不做，阿里巴巴聊天软件也不登录，商品图片用手机拍摄与上传。其实，这样的店铺已经没有存在的意义了。近几年来，卖家也许已经发现，如果不开通阿里巴巴中的各种认证标志及实力商家，就很难产生销量。

很多第三方商家也已经纷纷停止了诚信通（诚信通是阿里巴巴为内贸企业量身打造的，年费3688～6688元不等，采取会员制的一种收费模式）的续费，究其原因，是原厂已经开始在批发了。未来，阿里巴巴能做好的必然是本身为源头厂家，且生产工艺优良、有专业的运营人员与美工、懂得数据分析的店主。

通过以上讲解，总结出要做好一个店铺应该具备以下能力。

（1）不断学习电商平台知识，了解各电商平台的最新动向，和小二处理好关系。

（2）有专业的运营团队，尤其是店主要懂得运营团队的工作内容与考核指标。

（3）必须是实力工厂，拥有持续研发新产品与创新的能力，这样店铺才能持续上新。

（4）店主本身要学会数据分析，这样才能把控市场发展的方向。

（5）必须有资本，前期投入是必需的，同时要分析好产品的生命周期。

1.2　大数据下如何选品

选品一直是一件很神奇的事情，商品选好了，后期的努力才会有结果；若是商品选错了，即使再努力，也是徒劳。接下来就针对各个平台如何选品进行介绍。

1.2.1　淘宝与天猫平台选品思路

选择正确的商品是做好淘宝店、天猫店的基础。淘宝、天猫后台中的"生意参谋"是选品的关键工具，必须订购标准版以上的简本才可以利用该工具进行数据分析。同时，淘宝中还可以租售生意参谋账号，满足开店前想先分析数据的需求。在选品之前，首先要确定行业。例如，以淘宝、天猫第一大类目女装为例进行分析。

（1）确定女装中打算卖什么，这里给读者提供几项指标。

① 买家需求量稍微大一些，若没有需求量或需求量很少则不做。

② 要有成交量，若没有人买也就没有做的意义，因为我们的目标是卖出产品。

③ 有一定的利润空间，最好这个产品不容易被模仿，或者价格是不可渗透的。

通过上面的指标，先排除几项，如打底裤、T恤、休闲裤等，原因如下。

① 竞争非常激烈，尤其是前10名销量都是过万单的，需要付出很大努力才能让自己的排名靠前。

② 产品同质化严重，很难在其中找出有特色的产品，也非常容易被模仿。

③ 竞争激烈导致产品利润空间低，价格在买家心里往往都是透明的。

④ 产品的生命周期并不长，爆款打造成功之后，回收成本的时间有限。

进行市场细分，可以分析女士的小西装是否能做，具体如下。

① 产品单价比较高，西装也是女士外出、上班必穿的，比较正式。

② 西装市场需求量比较大，每个职业女性至少要有两套西装。

③ 女士小西装与男士西装有区别，原因是女士西装花样多，可以找出卖点进行推广。

通过上述分析可以看出，选品必须具备 3 项指标：在线商品数少、交易指数高和产品利润空间大。

（2）具体分析，以女装作为核心词进行搜索。

选择搜索人气、在线商品数、交易指数、商城点击占比、直通车参考价 5 项指标进行数据分析，必须选择 30 天的数据作为基数，如图 1.1 所示。

搜索词	搜索人气	交易指数	在线商品数	商城点击占比	直通车参考价
女装2019款春	451,227	661,961	2,872,068	73.87%	0.55
2019新款女装春装	291,169	454,384	3,361,691	73.86%	0.60
女装	351,179	418,030	7,201,355	63.65%	0.55
大码女装	217,895	415,818	2,319,442	43.30%	0.72

图 1.1　女装搜索结果

筛选交易指数在前 100 名且在线商品数少（100 万个以下）的女装类别，如图 1.2 所示。

搜索词	搜索人气	交易指数	在线商品数	商城点击占比	直通车参考价
大码女装外套	42,250	96,132	842,533	43.48%	0.67
女装新品	82,190	86,644	840,307	99.46%	0.74
大码女装2019春装	98,145	192,993	806,793	51.20%	0.64
中老年女装外套	28,604	85,491	806,633	87.73%	0.98
古风女装	85,126	82,713	706,783	42.70%	0.36
日系女装	82,592	81,591	537,453	19.71%	0.43
民族风女装	87,990	119,572	528,846	46.47%	0.74
时尚春秋女装 气质	89,385	116,020	501,916	73.25%	0.55
中年女装	65,529	161,264	483,968	86.98%	0.94
夜店女装	54,699	126,697	472,563	39.80%	0.6
中老年女装	113,779	345,028	472,520	87.83%	0.8
三件套女装	55,626	78,289	436,082	61.30%	0.75
棉麻女装	71,418	92,771	423,499	36.98%	0.77
中国风女装	73,277	101,002	403,085	52.77%	0.73
连体衣女装	111,471	130,474	378,491	40.74%	0.4
中老年女装春秋装	28,852	85,532	288,962	88.07%	0.88
2019新款女装春装套装装洋	72,673	80,301	227,298	77.51%	0.59
职业女装2018新款	45,957	119,785	186,724	78.63%	2.07
哥弟女装	50,031	121,467	180,859	26.27%	0.28
春款女装 2019年	193,268	216,289	173,419	81.55%	0.51
女装大码遮肚	48,667	75,328	171,171	54.42%	

图 1.2　在线商品数在 100 万个以下的女装类别

在这些产品中，选择一个比较抽象的产品，即按照价格不透明（就是无法界定值多少钱）进行筛选，如图 1.3 所示。

搜索词	搜索人气	交易指数	在线商品数	商城点击占比	直通车参考价
古风女装	85,126	82,713	706,783	42.70%	0.36
日系女装	82,592	81,591	537,453	19.71%	0.43
民族风女装	87,990	119,572	528,846	46.47%	0.74

图 1.3　按照价格不透明筛选的结果

选择图1.3所示的3类女装的原因是其没有统一的标准，并且概念性比较强，在进行产品定价时可以自己决定，做出有自己风格的店铺。

在这3类女装中，最容易做的是日系女装，原因是商城点击占比最低，即淘宝店铺比较适合选择日系女装进行钻研，如果是天猫店铺，也可以做；而其他两类产品的商城点击占比较高，即天猫商家多，淘宝排名很难靠前。

接下来针对日系女装进行细分，看看日系女装中什么最好卖。日系女装中的产品可以细分成流量款、利润款和主推款（这3款将在2.5.2节进行讲解），分析数据如图1.4所示。

图1.4　日系女装中关于连衣裙的数据

同时，也可以用"连衣裙日本"做进一步细分，从而找出更多产品的卖点，这里就不一一介绍了。

（3）通过上面讲解的选品要点，最终我们把选品汇总为如下7个要点。

① 搜索人气高，说明有人购买，才会有人搜索。

② 交易指数高，说明有人购买，才会有交易指数。

③ 商城点击占比低，说明做该种产品的天猫店铺不多，这样做淘宝店铺才更有希望。

④ 在线商品数少，说明卖家少，竞争少，容易提高排名。

⑤ 支付转化率高，说明买家购买欲望比较强，这就为我们前期开车进行投放提供了条件。

⑥ 直通车参考出价低，说明这行业开直通车的人数并不多，这样前期才能开得起车。

⑦ 产品利润空间高，这是所有选品中的核心，没有利润是无法营业的。

通过数据分析，汇总出目前比较容易做的类别，具体如下（需要读者自己仔细参考详细数据）。

① 宝宝拜年服。

② 女装阔腿裤。

③ 女装背带裤。

④ 超仙连衣裙，甜美风格。

⑤ 小个子女装，如毛呢大衣。

⑥ 夏装中的包臀裙。

⑦ 双眼皮定型霜。

⑧ 化妆品套装，偏向初学者。
⑨ 化妆品，如大眼神器。
⑩ 家纺四件套，如结婚被子。
⑪ 发饰，如卷发神器等。
⑫ 特产，如东北特产、国外零食。
⑬ 办公家具，偏地域方向；古典家具，偏中式后现代方向。
⑭ 女童打底衫、打底裤。
⑮ 沙发按摩椅，偏懒人和足疗方向。
⑯ 与节日相关的礼品与食品，如过年、七夕、愚人节等。
⑰ 与大学生宿舍相关的，如空间神器等。
⑱ 与人的身体相关的茶叶与保健品，如去湿茶、祛痘粉等。
⑲ 与人生大事相关的产品，如结婚用品、孕婴用品、父母生日礼物等。
⑳ 与汽车行业相关的产品，偏向内饰，如抱枕、汽车贴、钥匙扣等。

以上就是笔者这些年在与运营相关的行业分析出来的蓝海市场，可供读者参考。

1.2.2 京东平台的选品思路

本节将讲解在京东平台如何选品。在确定类目的情况下，我们先开通京东后台的数据分析软件——京东商智，该数据分析软件必须是高级版本，一年的费用为3200元。接下来我们先确定选品的几项指标。

（1）购买人数多，这里重点考核的是市场需求量，也可以看卖家产品的评价数量。

（2）产品利润空间高，是指产品至少要有一倍的利润，否则无法经营。

（3）京东入仓人数少，最好自营卖家少，即在线数量少，这些都决定了我们的店铺排名与销量。

接下来我们以宠物用品为例介绍后台数据分析。进入京东商家后台，选择"京东商智"→"行业"→"商品榜单"选项。这里针对销量在前100名的进行分析，然后找到符合上面3项指标的产品，并且把产品的独特卖点挖掘出来，如图1.5所示。

图1.5 商品榜单

确定了行业后，我们可以通过关键词进行搜索，然后找出想要的产品。选择"京东商智"→"行业关键词"→"热门关键词"选项进行数据分析，结果如图1.6所示。

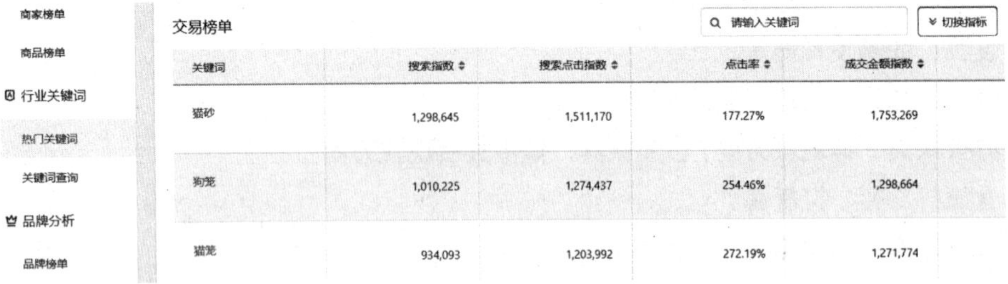

图1.6 关键词数据分析的结果

通过图1.5和图1.6的汇总，我们可以看出狗笼目前的市场需求量很大，因此我们进行狗笼在线商品数考核。用关键词"狗笼"进行搜索，在线商品数如图1.7所示。

图1.7 狗笼的在线商品数

由于狗笼是大件产品，目前大部分快递都是将快件放到驿站，故买家无法拿回。于是我们采取京东入仓方式搜索，结果如图1.8所示。

图1.8 狗笼京东入仓数量

图1.6所示的三款产品分别为猫砂、狗笼和猫笼。因为猫砂便宜，利润空间低，所以被排除；同时，狗笼需求量要大于猫笼，所以猫笼也被排除；最后我们发现，狗笼的利润空间是这几类中比较高的，并且京东入仓产品不超过300个，所以可以选择从狗笼做起。

以上就是京东选品的过程。当然，选品之前需要先选择行业，有些行业是很难做的，如3C、3C配件、红酒、保险柜等，这些已经进入了很难竞争的地步。因此，读者在进入行业之前一定要做好行业分析，行业分析与选品分析的原理是一样的。

1.2.3 全球速卖通平台的选品思路

全球速卖通平台选品与淘宝、京东两个平台有所区别，主要是因为全球速卖通平台的语言是英文，用户可以在后台使用数据纵横进行选品，目前该软件是免费的。本小节以女装为例进行选品分析，选品要考虑下列3项指标。

（1）交易指数高，这说明购买的人数多，有市场需求量。

（2）竞争指数小，这说明卖家数量少，即竞争人数少。

（3）浏览-支付转化率排名，数字越小，说明转化率越高，开车付出的成本越低。

通过数据纵横下载女装近30天的全球销售数据并进行数据处理，结果如图1.9所示。

行业	国家	商品关键词	成交指数	浏览-支付转化率排名	竞争指数
女装	全球	jumpsuits playsuits	27687	10	1.95
女装	全球	skirt	24529	8	1.93
女装	全球	tank	33291	1	1.88
女装	全球	women set	17343	12	1.71
女装	全球	pants	20457	11	1.53
女装	全球	jacket	12873	13	1.52
女装	全球	legging	22376	5	1.5
女装	全球	shorts	9634	9	1.19
女装	全球	jeans	7545	16	1.09

图1.9　对全球女装销售数据进行处理的结果

根据每个产品的平均售价与进货价的对比可以发现，tank、legging等产品的利润空间比较低，尤其是国际运费比较高，这样就几乎没有利润了；同时，还发现jumpsuits playsuits和jactet的单价比较高，并且竞争指数相对比较小，因此选择jumpsuits playsuits和jacket作为我们的主攻方向。以上就是全球速卖通选品的大致思路。

1.2.4　选品要点汇总

前面几个小节对3个平台的选品思路进行了介绍，本小节我们将对选品的要点进行汇总，具体如下。

（1）不管在哪个平台选品，都要利用当前平台提供的数据分析软件进行数据分析。

（2）所选的产品必须有人购买，考核指标包括搜索指数与成交指数。

（3）所选的产品必须有足够的利润空间，这样才能支撑店铺更好地运营。

（4）所选的产品必须能打败竞争对手，考核指标包括在线商品数与商城点击占比。

（5）选品用到的表格操作是Excel中最常用的功能，包括筛选、排序及转化为数字。

以上就是选品时要注意的，希望可以帮助读者选到适合的产品。

1.3　大数据下如何选卖点

宝贝卖点的挖掘十分重要，有了卖点才能知道如何选品，如何做好主图与详情页的设置。本节重点讲解宝贝卖点挖掘，并从淘宝天猫与京东两个平台进行分享与总结。

1.3.1　淘宝、天猫产品卖点挖掘

产品卖点的挖掘首先必须要明确产品卖点分类，笔者将其分为两类：核心卖点和普通卖点。核心卖点是产品独特的卖点，其他商品不具备的卖点，能增加产品的价值；而普通卖点就是其他产品都具备的卖点，很难增加产品的价值。所以，挖掘产品核心卖点是本节探讨的重点。下面我们对产品属性进行分类。

（1）限定词：限定产品一些宽泛的属性，如三件套、北京等。

（2）外观词：产品从外观看是什么样的，属于概念性的属性，如性感、森系等。

（3）形状词：产品设计的一些形状，有些形状我们表达不了，就上升到外观词。

（4）年龄词：产品生产时间，与代别相关的词，如 2019、DDR 3 代等。

（5）颜色词：产品外观的颜色，如红色、蓝色等。

（6）国籍词：产品是哪个国家生产的，如韩国、日系等。

（7）材质词：产品的材质，生产时所使用的材料，如纯棉、铜制等。

在这些属性中较容易形成核心卖点的有外观词、颜色词和国籍词。接下来我们就以淘宝、天猫中的一款产品为例进行卖点挖掘的讲解。以女装——小西装为例进行数据分析，在后台选择"生意参谋"→"市场"→"搜索分析"选项，输入产品关键词"小西装"，筛选出和"女"相关的前 100 个关键词，这里要看近 30 天的数据，如图 1.10 所示。

搜索词	搜索人气	交易指数
小西装外套女	252,272	683,152
网红小西装	204,448	431,625

图 1.10　小西装搜索结果

接下来筛选 100 条数据，找出核心卖点与普通卖点，用 Excel 表格筛选汇总出图 1.11 所示的表格。

属性	出现次数	核心词+属性在线商品数量
韩版	8	1702562
气质	6	930001
休闲	10	832030
复古	5	643009
英伦	6	410002
网红	16	382007
chic	6	281730
百搭	2	251100

图 1.11　宝贝属性卖点挖掘案例

通过以上分析我们可以看出，常见卖点有韩版、气质等，而以 chic 和网红作为"小西装女"的卖点是很多卖家没有的，所以为核心卖点；其他常见的卖点则为普通卖点。一个优秀的产品，其核心卖点应与普通卖点相结合，最好还有自己独特的卖点，这样才能成为未来的爆款。

在进行产品卖点挖掘时，也可以用核心词搜索。通过关联修饰词与关联热词进行组合选出属性，然后加上核心词"小西装"搜索在线商品数并做出汇总，这样也是可以的，如图 1.12 所示。

图 1.12　关联修饰词与关联热词搜索

1.3.2　京东产品卖点挖掘

京东产品的卖点挖掘离不开京东商智软件，且该软件必须是高级版本。另外，京东商城不像淘宝中的"生意参谋"那样可以挖掘所有类目，京东商城的店铺属于哪个类目，就只能看这个类目的数据。接下来以宠物行业中的牵引绳/胸背带为例进行数据分析，选择"京东商智"→"属性详情"→"猫狗出行"→"牵引绳/胸背带"→"近30天"选项来查看数据，如图1.13所示。

图 1.13　京东商智属性详情页

图1.13所示的每个属性都有对应的数据表格，首先汇总出产品具备的核心卖点与普通卖点，然后根据搜索词分析买家搜索的关键词，最后结合自己的产品挖掘出独特卖点，并进行优化推广。京东产品的卖点挖掘需要对接多张表格，这里不再一一拆分讲解。

汇总挖掘卖点步骤，具体如下。

（1）找出核心属性成交量，对每个属性的成交量进行降序排列，留下成交量高的属性。

（2）分析哪几个属性在线商品数少，在线商品数少说明该属性对应的卖家不多，就有较大的经营机会。

（3）对比行业前 10 名的卖点，挖掘出自己产品的独特卖点，从而研发、生产与优化。

1.4　电商团队人员搭建

做淘宝店、天猫店时一个人是难以胜任的，需要一个专业的团队来完成。表 1.1 所示为店长一天所要做的事情，从中可以确定团队需要的人员。

表1.1 店长一天所要做的事情

工作内容			具体内容
店铺管理	店铺基础	数据分析	生意参谋、直通车、钻展、淘宝客
		交易管理	将异常订单反馈给客服处理
		纠纷管理	询问售后处理进度,并及时做好调整
		客户管理	提醒监督客服做好发货旺旺留言,消费者满意度回访。老客户分类,针对老客户进行二次营销
		无线端管理	无线端首推重点:买家秀、流量变化、占比、爆款,以及手机端问题的分析和改善
		分销管理	每天分销的销量汇总,需要及时解决问题,沟通与协调
		重点关注	浏览量(PV)、访客数(UV)的变化检修,及时分析原因并做出调整
		评价监督	查看每日的负面评价并分析原因,做好记录,避免对单品后期销量有影响
	活动策划	淘宝官方	关注每天的活动报名,适合店铺或单品的活动要看一下,如淘宝聚划算、淘宝天天特价等
		第三方	做好活动成本计算和活动的准备工作
		类目活动	淘营销
		U站活动	折800 一淘网 卷皮网 好单库 大淘客
	引流渠道开拓	手机活动	淘抢购活动研究与数据分析
			可以参照爆款推荐、新品上架或店铺宝贝分类进行展示。安排"卖家推荐"部分(有6个宝贝推广位,全部都要用上)
	行业相关	电商资讯	帮派、站内信、淘宝首页专区、淘宝论坛
		行业数据	全网热销产品(TOP20)
		数据分析和整理	上升幅度最大的产品(TOP10)
	工作总结	日常工作	好的地方和不好的地方都要做出总结
		活动总结	如聚划算、试用中心等活动的总结
推广安排	淘宝SEO	宝贝标题	这是影响淘宝排名的重要部分,一个星期内若没有流量与排名,应重新撰写标题
		宝贝详情页	打造消费者信赖感(做一个单独的课程培训)
		宝贝上下架	合理安排宝贝的上下架时间
			天猫店可以不用考虑此部分
		橱窗推荐	有新品时及时做推荐,避免因遗漏推荐宝贝而减少了曝光

续表

工作内容			具体内容
推广安排	付费推广	直通车（细节）	早上和晚上各一次
			每个宝贝开车前要做数据分析、选词
			出价、考核位置
			分析竞争对手
			指导设计师做主题，提前收集主图做分析
			测试主图
		淘宝客	淘宝客佣金调整和维护
			针对成交单量高的淘宝客，给高佣金
			活动过后，单独添加优秀淘宝客，设置定向计划
			老计划的维护和优化
			精准淘宝客名单——添加、维护、洽谈
			去淘宝客联盟发布广告
			去大淘客网站寻找自己行业推广的高手并与之合作
		钻展	自身行业和其余类目的钻展图片收集整理
			钻展大小变化，审核要求严格阅读
			需要进行7天测试，以确定哪个位置最适合
			钻展图片制作安排，最少100张
			钻展预算计划
		V推广	阿里V任务达人审核筛选
			洽谈达人与达人确定合作模式
			活动文案策划上线
			活动数据分析与改进
设计美化	图片沟通	活动图片	直通车创意图的设计和优化
			第三方U站报名的活动图和详情页
			微博和手机端图片的更新和定期维护
			钻展图片，以及聚划算详情页的分析和讨论
		店铺图片	首屏广告图的设计、轮播的更换
			关联页广告图
			统计图片的静默转化率，根据数据优化图片

续表

工作内容			具体内容
客服管理	免费 SNS	QQ 营销	每天更新一条 QQ 动态，群发 10 个相关群
		淘宝论坛发帖	一个星期出 2～3 篇精华帖，可以带来可观的流量
		社区营销	尝试做事件营销
			做大基数的浏览量，每天 5 个行业的社区
		老顾客营销	老客户意见收集，并大量群发旺旺信息
			大客户回访、物流意见，以及礼品的发送
仓库沟通	发货管理	库存管理	每天定时更新库存表格，及时知晓库存数量
		价格管理	核算每款产品的成本价、损耗及库存的费用
		发货管理	及时处理漏发、错发、礼品赠送，并记录督导
		赠品管理	及时采购促销赠品，并统计数量及成本
		退换货统计	统计每天的退换货情况并形成表格，提出改进意见并落地实施

通过表 1.1 可以看出，一个成熟的团队至少应该有 7 类人员。

（1）运营人员：根据需要可以分为付费推广运营与老客户关系运营及内容运营等。

（2）客服人员：一般分为售前、售中和售后 3 类人员。

（3）美工人员：主要负责店铺主图与详情页设计及店铺装修等。

（4）库管人员：主要负责打包发货与退换货处理等。

（5）摄影与视频剪辑人员：主要负责店铺图片的拍摄与视频的拍摄、剪辑等。

（6）财务人员：主要负责公司日常账务往来与工资薪酬考核等。

（7）店长岗位：主要负责公司所有参与店铺运营的人员任务对接、监督和考核。

以上每个岗位的人员数量可以根据网店的规模进行编制，也可以一个人身兼数职，笔者就不具体给出电商团队的人员数量了，但至少也需要 5 个人。

1.5 电商团队的考核指标

任何一项工作都应该有相应的工作内容与考核指标，电商也不例外，现就各个岗位日常工作的内容，按工作流程整理出表 1.2 所示的内容，供读者了解。

表 1.2 各个岗位日常工作

岗位	工作内容
运营	通过数据分析，确认是否参加聚划算
	确认产品最新成本价
	确认产品当前库存和回货周期，确保活动货源充足

岗位	工作内容
运营	根据历史报名价、最新成本价和当前库存情况，申报合适的价格
	在协同办公上申报活动、报备活动，以便各部门有所准备
	看活动产品是否需要第三方的用户体验报告来增强产品的可感性
	根据实际需要，适当优化活动产品的用户评价
	确认最终库存，保证有足够货物
	预估活动销量，核对活动成本，算出利润，根据推广占比反算推广预算，从而确认活动方式
	根据推广预算和产品特性，确定活动运营方式
策划	与运营商讨，确认最终活动方式
运营	根据推广预算，规划活动的推广手法：直通车、钻展、淘宝客、阿里V任务、站外推广等
策划	配合运营，策划推广页面，准备素材
运营	跟进聚划算描述、活动方式页头、详情页优化、互联侧栏和banner、钻展素材、直通车素材的完成进度，确保在页面锁定前完成上传
策划	提供相关素材的文案及排版
美工	聚划算主图
	活动方式页头
	详情图优化
	互联侧栏和banner
	钻展素材
	直通车素材
运营	活动过程中、活动后需要更换的页头、产品主图等，需要提前准备好
策划	配合活动，提供相应文案和排版
美工	做出需要更换的页头和主图
运营	将活动通报给相关协同部门，让各部门配合工作
督导	编写CRM短信并按时发送，CRM预热
运营	根据推广计划，开始预热推广
	适当优化开团提醒数量。如果条件允许，提前让补单团队做好ID收藏和放入购物车，多渠道优化销量
	根据实际推广反馈情况，加大或缩小推广力度
	及时将相关活动方式和资料通知客服和督导

续表

岗位	工作内容
督导	产品培训、活动方式培训
客服	设置好首次回复和快捷回复
运营	让补单人员按质、按量、按时进行销量预热
	及时更换活动方式信息，降低活动方式对销售的影响
	根据销售情况及时调整推广计划，合理控制推广成本
督导	安排人员对拍下未付款的订单进行催付
运营	活动结束后，及时更换相关主图、页头、侧栏等信息
	与督导客服沟通好余热转化方案（返现、拍下减、前100单半价、第二件0.1元、送优惠券等）并落实
	发送CRM发货短信，维护DSR
	通过销量优化，恢复日常销售价格，过渡活动期
	活动结束后，及时总结、复盘，以便后续更好地开展活动

以上就是参加一次聚划算活动时各个岗位需要配合完成的工作，通过表1.2我们可以自己总结运营需要做的事情。接下来我们介绍电商团队各个岗位的主要工作职责。

1. 淘宝店店长（策划）

（1）负责网店整体规划、营销、推广、客户关系管理等系统经营性工作。

（2）负责网店日常改版策划、产品上架、推广、销售、售后服务等经营与管理工作。

（3）负责网店日常维护，保证网店的正常运作，优化店铺及商品排名。

（4）负责执行与配合公司相关营销活动，策划店铺促销活动方案。

（5）负责收集市场和行业信息，有效提出产品的改进方案。

（6）制订销售计划，带领团队完成销售业绩目标。

（7）客户关系维护，处理客户投诉与纠纷。

2. 客服人员（一般分为白班和夜班）

（1）通过聊天软件耐心回答客户提出的各种问题，促成双方愉快交易，处理订货信息。

（2）熟悉淘宝的各种操作规则，处理客户要求，修改价格，管理店铺等。

（3）解答顾客提问，引导顾客进行购买，促成交易。

（4）为网上客户提供售后服务，并以良好的心态及时解决客户提出的问题和要求，提供售后服务并解决一般投诉。

（5）深刻了解产品及买家购买和使用过程中会出现的问题，做好回答的准备。

（6）定期总结产品使用过程中出现的问题，为产品升级提出有效的建议。

（7）配合公司店铺和独立网站的推广宣传，在各种群和论坛发贴宣传、推广店铺。

3. 网店美工（最好是摄影师与美工集于一体）

（1）负责网络店铺视觉规划、设计及产品描述工作。

（2）负责网站产品图片后期的处理和排版。

（3）和摄影人员进行沟通，为了提高表达效果，提出关于布景的建议。

（4）配合运营人员做出符合买家需求的海报并进行投放。

（5）熟悉淘宝货品上架、宝贝编辑等功能，这样可以自己上传与发布货品，自查缺陷。

4. 仓库管理人员

（1）按照要求对货物进行包装，负责进货和发货等物流方面的事项，清点库存。

（2）负责网店商品进库、出库和发货包装。

（3）准确无误地核对面单与商品货号、数量等。

（4）登记商品出库记录并且定期盘点，及时与采购人员沟通。

为了方便考核各岗位员工的薪酬，这里给出了其中一个岗位（运营专员）每个阶段的工资以及考核指标，如表 1.3 和表 1.4 所示。

表1.3 运营专员每个阶段的工资

阶段	实习期	初级1	初级2	初级3	中级1	中级2	中级3	高级1	高级2	高级3
基本工资（元）	2000	2500	3000	3200	3500	3800	4000	4500	5000	6000
提成（元）	0	400	500	600	700	800	900	1200	1400	1600

表1.4 运营专员的考核积分（KPI 考核）

项目	权重	考核内容	自我评价（30%）	上级评价（70%）	考核总评
态度考评（30%）	5% 满分为5分	出勤率：出勤天数 ÷ 应上班的天数	5	5	5
	5% 满分为5分	工作的完成情况：布置的工作任务是否按时完成	3.5	3	3.2
	10% 满分为10分	活跃程度：工作是否积极主动	7	9	8.4
	10% 满分为10分	服从情况：工作是否符合项目安排	8	6	6.6
能力考评（20%）	5% 满分为5分	专业技能：商品上架、标题撰写、后台操作、Bug 排除等	3	4	3.7
	5% 满分为5分	计划能力：是否有周计划、月计划、阶段性计划	3.5	3	3.2
	5% 满分为5分	执行能力：是否按照项目推进表执行工作	4	5	4.7
	5% 满分为5分	协作能力：对各部门的协作是否合情合理	4	4.6	4.4

续表

项目	权重		考核内容	自我评价（30%）	上级评价（70%）	考核总评
重点工作完成效果考评（50%）	网店（20%）满分为20分		数据分析与产品挖掘	18	18.5	18.4
			活动分析与报名			
			付费推广与内容营销			
	门店互联网（30%）满分为30分		微信维护	20	22	21.4
			ERP数据分析			
			商城维护			
小计	100%			76	80.1	78.9
合计		工资＝基本工资＋考核工资×考核积分系数				3394.5

满分为5分的评分标准：差＝1～2分，一般＝2～3分，良好＝3～4分，优＝4～5分
满分为10分的评分标准：差＝1～3分，一般＝3～5分，良好＝5～8分，优＝8～10分
满分为20分的评分标准：差＝1～5分，一般＝5～10分，良好＝10～15分，优＝15～20分
满分为30分的评分标准：差＝1～8分，一般＝9～15分，良好＝15～22分，优＝22～30分
备注：可以有小数，小数点后保留一位有效数字

1.6 做淘宝天猫必须要避开的18个"坑"

为了更好地运营店铺，本节重点分享做淘宝、天猫必须要避开的18个"坑"，即做淘宝、天猫要注意的事项，具体内容如下。

（1）宝贝的主图必须自己拍摄，不得盗用他人图片。

（2）宝贝的标题必须自己撰写。通过生意参谋进行数据分析，完成标题的撰写，绝对不能抄袭卖得好的商品的标题，因为这些标题已经被淘宝搜索引擎抓取了，会判断你的标题为抄袭，将你的排名滞后。

（3）主图必须要有清晰的卖点。不管卖什么产品，都必须有清晰的卖点，否则不容易圈定购买人群，很难获得有效的点击率。

（4）详情页必须要有与卖点对应的文案。很多商家的详情页和卖点不相关，买家浏览产品时看不到产品的卖点，就很难形成转化。

（5）店铺产品必须破零。很多卖家上传了很多产品，以为产品多就会带来流量，这确实也没问题，但是如果长时间没有转化，就会影响店铺整体的动销率。

（6）店铺一星期至少上传一款新产品，这样才符合淘宝上新的要求。但有一点与第（5）条矛盾，即如果没有销量怎么办。一个月内如果没有销量，则可以下架后重新修改标题与价格，然后再上架，也相当于上新。

（7）店铺最好有优惠券，并且设置时要有一定的技巧。

（8）一星期必须关注两次产品评价，因为产品的评价会影响宝贝的转化。要与中差评的买

家及时沟通，不要超过30天才去处理。

（9）修改宝贝的频率很重要，一个宝贝一天内最好不要修改两次，重要的地方有如下5点。

① 核心属性，如材质、颜色、风格等。

② 5张主图，这个很重要，是淘宝判断"偷梁换柱"（偷换宝贝）的重要指标之一。

③ 宝贝详情页，整体详情页的更换也很重要，因为会影响转化。

④ 宝贝标题，这个最重要，因为直接影响到了解宝贝是什么及排名。

⑤ 宝贝价格，也是判断宝贝是否"偷梁换柱"的指标之一，尤其是上下变动超过10倍的。

以上所有要点，一天内最好不要修改两处。

（10）不要轻易改变价格，因为改变宝贝的价格就等于改变了人群画像，会对店铺人群标签池进行更新，流量在短时间内会下滑，营业额也会下滑。当然，修改没有销量的宝贝的价格除外。

（11）及时处理售后信息，售后信息会影响店铺DSR（描述相符、服务态度、畅流速度），也会对买家体验造成一定影响。

（12）不要刷单，刷单已经对排名没有什么影响了，而且很多产品也不值得刷单，我们可以通过淘宝客带来宝贝销量，从而通过开直通车拉升宝贝自然排名。

（13）店主必须做一个月的客服，因为第一线人员最有资格探讨与宝贝的卖点、文案、产品研发等相关的问题。

（14）一定要了解《中华人民共和国广告法》与《中华人民共和国电子商务法》，懂法才能变成一个好市民。

（15）不要卖假货，也不要侵犯其他人的知识产权。

（16）发货时间的设置很重要，一般要保证在72小时内发货，千万不要设置45天发货。

（17）天猫运营前3个月是考核期，一定要读懂考核指标，有必要保证指标达标，否则将被清退。

（18）一定要明确的是，先有宝贝卖点，后有产品照片与对应的模特。

第2章

阿里开店——数据化运营新思路

很多读者都知道在阿里巴巴开店并不容易,现在已经不是把宝贝放在平台上就能卖出去的时代了。本章将为读者介绍如何用数据分析的方法开通一个能赚钱的阿里巴巴店铺。

2.1 阿里店铺分类

在开店之前,我们一定要想清楚自己应该开一个什么样的店铺,这也是本节要介绍阿里店铺分类的原因。

首先,从企业的角度来说,如果是一个知名的贸易公司或总代,一般开通的是阿里巴巴或天猫店铺;如果是很强的生产型企业,一般开通的也是阿里巴巴和天猫店铺;如果是个人,一般开通的是淘宝店铺。这种分类在本质上是按照店主所属的生产与经营的类型进行划分的(不一定都是这样的,但一般情况是)。

其次,从产品销售对象的角度来说,如果产品以批发形式销售,一般开通的是阿里巴巴店铺;如果以零售形式销售,一般开通的是淘宝或天猫店铺。这也就是买家一般都去淘宝、天猫购物,而不是去 1688(阿里巴巴集团旗下业务)购物的原因。

最后,从产品销往何处的角度来说,如果产品在国内销售,一般开通的是阿里巴巴、淘宝和天猫店铺;如果产品在国外销售,一般开通的是阿里巴巴国际站与全球速卖通店铺。国内人群是不能在阿里巴巴国际站与全球速卖通购买商品的,只有外国人才能在此购买商品。

在开店之前需要想清楚自己到底适合开通哪类店铺,然后为目标市场数据分析圈定好人群,从而有针对性地做决策。

2.2 如何开通一个属于自己的阿里店铺

开通一个店铺并不容易,需要准备各种材料。本节将从不同的角度讲解如何开通一个店铺。

2.2.1 淘宝开店

互联网上的淘宝开店流程有很多,在这里给读者汇总开店过程中须注意的 10 个要点,有助于读者顺利开店。

(1)店主既可以是个人也可以是企业,但是个人无法打标,企业则有企业店铺标志。

(2)《中华人民共和国电子商务法》要求店铺具有个体营业执照或者是公司性质,否则无法开具发票。

（3）开店需要先注册淘宝账号，账号名称最好与日后的主营类目相关。

（4）进行支付宝实名认证，要求手机号与银行卡预留手机号一致，以方便信息管理。

（5）每个人最多可以有六个淘宝账号，同时也可以有六个支付宝账号，但其中只有一个是可以开店的，即一个人只能开一个店铺。要开多个店铺，可以借助亲朋好友的身份证号或者多注册几个公司，因为每个公司的营业执照都有对公账户，这样也是可以开店铺的。

（6）在缴纳保证金之前，可能会有很多非法公司让你缴纳费用，需要注意的是，该保证金只能在淘宝后台缴纳，即在"淘宝服务"中的"消费者保障服务"中，如图2.1所示。

图 2.1　保证金缴纳入口

（7）保证金既可以缴纳30元，也可以缴纳1000元。其中30元是每年的年费，而1000元是保证金；特殊类目的保证金会有所不同，如手机类目为10000元，宠物类目为6000元，四轮电动车和老年代步车为50000元等；还有无须缴纳保证金也能发布的宝贝，如服装、袜子、饰品等，但因其没有排名，所以没有意义。

（8）如果你的店铺等级是一冠，而你想变成企业店铺，那么选择"客户服务"→"主体变更与升级"选项可进行升级。这是后台提供的直接升级的入口。

（9）目前淘宝店铺转让或变更的常见情况及注意事项如表2.1所示。

表 2.1　淘宝店铺转让或变更的常见情况及注意事项

变更类型	申请方流程	接收方流程
亲属关系变更 （过世继承、判决离婚、协议离婚）	（1）选择变更类型 （2）变更条件检测 （3）签署申请书 （4）变更信息收集 （5）资料上传： ● 上传资料前须完成扫脸认证 ● 资料审核时间为3个工作日 （6）变更公示期：7天 （7）公示期结束后缴纳服务费200元 （8）等待接收方处理	（1）签署确认函 （2）验证手机号码 （3）冻结消保保证金并确认变更 （4）变更完成。完成后第二天系统会通知新主体进行扫脸认证

续表

变更类型	申请方流程	接收方流程
个人店铺升级为企业店铺	（1）变更条件检测 （2）签署申请书 （3）选择关系类型 （4）提交证明材料： ● 上传材料前须完成扫脸认证 ● 资料审核时间为3个工作日 （5）变更公示期：7天 （6）公示期结束后缴纳服务费200元 （7）请求变更支付宝 （8）等待接收方处理	（1）签署确认函 （2）验证手机号码 （3）冻结消保保证金并确认变更 （4）变更完成。完成后第二天系统会通知新主体进行扫脸认证
协议主体变更	（1）变更条件检测 （2）阅读主体变更须知并逐一确认 （3）填写主体变更信息：填写前须完成扫脸认证 （4）填写问卷 （5）缴纳服务费200元 （6）等待接收方处理 （7）签署协议：双方签署完成后进入公示期，公示期为7天 （8）完成变更	（1）开启接收流程 （2）填写问卷：填写前须完成扫脸认证 （3）验证支付宝账号 （4）签署协议 （5）验证手机号码 （6）缴纳保证金：包括消保保证金、经营承诺金 （7）完成变更

（10）如果你曾经开过店铺却因违反了相关规则导致店铺被注销，那么你的身份证就不能再开店，也不能接受别人的转让店铺，一个身份证只能开通一个店铺。

2.2.2 天猫店铺的类型

目前天猫对开店的要求比较严格，尤其对品牌入池、营业执照注册的资金、一般纳税人、自有商标品牌等方面的要求特别严格。天猫店铺具体分为以下4类。

（1）旗舰店，是商标直接持有者或公司的直营店铺。旗舰店可以卖一个品牌旗下的所有产品；一个品牌只能开通一家旗舰店铺，具有唯一性。

（2）专卖店，商标授权专卖一种产品的店铺。专卖店一般只可以卖一个品牌的部分产品，类似线下的联想专卖店，是不允许卖华硕的产品的；它在一个片区内具有唯一性，常常是当地总代开通的店铺，所以天猫上同一品牌有很多个专卖店是正常的。

（3）专营店，专营一类商品的天猫店铺，可以卖多种品牌的一类商品，可持有多个商标品牌，但只能是同一个分类下的产品。其类似于超市，但有所区别的是超市是什么都可以卖；其更类似于线下的森马服装店铺。一个区域可有多家专营店，所以专营店在淘宝中是最多的。

（4）卖场型旗舰店，是指以服务类型商标开设且经营多个品牌的旗舰店。例如，搜索"农夫山泉矿泉水"，搜索结果页面中可能会出现"沃尔玛旗舰店"。

这4种店铺对买家来讲是有所区别的，信誉度从高到低依次是旗舰店、专卖店、专营店，而卖场型不参与排名，所以我们最好开通旗舰店。

2.2.3 天猫开店的收费标准及所需材料

本小节介绍天猫的收费标准。收费一般由三部分构成：保证金、技术费和实时划扣费。其中，每年需要交纳的是技术费，不同行业费用有所区别；而实时划扣费，是指每卖一单都要扣点，不同行业的扣点数也有所区别，这些在招商时都有所解释。

下面以旗舰店为例，介绍开店时需要准备的资料，其他类型的店铺可参考官方提示。

1. 品牌资质

如果是商标持有人直接开设的旗舰店，则只需提供由国家商标总局颁发的商标注册证或商标注册申请受理通知书。若办理过变更、转让、续展，则应一并提供商标总局颁发的变更、转让、续展证明或受理通知书。如果是代理品牌开设的旗舰店，还须提供独占授权书（如果商标权人为自然人，则须同时提供商标权人亲笔签名的身份证复印件）。

2. 店铺资质

要具有店铺资质，需有以下几种材料：企业营业执照副本复印件（根据 2014 年 10 月 1 日生效的《企业经营异常名录管理暂行办法》的规定，须确保未在企业经营异常名录中且所售商品属于经营范围）；企业税务登记证复印件（国税、地税均可）；组织机构代码证复印件；银行开户许可证复印件；法定代表人身份证正反面复印件；联系人身份证正反面复印件；商家向支付宝公司出具的授权书。

在天猫开店，不同行业收费标准也有所区别，具体如下。

（1）品牌旗舰店、专卖店：带有 TM 商标的，保证金为 10 万元，全部为 R 商标的，保证金为 5 万元。

（2）专营店：带有 TM 商标的，保证金为 15 万元，全部为 R 商标的，保证金为 10 万元。

（3）特殊类目的说明如下。

①卖场型旗舰店，保证金为 15 万元。

②经营未在中国大陆申请注册商标的特殊商品（如水果、进口商品等）的专营店，保证金为 15 万元。

③天猫经营大类——"图书音像"的保证金收取方式为，旗舰店、专卖店的保证金为 5 万元，专营店的保证金为 10 万元。

④天猫经营大类——"服务大类"及"电子票务凭证"的保证金为 1 万元。

⑤"医疗及健康服务"下的"医疗服务"二级类目店铺保证金为 30 万元。

⑥"网游及 QQ""话费通信""旅游"大类的保证金为 1 万元。

⑦天猫经营大类——"汽车及配件"下的一级类目"新车/二手车"的保证金为 10 万元。

2.2.4 天猫注册开店的难点及应对策略

了解了前面所述内容后，接下来介绍注册天猫店铺的流程，具体如下。

（1）查询申请资格，看品牌是否在热招品牌池里，如图 2.2 所示。若没在，我们可以推荐给小二，让小二添加，部分行业不限制品牌。

图 2.2　天猫热招品牌池

（2）查阅企业资质。下载对应表格，填写相应内容并打印，加盖公章，具体下载路径可搜索天猫招商入口进行查阅。若申请时缺少材料，则会被驳回，须重新申请。

（3）提交资料。具体包括选择店铺类型、品牌、类目，填写品牌信息，填写企业信息和店铺命名。

（4）申请通过之后激活账号，包括设置密码、绑定手机号、填写邮箱、企业支付宝实名认证等。

（5）开店之前需要完成协议签署、入驻考试、完善店铺信息、缴纳费用等。

（6）进入店铺后台，装修店铺，上传产品，开始运营。天猫店铺后台如图2.3所示。

图 2.3　天猫店铺的后台

最后，介绍天猫注册过程中遇到的一些难点及其应对策略。

最难的是品牌没有入池，对于这种情况，常见的解决方法有3种：第一种是品牌实力包装，第二种是付费，第三种是去舞泡官网直接购买店铺。

开通天猫店铺需要有很强的运营团队，核心人物至少要有5～8人，否则不要轻易尝试。

开店之前一定要进行市场竞争对手数据分析。用生意参谋进行数据分析，找到适合自己的行业，并且要有稳定的产品供应与研发团队、一定的资金供应链和很强的运营能力，三者缺一不可。

对天猫新入驻的店铺阿里会针对其进行考核，待新商家考核周期结束且考核通过后，自动进入为期12个月的阿里对天猫商家的正式考核。不同行业考核的指标有所区别，具体参考店铺后台公告。

服务费一年6万元，如果达到目标可以返还，分为返还50%和返还100%两种。部分类目达到营业额后返还，具体的标准如表2.2所示。

表2.2 部分类目达到营业额后返还标准

经营类目	软件服务年费（万元）	享受50%年费折扣优惠所对应的年销售额（万元）	享受100%年费折扣优惠所对应的销售额（万元）
女装/女士精品	6	36	120
服饰配件/皮带/帽子/围巾	3	18	60

新店开张至少需要发布10个产品，有些行业要求发布20个，即如果只有一两个产品，是不能运营店铺的。

很多读者都想做成人保健品，成人用品类目需要公司或品牌方自行联系当地的保险公司为其经营的品牌或产品购买800万元的品牌产品质量责任险，在申请入驻天猫提交资质材料时上传保险公司提供的保单即可。

卖场注册号为开店卖场主体或其关联公司的第35类服务类型商标注册号。例如，开设苏宁卖场型旗舰店，须提供苏宁品牌的第35类服务类型商标注册号。其中，关联公司是指总分公司、母子公司、存在资本关联的公司（企业信息官网可核实出资章程）、集团旗下公司（不限于电子商务公司、销售公司等，须在官网可核实）。

以上是入驻天猫需要掌握的知识点，若想要了解更多内容可以咨询天猫热线：4008608608。

2.2.5 阿里巴巴开店

提起入驻阿里巴巴，很多读者还很陌生，毕竟阿里巴巴的要求是只有企业才能入驻，个人是不允许入驻的。在阿里巴巴开店一般是针对大的贸易商与生产厂家，采取会员制模式，费用为6688元，一次付清，一年有效。其官方名称为诚信通，开通之后的店铺如图2.4所示。

图2.4 带有诚信通标志的店铺

阿里巴巴诚信通的入驻流程如下。

（1）打开诚信通官方网站。

（2）用企业账户进行注册（个体执照通用），需要实名认证，然后单击"同意协议"按钮，进入下一步。

（3）填写企业注册账号和密码、企业营业执照、手机号，然后进行验证。

（4）缴纳6688元费用，然后上传产品准备开店。

（5）要进一步提升产品曝光度，可以开通实力商家来实现，但需要额外缴纳费用，同时也需要实力认证，具体流程如图2.5所示。

图 2.5　实力商家认证过程

（6）加入实力商家。目前阿里巴巴的实力商家分为 4 种类型，具体分别如下。

①源头厂家：用户为具有一定生产加工规模的企业诚信通会员，经营主体的经营范围应包含生产加工资质。

②官方旗舰店：拥有自有品牌（商标为 R 或 TM 状态）或由权利人独占性授权的企业诚信通会员。若经营多个自有品牌的，各品牌归同一实际控制人（此种类型无法经营加工产品）。

③品牌专营店：持他人品牌（商标为 R 或 TM 状态）授权文件的企业诚信通会员。若代理他人品牌同时持有自有品牌，需申请品牌专营店。

④实力卖场：经营多个行业、多个品牌、多个工厂货源的组货批发商，为采购买家提供一站式的满足多种需求的服务产品的供应商。

（7）店铺开通以后，卖家可以进行深度认证，让买家更容易转化，可参考阿里巴巴的生意经进行深入了解。

2.2.6　全球速卖通开店

全球速卖通是把中国的产品卖向全世界的窗口，目前全球速卖通在国外很多购物 APP 排名榜中的排名都比较靠前。全球速卖通开店的步骤如下。

（1）准备需要的材料，包括企业营业执照、对公账户、商标及其授权。

（2）打开全球速卖通官网注册账号，注册时需要填写邮箱，并且需要登录注册的邮箱进行验证。

（3）填写其他相应信息，注册成功后进入后台，如图 2.6 所示。

图 2.6　全球速卖通后台

（4）缴纳行业基础年费，一般为 1 万元 / 年，每年都需要缴纳，并且采用的是会员制。另外，经营电子烟与手机类的产品一年需要缴纳 3 万元。店铺达到规定销售金额后，基础年费可以返还，类似于天猫技术服务费的返还。

（5）为了进一步扩大招商范围，全球速卖通平台已允许个体工商户入驻。入驻时有两种销售计划可供选择，即标准（Standard）销售计划和基础（Basic）销售计划，它们的具体区别如表2.3所示。

表2.3 标准销售计划与基础销售计划的区别

内容	标准销售计划	基础销售计划	备注
店铺的注册主体	企业	个体工商户/企业均可	注册主体为个体工商户的卖家店铺，初期仅可申请"基础销售计划"，当"基础销售计划"不能满足经营需求时，在满足一定条件后可申请并转换为"标准销售计划"
开店数量	无论是个体工商户还是企业，同一注册主体下最多可开6个店铺，每个店铺仅可选择一种销售计划		—
年费	年费按经营大类收取，两种销售计划收费标准相同		—
商标资质	有	同标准销售计划	—
类目服务指标考核	有	同标准销售计划	—
年费结算奖励	● 中途退出：按自然月返还未使用的年费 ● 经营到年底：返还未使用的年费，使用的年费根据年底销售额完成情况进行奖励	● 中途退出：全额返还 ● 经营到年底：全额返还	无论哪种销售计划，若因违规、违约而导致账号关闭，年费将不予返还

（6）上传产品，选好国际物流公司后即可运营。

2.2.7 店铺转让

很多卖家由于经营不善需要转让店铺。店铺转让本质上是企业法人与股东信息的变更，即一个店铺由法人A变成法人B，去银行变更对公账户信息后，店铺就转让给了B。转让过程中有很多细节需要读者注意，具体如下。

（1）公司的注册地址最好与经营地一致，这样方便办理企业的相关事宜。

（2）一定要请专业会计审核公司的财务，包括利润表、资产负载表等，以免上当。

（3）在过户的过程中，法人变更后一定要进行股权转让。

（4）考核店铺后台数据时，一定要认真检查如下几项。

①店铺动态评分，如果都小于4.7，则该店铺可以认为是不合格的店铺。

②店铺是否有虚假交易及由此带来的扣分，如果扣分超过了6分，则该店铺是不合格的店铺。

③店铺是否有严重违规，包括售假等，如果涉及则该店铺是不合格的店铺。

④店铺主营类目占比，该数据对淘宝店铺很重要，关系到是否与我们未来的经营方向一致。

⑤注意店铺的保证金，检查是否有被冻结或被扣除的情况，并确定相关费用。

（5）如果自己处理不好，可以委托第三方机构进行洽谈，常见的如舞泡网。舞泡网转让店铺流程如图 2.7 所示。

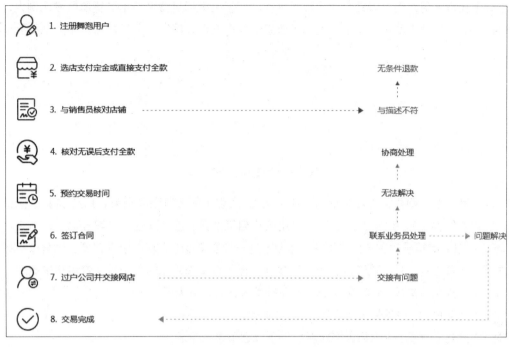

图 2.7　舞泡网转让店铺流程

网店交易是一个比较复杂的过程，交易过程中一定要注意防骗，让事先缴费的基本上都是骗子，最稳妥的方法是通过代理公司。一般转让一个店铺至少需要一个月的时间，因为营业执照过户需要一个月。

2.3　稳定的店铺货源是开店的必备条件

开店就是卖东西，稳定的货源与持续不断地研发新产品既是一个企业发展的源动力，也是一个店铺发展的源动力，所以好的货源是基础。本节笔者将分享自己是如何找到优质的一手货源的。

2.3.1　线下找货

店铺中所销售的产品，最好能找到相应的产业带。笔者每年都会去义乌查找产品，在义乌不但可以找到自己想要的产品，也许还能碰到源头厂家。但是，义务商家以批发商居多，我们判断对方是否为批发商主要有如下 3 个思路。

（1）若门店标注的是商贸或电子商务及贸易公司等，这些都是转销商，并非厂家。这就是中医诊治中的"望"。

（2）我们可以直接问商家哪个产品有优势，他会告诉你哪些产品有优势，有优势的产品一般都是自己工厂生产的，其他都是拿来充门面的。这就是中医诊治中的"问"。

（3）如果找到了厂家，就可以进一步问他其他产品，厂家一般都会告诉你其他店铺哪个是厂家，哪个是贸易商。

线下找货之前，也可以先去阿里巴巴寻找，搜索关键词查看哪些地区货源所占比例大，一般所占比例大的地方就是产业带。我们可以直接去产业带找厂家，上门拜访，如图2.8所示。

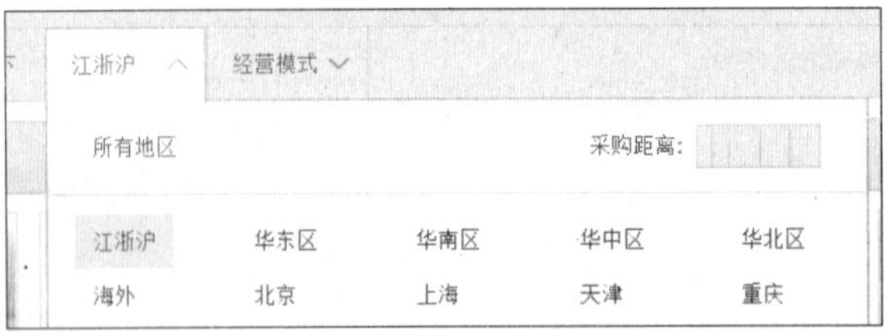

图2.8 卖家所在地展示

现举例说明。例如，搜索关键词"袜子女"，发现全网在线商品数为60万；选择江浙沪地域，发现在线商品数为35万，说明袜子主要产自江浙沪；还可以进一步细分，发现浙江占据25万，所以断定袜子的主要生产区域在浙江；进一步查看地域发现在浙江诸暨，这样就可以直接去浙江诸暨寻找。除了通过以上方法查找外，还可直接去常见的几个批发零售集中地。

（1）浙江金华义乌：中国最大的小商品批发城，共分五大区。
（2）河北白沟：中国最大箱包产业链与加工地。
（3）福建石狮市：亚洲最大服装城，位于福建省泉州市。
（4）辽宁沈阳五爱市场：中国第二大小商品批发市场。
（5）浙江温州、浙江诸暨、江苏徐州、辽宁兴城、河北邢台等地，也是批发零售集中地。

以上就是笔者线下找货的经验，希望能帮助读者找到自己想要的一手货源。

2.3.2 线上找货

线上找货的常见渠道有1688与慧聪网，目前用得最多的就是1688。因此，本节分享在1688找货的思路。

（1）下载找货神器（https：//shen.1688.com）。下载完成并打开之后，找到淘宝卖得好的产品，然后点开宝贝，右边就会显示阿里巴巴批发相同款产品的厂商，如图2.9所示。

图2.9 找货神器找出的产品

（2）在1688输入核心关键词，选择"经营模式"→"生产加工"选项进行筛选，如图2.10所示。

图2.10　1688找货的经营模式

（3）有些行业有源头厂家的标志，说明其可以生产加工，故可以在它那里进货，具体如图2.11所示。

图2.11　实力商家与源头厂家

（4）有些行业很难找到厂家，故可以找品牌旗舰店，因为旗舰店只有一个店铺。

（5）有些行业通过以上思路都找不到，故可以选择实力商家，因为实力商家是一个大的批发商。

以上就是线上进货时选择厂家的先后顺序。选择之后，我们需要对店铺进行考核，一般从以下5个角度进行考核。

（1）店铺诚信通的开通时间，时间越长，说明经营得越好，否则不会一直开店。

（2）店铺DSR三项，该参数决定了进完货之后，买家对他的整体评价。

（3）产品回购率，老客户二次购买越多，说明产品越受消费者青睐。

（4）申请一件代发，如果一件代发响应速度比较快，说明店铺是有人专门打理的。

（5）店铺装修情况与产品评价情况，反映了店铺运营情况。

确定要和哪个店铺合作后，一定要采购样品进行考核，沟通好之后，才可批量进货。

2.3.3　店铺铺货的过程

很多人在前期学习电商时并没有想好做什么，于是会选择一件代发，也就是把1688的产品一键铺货到自己的店铺中，当有买家下单时，此订单就会在阿里巴巴后台生成，手动付款之后，阿里巴巴的卖家就会把产品直接发给买家，不经过我们的手，而我们可从中赚取差价。现将一件代发的流程与要点汇总如下。

（1）开通自己的淘宝店铺或天猫店铺，即要有店铺。

（2）找到适合自己店铺的产品，在线咨询卖家是否可以申请一件代发，如图2.12所示。

图 2.12　一件代发入口

（3）选择"传淘宝"选项，再选择"官方传淘宝"软件（见图 2.13），然后进行一键铺货。

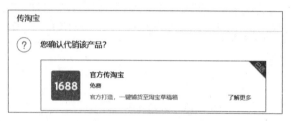

图 2.13　代销产品软件

（4）到阿里巴巴淘管家后台找到"我的已铺货商品"，如图 2.14 所示。

图 2.14　淘管家已铺货商品

（5）修改运费与价格，在保证有利润的情况下进行销售。当然，我们也可以用别人的产品进行冲量，从而提升店铺等级。

（6）上架前需要优化宝贝主图与详情页，重新撰写标题，努力提高宝贝排名。

（7）修改完毕后，对仓库中的宝贝进行上架操作，如图 2.15 所示。

图 2.15　宝贝上架

（8）当宝贝被人购买之后就会在淘宝后台生成订单，同时也会在阿里巴巴后台生成订单，去阿里巴巴后台付款，当阿里巴巴发货后把单号添加到淘宝后台，至此就完成了一件代发的所有流程。

2.3.4 自己备货的利与弊

淘宝中小卖家前期创业时就准备了很多货，租了仓库，认为这样才有底气经营店铺。确实，这种情况非常有利于搞活动、及时发货等。但其弊端是，产品一旦走下坡路，就只能进行清仓处理，甚至清仓也卖不出去；而且有些产品还有保质期，所以经营风险会更大。下面笔者将给出正确的做法。

（1）分析市场需求量，预估自己30天的销售量，备一个月的货就够了。

（2）依据自己店铺的运营思路，通过竞争对手的数据预估，哪些产品走量，能走多少量，从而准备货物。

（3）关于报活动的产品，需要根据相关软件预估一期能销售多少量，从而准备货物。

综上所述，做电商必要的库存还是要有的，但是一定要考虑货物的周转率与资金周转率。

2.3.5 自己建仓与官方仓

这些年，我们听得最多的就是"云仓"。在这方面，国内做得最好的是京东，京东云仓智能机械化管理被买家广为称赞。卖家可把产品放到京东云仓，买家下单后由云仓直接发货，从而省去了卖家自己的发货与管理步骤。云仓管理听起来非常方便，但是具体实施起来很多卖家还是望而却步。究其原因，汇总如下。

（1）各个地域收费标准不统一，不同地域价格不同。

（2）部分站点时常关闭，没有统一管理，卖家认为没有保障。

（3）没有完善的仓储管理系统，无法及时看到自己货物所处的状态。

（4）没有形成全国统一化管理，没有专业客服人员处理和解决售后问题。

鉴于云仓有以上缺点，很多大型卖家已经开始自行在全国各地建立自己的仓储，如三只松鼠、苏宁易购等。买家购买产品后，平台根据距离进行智能化调货，从而实现次日达的目的。在未来电商的发展中，仓储物流将是竞争的重点，谁掌握了时效，谁就是电商中的翘楚。

2.4 产品定价策略剖析

宝贝实际为商品，既然是商品就必须要有价格，所以价格是宝贝的核心属性，其变化肯定会影响宝贝排名。本节重点讲解宝贝价格的设定方法与设定技巧。

2.4.1 任何宝贝都有5个价格

要理解宝贝定价策略，必须要明确宝贝有哪些价格及它们之间的关系。任何一个宝贝都有5个价格，分别如下。

（1）出厂价，即进货价，包括运费。出厂价是产品的底价。

（2）吊牌价，即产品上架时填写的一口价，该价格一般是成本价的3～5倍。成本超过

100元的，吊牌价一般为2～3倍；成本超过1000元的，吊牌价一般为1～2倍。

（3）折扣价，即产品的销售价格。一般情况下折扣价在吊牌价的基础上打折，需要按照市场价格区间与产品进货价进行比对，还需参考目标人群及利润空间。

（4）活动价，一般是折扣价的0.8折。也就是说，活动价要比平常便宜，否则即使参与活动，报名也通过不了。

（5）清仓价。当产品堆积如山想快速出售时，卖家会以成本价+快递费进行清仓处理，这时所形成的价格就称为清仓价。

以上就是所有产品从"出生"到"死亡"需要经历的5个价格，在不同阶段店铺的目标不同，所以定价也不一样。下面以行业中销量最大的连衣裙为例，在淘宝中进行搜索，如图2.16所示。

图2.16　连衣裙的搜索结果页

通过图2.16可以看出，宝贝价格定在吊牌价与折扣价这两个价格中间是最好的，因为该价格区间符合用户需求。

2.4.2　4种常见的宝贝定价技巧

常见的宝贝定价技巧有4种，分别为撇脂定价策略、低价定价策略、尾数定价策略和心理定价策略。

（1）撇脂定价策略，是指宝贝刚进入市场，如很多卖家还没有海拉克斯这个产品时，此时定价一般都比较高。很多产品初进市场时价格都很高，如固态硬盘、扫地机器人、安全座椅等。选择撇脂定价策略是因为产品研发成本比较高，前期急需收回成本。

（2）低价定价策略，是指想通过低价迅速获得流量，从而增加宝贝的曝光量和销量，让宝贝的排名靠前。低价定价策略一般在宝贝前期做销量和后期清仓时使用；也有刚进入市场就采取该策略的，为了让竞争对手不愿意再去尝试做这个产品，如康师傅矿泉水。

（3）尾数定价策略，这是最常见的定价方法，卖家都愿意定99.9元，而不愿意定100元，原因是让买家感觉这个价格还没有到100元，从而促成购买。

（4）心理定价策略，即根据买家的心理来定价，让买家感觉这个产品值这么多钱。很多产品都采取这种方法进行定价，例如月饼，其实月饼成本并不高，但把它当成礼品，换上包装盒，它的价值就不一样了，毕竟人们一般不会买一个9.9元的礼物送人。

以上几种市场定价策略在淘宝、天猫中应用得非常广泛，这几种定价策略也可以综合应用，采取多种定价策略的组合，从而实现营销效果最大化。

2.4.3 宝贝价格区间

常规宝贝价格区间包含 4 层，通过淘宝搜索框可以看到：第 1 层是特价区，第 2 层和第 3 层是正常售卖价格区，第 4 层是高端价格区。而宝贝上架时会有不同最小存货单位（Stock Keeping Unit，SKU），其目的就是价格不一样可以囊括更多买家。这种情况下，一般不要囊括太多，正常包括两个相邻的价格区间即可。例如，喜糖盒子的搜索如图 2.17 所示。

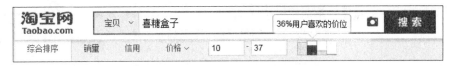

图 2.17 喜糖盒子受欢迎的价格区间

在优化这个宝贝时，最好让它在 10 ~ 37 元的区间，当然，想包含 10 元以下或包含 37 元以上也可以，即横跨两个区间将产品分为中低端和中高端。宝贝价格布局案例如图 2.18 所示。

图 2.18 宝贝价格布局案例

通过以上案例可以看出，该宝贝的价格区间属于中低端（低端是 10 元以下，以 37 元作为界限，这个宝贝没到 37 元，最高价只有 31.9 元，所以属于中低端价格流量款）。

2.4.4 如何查看自己店铺的价格范围

当店铺运营一段时间以后，我们的人群画像中的消费层级基本就确定了。此时再发布相应宝贝，就要根据自己店铺人群的消费层级进行定价，该消费层级可在后台选择"生意参谋"→"流量"→"访客分析"→"消费层级"选项进行查看，如图 2.19 所示。

消费层级(元)	访客数	占比	下单转化率
0-35.0	102	50.25%	5.88%
35.0-70.0	58	28.57%	8.62%
70.0-120.0	23	11.33%	13.04%
120.0-255....	16	7.88%	0.00%
255.0-535....	4	1.97%	0.00%
535.0以上	0	0.00%	-

图 2.19 消费层级后台

当知道自己店铺的消费人群后，我们在上传产品时就应该想到对应的价格区间，从而有针对性地定价，以圈定目标人群。

2.4.5 宝贝打折常用软件及操作步骤

在淘宝、天猫后台，常见的打折软件有超级店长、好店长等，本节主要以超级店长为例介绍宝贝的打折方法。首先，购买中级版以上的超级店长，然后打开淘宝服务市场，找到"我的服务"，选择"促销"→"限时折扣"选项，输入促销标签、活动时间、活动备注，如图2.20所示。

图 2.20 填写活动信息

选择要打折的宝贝，设置优惠金额，完成创建，最终结果如图 2.21 所示。

图 2.21 打折后的最终价格

创建完打折价格之后，买家就会在终端看到一口价和折扣价了，并且买家会以折扣价下单付款。另外，超级店长还会统计设定折扣价之后的销售情况。

2.4.6 设置宝贝优惠券的软件及操作步骤

优惠券是我们经常用到的，尤其是在满 100 元减 5 元等情况下，或者在阿里妈妈推广中心都会用到。优惠券设置软件是阿里官方出品的，一个月的费用大约为 15 元，如图 2.22 所示。

图 2.22　官方优惠券软件

优惠券分为店铺优惠券和商品优惠券，本节以商品优惠券的设置为例进行介绍。

（1）打开我们订购的应用，找到我们已订购的软件，选择"优惠券"→"商品优惠券"选项。

（2）选择要推广的渠道，推广渠道包括全网自动推广、官方渠道推广和自有渠道推广，它们的区别如下。

①全网自动推广是指此优惠券在全网都可以使用，所有渠道都能使用。

②官方渠道推广是指由官方发起的各个渠道去推广，如图 2.23 所示。

图 2.23　部分官方渠道推广

③自有渠道推广是指商家通过自己的运营群或 QQ 群等渠道推广，如图 2.24 所示。

图 2.24　自有渠道推广

（3）选择优惠券使用时间、优惠金额、使用门槛、发行量、每人限定领取数量等。

（4）创建完成之后，即可在购物车营销中使用该优惠券了。

优惠券的设置是每个运营人员都必须学会的，所以希望读者用心学习本节内容。

2.5　优秀的店铺布局是什么样的

从整体上来说，店铺布局分为两个方面：店铺整体分类和店铺所有产品的价格布控。

2.5.1 店铺整体分类

一个优秀的店铺应该有很多分类，常见分类依据有价格区间、人群性别、产品风格、用户年龄、产品功能等。通过这些分类，可以让买家在第一时间找到想要的产品，从而有效降低买家的跳出率。进入卖家后台，选择"店铺管理"→"宝贝分类管理"选项，设置一级或二级分类。按照价格进行细分的案例，如图 2.25 所示。

图 2.25　宝贝价格分类

有了以上分类，我们在发布宝贝时就可以选择对应的价格区间，从而在前端就能按照价格区间进行产品展示了。其他的分类方式与此相同，不再赘述。

2.5.2 任何店铺都应该有 3 个款

在 2.5.1 小节中讲解的宝贝分类是基本设置，其实真正的宝贝分类应该是对店铺内部所有宝贝进行划分。作为一名优秀的运营人员，应该将店铺所有的宝贝细分为流量款、利润款和主推款。

1. 流量款

顾名思义，流量款是指以引进流量作为主要目标的产品，它在店铺中的作用不容小觑。开店前期，没有流量款是很难做起来的。流量款的一个典型特征就是单价很低，主要用于走量。但是很多人有一个疑问，就是低价一定能让排名上去吗？

答案是否定的。我们定价时要用核心词去搜索，找到买家选择最多且价格最低的那个区间的临界值，这往往就是我们定价的基础。例如，猫砂铲价格区间如图 2.26 所示。

图 2.26　猫砂铲的价格区间

由图 2.26 可知，我们的定价应该大于 5 元，但买家大多不愿意付出超过 10 元去买猫砂铲，所以笔者的定价建议是 5.8 元。这个产品的价格减去快递费，仅够成本。但是，当买家进店之后，我们可以通过关联与猫咪相关的产品，让他进行其他产品的购买，从而获取利润。这就是流量款存在的价值。当然，流量款还有一个价值就是辅助前期宝贝冲销量、店铺冲等级。

2. 利润款

利润款，顾名思义，就是指以赚钱为目的的产品。任何一个店铺都必须有利润款，利润款一般在店铺中的占比为 30%。利润款必须有完善的主图、卖点、详情页、攻心评价等。利润款的推广方式一般是付费推广，因为让利润款排名靠前，还是有一定困难的。还是以猫砂铲为例，要让猫砂铲变成利润款，材质可以选择不锈钢的，价格就可以提升到 30 元。可是真正能花 30 元购买猫砂铲的人并不多，所以产品必须做出 30 元的品质，目前市面上卖得比较好的30 元左右的猫砂铲如图 2.27 所示。

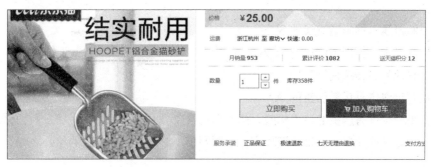

图 2.27 利润款猫砂铲

通过以上讲解，大家有没有发现，其实还可以选择猫咪所需的其他产品作为利润款，如猫笼、猫粮、猫零食等。

3. 主推款

主推款就是主要推广的产品。平时买家的需求量比较大，产品价格适中，有一定的利润空间，但又不是特别大的产品，都可以作为主要推广的产品，如狗窝、牵引绳等。

通过以上讲解可以发现，能赚到钱的其实是主推款，它们三者之间的关系是，用流量款带动主推款，用主推款导入利润款，买利润款的送流量款，从而实现完整的闭合，这就是一个店铺产品布局的核心。

2.6 现阶段淘宝、天猫运营的 3 种思维

本节重点讲解现阶段淘宝、天猫运营的 3 种思维。

运营思维一：进行数据分析找出潜在爆款，挖掘出卖点，做好主图与详情页，优化好标题，然后通过行业低价走销量。常见的走销量的方法是直通车与淘宝客，当宝贝有了一定销量基础后，再改变产品的价格区间，提高宝贝单价，通过直通车快速拉升宝贝排名。当宝贝自然流量与付费流量相当后，我们可以报名参加淘宝相关活动，导入淘宝其他流量，从而把产品打造成爆款。由一个爆款带动整个店铺，从而形成爆款群。

运营思维二：进行数据分析找出潜在爆款，完善宝贝"内功"（内部文案与设计）；通过少量销量补充，或者试客联盟提升宝贝基础评价或增加宝贝晒图，从而晒出攻心评价，让买家有购买的欲望；通过直通车拉升宝贝排名，从而提升宝贝自然权重，开通其他付费推广与活动，

进而形成爆款，最终实现店铺的爆款群。这种方式简单直接，前期投入大，特别适合利润高的产品前期进入市场的情况。

运营思维三：进行数据分析找出潜在爆款，完善宝贝"内功"（内部文案与设计），然后通过淘宝社媒流量进行导入，常见社媒有淘宝直播、必买清单、短视频营销、淘宝头条等。但是前期最好有一定销量基础与攻心评价，否则很难达到预期效果。这种模式特别适合新品上新"明星"店铺等。

以上3种运营思维都是站在如何导入流量的角度进行讲解的，下面汇总宝贝流量的构成，具体如下。

（1）自然流量占据店铺流量的30%。

（2）付费流量占据店铺流量的30%。

（3）活动流量占据店铺流量的10%。

（4）社媒流量占据店铺流量的30%。

以上就是一个优秀店铺的流量构成，想想自己具备3种运营思维中的哪一种，然后有针对性地补充短板，从而让自己店铺的流量和营业额翻倍，这就是本节内容的核心。

店铺装修——所有流量的落脚点

店铺装修设计是一项非常重要的工程,相当于线下门面店的装修设计。它代表了一种风格、一种人群画像的细分,尤其是宝贝主图与详情页的设计,更会直接影响宝贝的点击转化率。那么,本章就从店铺装修入手,分析店铺装修中的一些要点与案例,包括宝贝主图、详情页、专题页制作等。

3.1 店铺装修概述

店铺装修是很多中小卖家不太看重的一点,所以很多中小卖家的店铺根本没有装修,或者只买了一个模板就开始了店铺运营。其实,店铺装修是公司品牌推广非常重要的一环,试想一下,如果你是买家,发现你要购买的产品所在的店铺没有任何装修,你的下单率是否会降低呢?当然,很多低价产品除外,毕竟价格是竞争的一把利器。

3.1.1 店铺定位

店铺定位与我们主推的产品风格有直接关系,具体来说,店铺定位就是我们的店铺在消费者心中的位置。我们分析行业、选择产品时都使用 STP 战略(市场细分、目标市场、市场定位),那么进行店铺装修是否也要考虑店铺定位呢?

以连衣裙为例,笔者通过后台分析数据发现,2019年最火的两个卖点是超仙、甜美。那么,我们店铺的所有位置都应该本着这两个卖点进行装修,这就是定位。再介绍一个生活案例,如洗头发最关注两个问题,男士需要去头屑,女士需要柔顺飘逸,因此为了抢占大部分市场,洗发水就有了海飞丝与飘柔。

淘宝、天猫的市场这么大,我们不可能占领所有的市场,因此就要有明确的定位,进一步做到店铺、产品、装修、价格、人群与核心卖点的一致性。无论什么地方的装修,最终都服务于这个一致性。

3.1.2 店铺装修版本

淘宝店铺装修分为3个版本,分别为基础版、专业版和智能版。

1. 基础版

店铺等级大于一个钻以后,如果不付费,店铺版本就会自动切换到基础版,如图3.1所示。针对基础版进行装修,效果不会很理想,因为可变动的太少。

针对淘宝旺铺基础版的装修,建议购买350模板,

图 3.1 基础版

一次装修终身使用；也可以选择平台上已有的装修模板，按月付费；当然，还可以选择自己装修。

2. 专业版

如果我们在淘宝服务市场搜索旺铺，就会找到付费版本。旺铺专业版（见图3.2）每月50元，功能较多，具体如下。

图3.2　专业版

（1）3套SDK装修模板与1套多端同步模板。

（2）支持H5微海报装修与CSS订购。

（3）支持JS调用，不同页面可以设置不同背景。

专业版除了可以自己装修外，也可以购买350模板进行二次装修。

3. 智能版

旺铺智能版（见图3.3）是店铺装修最高级的版本，各个页面可以全方位更改，并且增加了"PC+无线"功能，还有千人千面功能、搜索标签智能化等，具体功能如下。

图3.3　智能版

（1）电脑、无线两端装修整合与PC端1920宽屏装修。

（2）活动页面可以同步到无线端，增加潜力新品模块。

（3）新客户热销产品榜单，可以针对大图进行热区设置。

（4）优惠券模式同步与AB产品测试模块。

（5）店铺搜索自定义与倒计时模块。

（6）3套SDK装修模板，支持H5装修，可以订购CSS全方面支持自定义。

（7）支持JS调用与宝贝批量上传，不同页面可以设置不同背景。

我们可根据自己店铺的情况有选择性地购买相关旺铺版本。同时，我们只有懂得美工设计与代码修改才能更好地完成店铺的装修。以下是一些优秀的店铺装修案例。

（1）韩都衣舍旗舰店首页：https：//handuyishe.tmall.com。

（2）三只松鼠旗舰店首页：https：//sanzhisongshu.tmall.com。

（3）联想官方旗舰店首页：https：//lenovo.tmall.com。

（4）润微旗舰店首页：https：//realwill.tmall.com。

（5）林氏木业家具旗舰店首页：https：//lshmy.tmall.com。

3.1.3　店铺装修要点

店铺PC端的装修是为了带给买家在网上购物时更好的体验，而淘宝网给出了两种查看装修信息的方式，分别是官方网址和我们自己申请的独立域名。举个简单例子，笔者的二级独立域名是yaokw.taobao.com。二级独立域名在购买店铺旺铺版后才能单独申请。店铺装修的具体步骤如下。

（1）选择"淘宝卖家中心"→"店铺管理"→"店铺装修"→"PC端"→"装修页面"选项，结果如图3.4所示。

图 3.4　PC 端店铺装修入口

（2）通过同样的步骤，可以装修手机端，这里不再介绍。

（3）通过店铺装修界面左侧的各个功能模块，可以对店铺装修进行修改、保存，然后发布，就可以看到店铺装修后的样子了。接下来，针对店铺装修要点进行汇总。

1. 突出店铺主题

在对店铺进行装修时，运营者需要明确本店铺产品趋向的风格；同时，不管是活动还是店庆，都要有符合节日氛围的店铺装修，让顾客一进入店铺就被浓郁的节日氛围吸引，进而逐渐促使成交。

2. 突出卖点，简单大气

店铺装修不宜过于复杂，只要能把店铺的核心卖点凸显出来即可。店铺装修还应简单大气，这样才能通俗易懂，不需要让消费者花费太长时间去了解装修的含义。另外，店铺的招牌商品必须放在店铺的关键位置，这样才能让消费者一眼就看到。

3. 分类导航栏应该细致化，突出核心分类

分类导航栏一定要分得细致，让买家能很快找到想要的分类。不管是根据宝贝的价格、类型、颜色分类，还是根据是人群等分类，都要让买家在第一时间找到，并且要做好关联以增加黏性。

4. 海报专题页要有明显的入口

每个店铺一年中都会有各种形式的活动，而不同的活动需要有不同的活动海报。设置海报必须与活动的场景相符，这样能给消费者带来身临其境的感受。同时，海报在店铺首页应该有明显的入口，方便买家查找。

5. 店铺首页表达形式应该多样化

除了风格要统一之外，店铺首页应该有不同的表达形式，尤其是首页轮播图、买家秀、视频模块、热销宝贝推荐、新品上新、核心卖点展示等。通过对买家心理需求的挖掘，写出符合买家需求的文案，做出一个形式多样的店铺首页是非常有必要的，但要注意"形散而意不散"。

3.1.4　店铺海报页面的设计

一提到海报，我们就会想到 PC 端与无线端的焦点图。当然，海报远远不只在这些地方展

示,我们投放的钻石展位采用的也是海报形式。本节将介绍店铺海报页面设计的相关知识。

（1）必须明确这张海报表达的内容,是单品营销、品牌推广还是活动推广。

（2）明确内容之后,从竞争对手或钻石展位案例图进行演模,形成基本框架。

（3）根据框架需要的元素进行图片拍摄与场景布置,以及文案的准备。

（4）图片文字要有明显区分,核心卖点要突出表达,文案要具有煽动性,让买家有点击欲望。

（5）整体布局要能吸睛,让卖家看一眼就有点击欲望。

一张优秀的海报往往被比喻成一名优秀的销售人员,要想通过它卖出产品,就必须赋予它不一样的灵魂。优秀的海报案例如图 3.5 所示。

图 3.5 优秀海报案例

3.1.5 店铺专题页的设计

专题页就是用来表达主题的页面。在淘宝、天猫中,专题页的主要作用是根据顾客个性化的需求补充信息,分模块展现给顾客,以引起顾客对商品的兴趣。尤其是店铺大促活动与平台大促活动,这些都需要专题页进行承接。店铺后台装修页面中有专题页设计按钮,如图3.6所示。

图 3.6 专题页设计按钮

设计专题页的思路与设计店铺海报页的思路相似,毕竟海报就是一个小专题页。店铺专题页设计要点如下。

（1）明确该专题页要表达的内容,是为了展示品牌、活动推广,还是新品发布等。

（2）通过自己拍摄图片或在千图网等网站上搜索素材等,找出可以表达自己需求的图片,并进行修改。

（3）写出专题页整体文案，要求文字通顺流畅，常见文体有"叙述+议论"，议论文总分总等。

（4）设计风格要点、线、面融合，强调的是从头到尾的一种视觉设计效果。

（5）内容与色彩过渡要承上启下，即页面中要有一个贯穿整体的主要元素，以构成整张页面的视觉焦点。

（6）可用故事情节展现每个产品的卖点，注意过渡留白与埋下伏笔，引领买家继续阅读，让买家觉察不到你是在向他推荐产品或品牌。

综上所述，专题页设计不只是一个美工就能完成的，还需要文案策划与运营人员共同参与，只有这样才能做出优秀的专题页。

3.2 宝贝主图设计新思路

宝贝主图一直都是电商探讨的热点话题，一张优秀的宝贝主图到底应该具备什么？什么样的主图才算是优秀的主图？一张优秀的主图到底是怎样诞生的？这些都是本节讲解的重点。

3.2.1 宝贝主图的重要性

宝贝主图是买家通过搜索或通过渠道了解宝贝的第一印象，让买家对我们的宝贝念念不忘主要依赖主图，而主图的设计就是运营、文案、设计3个人的工作任务了。在这里给出一个公式：点击量 = 主图 × 流量。

能否把买家引进来全靠主图，即主图的卖点表达形式是否符合买家需求。例如，笔者卖的是猫砂铲，就要考虑如果是自己要买猫砂铲，那么最关注的是哪几点。答案肯定与猫砂相关，如豆腐猫砂、水晶猫砂、膨润土猫砂等。因此，应想办法让这些卖点表达在主图上，解决对应的买家心理问题，从而实现营销。于是，笔者的主图设计如图3.7所示。

图3.7 猫砂铲主图设计

当然，还可以通过猫砂铲手柄长短与材质不同等设计主图，让猫砂铲从不同角度满足用户需求，这样就能达到营销目的。

3.2.2 宝贝主图设计要点

通过前面的介绍，我们可以了解到一张优秀主图的重要性。本小节为大家进行宝贝主图设计要点的汇总。

(1)通过后台生意参谋及直通车关键词挖掘出宝贝卖点,找出核心卖点与主推卖点。

(2)用不同的思路表达卖点,通过5张不同的主图做出不一样但有逻辑的表达。

(3)主图最好有价格,这样通过主图就能区分人群消费层级,尤其是直通车的创意。

(4)主图要有行为驱动指令,诱惑买家点击,如鼠标手、引导符号与话语等。

(5)主图一定要有场景图,尤其是核心卖点的场景图,不能全部是摆拍图片。

(6)主图要有买家秀,即很多买家使用后的效果,诱导新客户下单。

(7)必要的时候主图应该有促销用语,如果怕"牛皮癣",我们可以添加水印。

(8)主图最好有边框,或者通过局部放大来吸引人的眼球,让买家愿意点击。

以上就是运营人员与美工在设计主图时需要注意的要点,希望大家用心揣摩,做出符合买家需要的主图。

3.2.3 常见主图设计的10种思路

既然主图这么重要,那么设计高手经常会使用哪些设计思路呢?笔者根据多年的电商经验汇总出如下10种思路供大家参考。

(1)点名。点名就是对市场中的部分人群进行圈定,并在主图上展现出来,如"小个子请进""大码女鞋请进""40~50岁请进"等,具体案例如图3.8所示。

图3.8 主图点名案例

(2)担保。通过承诺或放上自己的证件进一步让买家相信——我说的这个产品的卖点是真的,如茅台镇酱香酒、武夷山茶叶、东北五常大米、农村土蜂蜜等,具体案例如图3.9所示。

图3.9 担保案例

（3）买家秀。这种思路一般对玩具类或祖传秘方之类比较有效果，如狗玩具耐咬、狗玩具解闷等，具体案例如图3.10所示。

图3.10　狗玩具耐咬案例

（4）细节放大。细节放大主要是针对核心卖点，在表达形式上对细节进行放大，如毛呢大衣双排扣、保暖加绒打底裤、针织衫等，具体案例如图3.11所示。

图3.11　加绒打底裤细节展示

（5）用数字说明。用数字说明主要是指用数字表达卖点，因为数字往往会在人们的脑海中留下深刻的印象，如儿童水彩笔、食品类目、服装类目等，具体案例如图3.12所示。

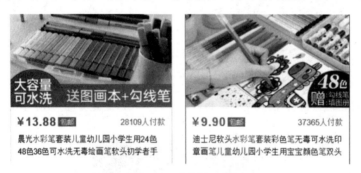

图3.12　水彩笔案例

（6）撞色。撞色就是让两种有明显区分的颜色进行搭配，以展现宝贝的核心卖点。这种思路一般应用在高科技的家电、有格调的服饰等产品中，具体案例如图3.13所示。

（7）九宫格。九宫格是为了更多地展示产品不同的卖点或展示产品不同的分类，也可用六宫格或十二宫格等。如猫包、狗玩具、喜糖盒、袜子等，具体案例如图3.14所示。

图 3.13　公牛插座撞色案例

图 3.14　猫包九宫格案例

（8）原材料。在主图中体现宝贝原材料，可以增加宝贝的可信度，常见的如宠物用品、保健食品、农副产品、女装中的羽绒服等，具体案例如图 3.15 所示。

图 3.15　蜂蜜酿造现场案例

（9）传达一种感觉。这种思路一般用于表现摄影师无法拍摄出的效果，由美工在后端进行点缀而成，常见的如男鞋、羽绒服等，具体案例如图 3.16 所示。

（10）夸张。这个世界有很多的角度是我们没有看到过的，摄影师用不一样的拍摄技巧吸引买家眼球也是一件很难的事，常适合利用夸张的效果来设计主图的产品如服装、鞋类、3C类等，具体案例如图 3.17 所示。

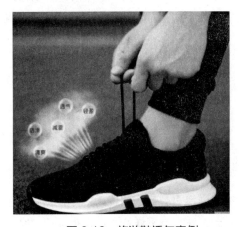 

图 3.16　旅游鞋透气案例　　　　　　图 3.17　马丁靴夸张表达案例

综上所述，主图设计的思路多种多样，需要我们不断去开拓。目前比较流行的设计思路还有"网红款""明星款"等，这些也非常值得借鉴，具体案例如图3.18所示。

图3.18 "网红"糕点与熊掌形摆放方式结合的案例

我们一定要活学活用以上10种设计思路，并且可以组合使用，以便使自己的店铺能给买家留下深刻的印象。

3.2.4 一张优秀的主图是如何诞生的

要做一张优秀的宝贝主图，其过程是比较复杂的。一张优秀的主图的诞生过程如下。

（1）老板、店长、运营人员一起确定一款要推广的产品。
（2）运营人员分析市场产品卖点，用数据分析软件进行卖点挖掘并汇总。
（3）把想要的卖点交给摄影师，摄影师会根据卖点布景、找道具甚至找模特。
（4）把拍摄好的图片交给美工，美工会把摄影师无法表现的卖点进行放大，做出局部修饰。
（5）美工设计几款版式之后交给运营人员，运营人员通过直通车或钻展的AB测试，判断出哪张图片比较好。
（6）运营人员再把图片交给美工进行局部修改，确定好主图后正式上线进行推广。

以上就是一张优秀的宝贝主图诞生的全过程，这其中参与得最多的人员是运营人员与美工。在这里还要强调一点，是先有卖点与文案，后有主图与详情页。

3.3 详情页设计新思路

设计宝贝的详情页是电商的重要工作，一个优秀的详情页就像一名优秀的导购员，不管是白天还是晚上都在为我们的产品做宣传，所以本节重点讲解与宝贝详情页设计相关的内容。

3.3.1 宝贝详情页的重要性

宝贝的详情页的设计很重要，可以用下面这个公式来表达其重要性：宝贝详情页 = 点击转化率。买家通过点击与关键词对应的宝贝主图进入详情页后，卖家通过详情页激发买家的消费欲望，建立买家对店铺的信任感，打消买家的消费疑虑，促使买家下单，这一系列的步骤都是靠详情页来实现的。

因此，必须保证宝贝详情页能够承接进来的流量，说得更清楚一点就是，买家是通过哪个卖点进入的宝贝详情页，那么这个卖点就应该在详情页中得到充分的论证，这就是设计详情页的核心。所以，设计宝贝详情页首先要挖掘出宝贝的卖点，然后写好与之对应的文案，这样才能做出符合买家需求的详情页，从而带来转化。

3.3.2 详情页包含的内容

广泛的宝贝详情页其实包含很多内容，本节即梳理这部分内容。当买家点击进入详情页之后，会看到以下内容。

（1）宝贝详情页最上面的图片就是主图，宝贝主图的设计要点已在 3.2 节讲解了。

（2）宝贝标题。宝贝标题应包含主图中的核心卖点与关键词，标题撰写将在 4.4 节讲解。

（3）优惠信息。优惠信息是指店铺的促销打折信息，这是刺激买家下单的有效手段。

（4）服务标志。服务标志是指店铺开通了哪些服务，服务标志越多越能获得买家的信任。

（5）宝贝评价。宝贝评价非常重要，优秀的宝贝评价能够增加宝贝的点击转化率。

（6）问大家。需要买家提问与核心卖点相关的问题，通过可以说服买家购买的答复来提高成单率。

（7）买家秀。通过淘宝神笔可以把优秀的买家晒出的视频与图片进行置顶。

（8）店铺综合信誉展示。店铺综合信誉展示包括店铺的名字与店铺 DSR 三项指标，名字要好记，DSR 越高越好。

（9）店长推荐。店长推荐一般都是与当前产品相关的产品或搭配使用的产品组合。

（10）宝贝详情。宝贝详情关乎宝贝转化率，将在 3.3.3 小节讲解。

以上就是买家进入详情页之后看到的内容，每一部分内容都会影响转化，所以务必完善每个细节，有些地方可以通过人为努力来实现。

3.3.3 详情页设计要点

一个优秀的详情页由 7 部分构成，具体如下。

（1）确定买家最关心的内容与宝贝核心卖点的匹配度，可以通过生意参谋与竞争对手的详情页进行数据分析，从而找出买家最关心的问题，然后进行文案的创作。这里强调一点，竞争对手的差评内容是我们当前产品要解决的重点问题，争取做到人无我有，人有我优。

（2）针对核心卖点进行论据汇总，一个宝贝的卖点一般都在主图上有所展示，因此详情页应该分别针对每个卖点进行有效的论证，让买家信服。三只松鼠碧根果详情页如图 3.19 所示。

图 3.19　三只松鼠碧根果详情页（节选）

（3）详情页要有与核心卖点对应的攻心评价。攻心评价就是曾经买这个产品的买家对该产品的好评，这样可以进一步促进其他买家购买。狗玩具买家秀案例如图 3.20 所示。

图 3.20　狗玩具买家秀案例

（4）详情页应该有与市场其他产品核心卖点的对比图，这是为了让买家进一步明确当前产品的价格比别人高、卖得比别人好的理由。

（5）详情页应该有产品与企业相关公信力证明，包括产品细节证明、品牌实力证明、仓储发货能力证明、线下工厂加工细节证明、荣誉资质与线下体验店等证明。

（6）详情页应该有售后相关说明，包括退换货说明、保修政策、使用流程等，这些都是为了进一步强化购买的安全性。

（7）详情页应该有产品促销相关的文案，包括店铺优惠券领取、单品优惠券领取、会员等级优惠政策等，进一步刺激买家的购买欲望。

以上就是详情页的设计要点，与此同时还要强调以下 4 个核心点。

（1）详情页的文案一定要遵循广告法，如果不确定是否违法，可以通过超级店长付费版本进行单个筛选，收费标准为 0.5 元一个宝贝。

（2）设计详情页时一定要具有逻辑性，要让买家一看就觉得是一篇优美的文章，从而促使买家产生继续阅读的欲望。

（3）详情页的文案段落一定要有分界，这样买家才能在第一时间找到想要的卖点。例如，买家要买男士衬衫，此时他关心的是是否有其能穿的尺码与尺码偏差图，买家进入详情页的目的就是找产品尺码偏差图，至于模特长得如何并不是他所关心的。

（4）详情页的高度一般不低于 10 屏，即一个优秀的详情页高度应该控制在 12000 ～ 20000 像素，过大会影响加载速度，过小则可能不够展现。

3.3.4 详情页设计的优秀案例

很多知名品牌做出的详情页就像一篇优美的散文诗,让人回味无穷。本节分享几个经典的详情页,供大家赏析。

三只松鼠碧根果详情页如图 3.21 所示。此产品是食品类中的坚果,买家对买坚果类产品最关注的是什么?如产品是否来自原产地,因为原产地更正宗,所以图 3.21 所示的三只松鼠碧根果详情页明确地表达出了原产地的卖点。

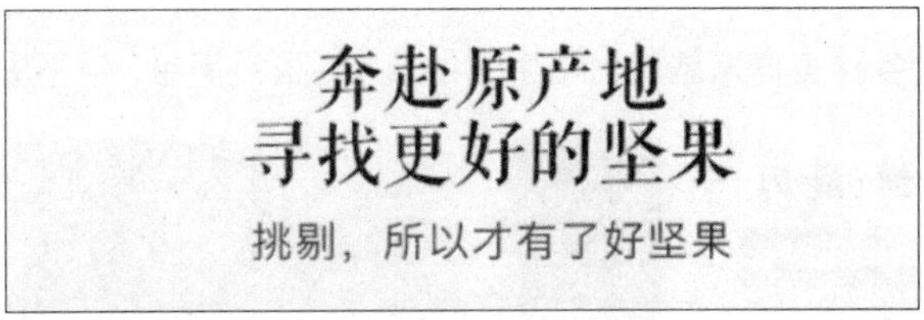

图 3.21 三只松鼠碧根果详情页(一)

产品的个头大小、是否被虫蛀等问题也是买家关心的内容,如图 3.22 所示。

图 3.22 三只松鼠碧根果详情页(二)

买家还关注产品是否安全,如是否漂白、是否添加防腐剂等,如图 3.23 所示。

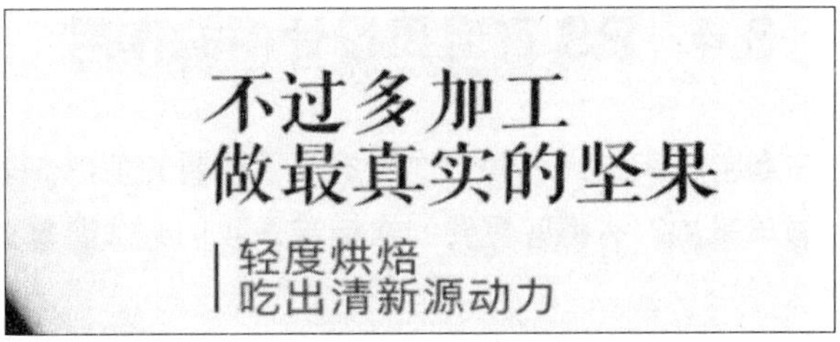

图 3.23 三只松鼠碧根果详情页(三)

上述案例的对应文案与色彩搭配给买家的感觉是绿色、营养、健康、可信任。除了三只松鼠之外,再分享一个有格调的服装品牌——茵曼。看到"茵曼"这两个字,大家应该能领悟到它的真谛:与世无争,自然和谐,主张慢生活。

茵曼的材料选择棉、麻,在详情页中的体现如图 3.24 所示,棉麻本身就源于自然材料,再加上中国山水,更能体现出自然和与世无争。

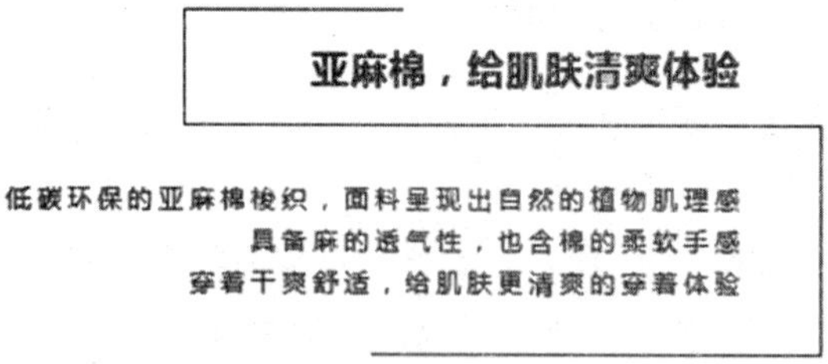

图 3.24 茵曼详情页（一）

详情页还可以通过各种美搭来展现出慢生活的节奏，虽然简单，但不失高雅，如图3.25所示。

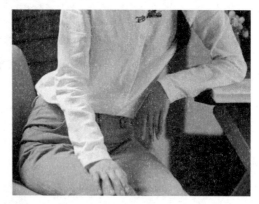

图 3.25 茵曼详情页（二）

茵曼的详情页把设计理念落实到衣服的每个角落，如衣服领子、腋下、分割收褶、扣子、刺绣等方面，体现出不跟随，自成风格。

以上是互联网优秀品牌的宝贝详情页设计案例，它们的优点值得我们慢慢品味。

3.4 PS 在宝贝设计中的作用

PS（Photoshop）在淘宝、天猫的运营工作中扮演了重要的角色。那么，它有哪些应用技巧呢？常见图片是怎么做出来的？有哪些重要的快捷键是我们必须要掌握的？主图是如何抠出来的？下面将进行讲解。

3.4.1 PS 常见的术语

PS 是一款图片制作与设计软件，针对矢量图片、文字、视频等也可以进行相关制作。PS从 1990 年出版的第一版至今，已经成为人们熟知的软件。本节以 Photoshop CS6 版本为基础进行讲解，首先介绍 PS 中的常见术语。

（1）色彩模式是数字世界中表达颜色的一种方式。PS 中有 3 种常见的色彩模式。

① RGB 模式，一般适用于显示器、投影机、扫描仪、数码相机等，为加色模式。

② CMYK 模式，一般适用于印刷品，如报纸、图书等，为减色模式。

③ HSB 模式针对人的眼球，主要指色相、饱和度、明度等。

（2）图片尺寸。图片尺寸在电商中主要指主图、详情页及海报尺寸。

① RGB 中图片主要以像素（pixel）为计量单位，也称 px。

② 正常宝贝主图的设计需要保证 800px×800px 的像素，存储质量应该小于 500KB。

③ 宝贝详情页设计的高度范围为 12000 ～ 20000px 的像素，存储质量小于 3MB。

（3）图片格式。图片格式在做主图白底图及透明图时使用得较多，具体如下。

① JPG 格式，是最常见一种格式，宝贝主图与详情页均可以使用。

② PNG 格式，一般是抠图之后的保存格式，即透明背景图。淘宝、天猫对此有要求。

③ GIF 格式，一般为制作宝贝详情页动画格式时使用的格式，目的是更全面地展现宝贝。

④ PSD 格式，是 PS 中的大型文件格式，最高可达 30 万 px，记录了做图的所有过程，是淘宝、天猫中图片证据的重要文件格式。

（4）图层。图层就是记录图像信息的一张张图片，其合并在一起就是一张完整的图片。除了背景图层外，其他图层都可以通过调整不透明度让图像内容变得透明，当隐藏部分图像时，我们可以看到不同的棋盘格。

3.4.2 PS 的工作界面

Photoshop CS6 拥有全新的工作界面、全新的裁剪工具、全新的内容修补工具、全新的肤色识别选择和蒙版、64 位光照效果库等，故本节以 Photoshop CS6 为基础进行讲解。PS 的工作界面由菜单栏、操作窗口、工具箱、工具选项栏、状态栏，以及常用的面板等构成，如图 3.26 所示。

图 3.26　PS 工作界面

（1）菜单栏：主要包含我们日常用到的各种命令。

（2）标题栏：主要显示目前文档的名称、格式、颜色等信息，多个图层时还包含了当前图层的信息。

（3）工具箱：主要汇集了常见工具，包括创建选区、绘画与修饰、字体信息等。

（4）工具栏选项：用来设置工具的各种选项，它会随着所选工具的不同而改变内容。

（5）状态栏：可以显示文档的大小与尺寸、当前窗口的缩放比例等信息。

（6）面板：可以帮助编辑图像，如设置编辑内容、颜色属性等。

3.4.3 PS 常见的快捷键

本节主要讲解 4 类快捷键的使用技巧与作用。

（1）操作文件常用的快捷键如图 3.27 所示。

图 3.27 操作文件常用的快捷键

（2）选择工具常用的快捷键如图 3.28 所示。

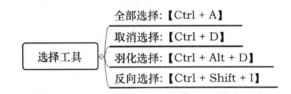

图 3.28 选择工具常用的快捷键

（3）编辑操作常用的快捷键如图 3.29 所示。

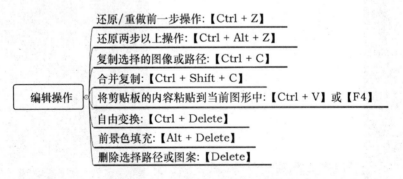

图 3.29 编辑操作常用的快捷键

（4）图层操作常用的快捷键如图 3.30 所示。

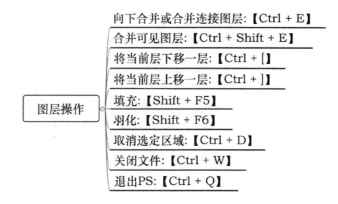

图3.30　图层操作常用的快捷键

以上就是使用PS做图时常用的快捷键，希望对大家有所帮助。

3.4.4　PS常用工具

本节重点介绍PS常用工具，以及其使用技巧。

1. 选区工具

PS最左边的工具栏中的第一个工具是移动工具，第二个工具是矩形选框工具（组），其功能一般为在图像上建立选区，并且让图形分离。常见的选区有普通选区和羽化选区。普通选区的边界有明显区分，而羽化选区的边界则呈现逐渐透明的效果，适合图像后期的合成。

选框工具组主要包括矩形选框工具、椭圆选框工具等，如图3.31所示。

对于边缘不是直线或者边缘较复杂的图像，可以使用磁性套索工具、多边形套索工具等工具对其进行操作，如图3.32所示。

图3.31　选框工具组

图3.32　套索工具组

如果选择的对象与背景之间有明显的色差，则可以使用快速选择工具、魔棒工具等工具进行操作，如图3.33所示。

如果图片边框是光滑的曲线，但呈现不规则的形状，则一般采用钢笔工具组对其进行操作，因为钢笔工具组是矢量工具，如图3.34所示。

图3.33　快速选择工具组

图3.34　钢笔工具组

如果使用以上工具都很难抠出图片,如毛发、玻璃效果等,那么一般选择使用通道功能(见图 3.35)。一般情况下,搭配通道使用的工具有画笔工具、滤镜、选择工具等。

以上就是在各种选区所使用的工具,这部分工具在淘宝、天猫中极其重要,尤其在抠出与合成产品图片时。

2. 画笔工具

画笔工具也称画笔与修饰工具,因为可以通过涂抹、加深、锐化、模糊、硬度等对画笔的笔尖进行修饰,从而画出需要的图像。

图 3.35 通道

画笔预设中有各种画笔,选择面板中的一个笔尖,通过拖动滑块可以设置笔尖大小。不同画笔有不同效果,如图 3.36 所示。

画笔笔尖包含圆形笔尖、非圆形笔尖、毛刷笔尖,圆形笔尖又包含尖角、柔角、实边、柔边等多种形状,如图 3.37 所示。

图 3.36 画笔预设中的画笔形状

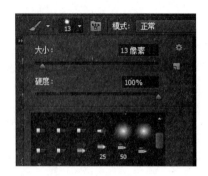

图 3.37 画笔笔尖

绘画工具中的模式、不透明度、流量、喷枪、绘画板压力按钮等都是对图片进行修饰的重要工具,如图 3.38 所示。

图 3.38 绘画工具中画笔的常用工具组合

3. 擦除工具

常见的擦除工具有橡皮擦、背景橡皮擦和魔术橡皮擦等,具体使用技巧如下。

(1)橡皮擦可以擦除图像,对图片进行局部修饰。橡皮擦可以与不透明度、流量及历史记录联合使用,以达到不同效果。

(2)背景橡皮擦是智能橡皮擦,可以配合选区工具抠出图像等。背景橡皮擦可以自动采集画笔工具的中心色彩,同时删除在画笔内出现的颜色,使其区域变透明。

(3)魔术橡皮擦是一款快速抠出产品主图的工具,只要设置好容差值,即可使抠出的图像与背景进行很好的组合,即常见的图片合成。

4. 滤镜

滤镜是 PS 功能中最具有吸引力的一种功能，它不但能让普通图像呈现出不一样的效果，还能制作出各种效果，究其原因，是因为滤镜可以改变像素的位置或颜色以生成特效。滤镜如图 3.39 所示。

图 3.39　滤镜

（1）内置滤镜。内置滤镜主要适用于创建图片的特殊效果，可以生成粉笔画、图章、纹理等，且绝大多数被应用于"风格化""画笔描边""扭曲"等。内置滤镜常用于制作宝贝主图的特效。

（2）还有一种滤镜用于编辑图片，可以减少图像杂色，提高图像清晰度。这些滤镜效果可以通过在工具栏中选择如模糊、锐化、杂色等实现。例如，制作草莓味的泡腾片的图片，为了让泡腾片更具吸引力，我们可以对图片上的草莓进行锐化，让草莓更真实。

（3）智能滤镜。智能滤镜在不破坏原始图像的像素的前提下也能达到滤镜效果，它作为图层效果出现在"图层"面板中，可以随时修改参数或者删除参数。例如，制作春季连衣裙宝贝的主图背景时可以使用智能滤镜制作网点照片。滤镜可以转换为智能滤镜，如图 3.40 所示。

图 3.40　智能滤镜

5. 蒙版与通道

蒙版是 PS 中一种遮盖图像的工具，主要用于合成图像，我们可以把蒙版简单理解为把不想要的图像部分遮住，所以它是一种非破坏性的编辑工具。通道是一种记录图像信息的工具，既可以通过颜色通道改变图像颜色，也可以进行抠图操作，如图 3.41 所示。

以上列举了 PS 中常用的部分工具和功能。PS 的功能非常强大，大家若想学习更多关于 PS 的知识，可以通过互联网学习或者联系笔者索要相关资料。

图 3.41　通道

3.4.5 PS常见抠图工具的讲解

抠图是运营人员必须掌握的一项基本技能，毕竟不能把简单的抠图操作也找美工来做。PS中常见的3种抠图方法是各位卖家必须掌握的，这3种抠图操作需要使用的工具分别是选择工具、钢笔工具和通道工具。在讲解抠图之前，必须要明确的一点就是，抠图的本质是建立选区，把要需要的部分选出来。

1. 使用磁性套索工具抠图

当图片的前景色与背景色有明显区别，且背景为单一颜色，同时图像不是很规则时，一般使用磁性套索工具进行抠图操作。使用磁性套索工具时，可以直接拖动鼠标进行选区选择；然后反向选择则可以删除不需要的背景。具体案例如下。

（1）打开产品图片，这里选择的是狗链，如图3.42所示。

（2）选择磁性套索工具，建立选区。如果套索偏离了轮廓（图像边缘），则可以按【Delete】键删除最后一个锚点，同时单击，手动产生一个锚点以固定浮动的套索。建立选区后的效果如图3.43所示。

图3.42 狗链

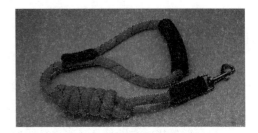

图3.43 狗链建立选区后的效果

如果选区有误差，则可以选择羽化与平滑，这样抠出的图片会很自然，如图3.44所示。

图3.44 调整边缘所在位置

确定选区之后，选择反向，再按【Delete】键即可删除背景，这样就完成了图片的抠图。

2. 使用钢笔工具抠图

钢笔工具抠图的使用比较广泛，所有产品图片都可以用钢笔工具抠图。当背景颜色不单一或者前景色与背景色区分不是很大时，钢笔工具都可以胜任。用钢笔工具抠图的最大好处在于细腻，并且可以控制钢笔路径的起伏转折。这里重点强调如下几点。

（1）钢笔工具中的锚点是细腻地抠出图片的关键，可以多建立一些锚点以让路径更细腻。

（2）在抠图前最好先复制图层，因为抠图过程中有时需要恢复原图。

（3）每个锚点都会产生两个控制点和两个控制线。控制点是圆形的，锚点是方形的。

（4）使用钢笔工具抠图前建议先把图片放大一些，这样抠出的图片会更细腻。

（5）路径闭合后，单击"图层"面板下面的"添加矢量蒙版"按钮，就完成了图片的抠图。

当然也可以选择建立选区、删除背景等方法。

（6）可以通过鼠标右键建立选区，操作时会弹出设置羽化值的对话框，一般可设置为1～3。

3. 使用通道抠图

通道抠图一般适合比较复杂的图片，如头发丝、图片颜色与背景相近且很复杂的图片等。在学习通道抠图前必须先弄明白两种通道。一种是颜色信息通道，它记录了图像的颜色信息。例如，打开一个RGB格式的图像，就会有红、绿、蓝3个通道，它们其实是3张黑白图像，分别存储了该图的红、绿、蓝3种颜色的信息。而另一种是Alpha通道（阿尔法通道），用于保存选择区。在Alpha通道中，白色表示被选择区域，黑色表示不被选择区域，灰色表示被部分选择的区域。因此，通道也可以存储选择区。案例如下。

（1）打开图片，双击图层解锁，进入通道后会看到RGB和红、绿、蓝几个通道，在红、绿、蓝3个通道中找出人物和背景图像对比度最大的一个，如图3.45所示。

图3.45　使用通道抠图案例（一）

（2）选择红色通道，按【Ctrl + L】快捷键弹出【色阶】对话框来调整色阶，以使前景色与背景色有明显的对比度；按【Ctrl + M】快捷键，弹出曲线对话框调整曲线明暗度，这样也可以提高人物和背景的对比度，如图3.46所示。

图3.46　使用通道抠图案例（二）

（3）使用白色画笔涂抹整个人物部分，用黑色画笔涂抹整个背景，按【Ctrl】键选择红色通道副本，白色区域内会形成一个选区，如图3.47所示。

图3.47　使用通道抠图案例（三）

（4）回到图层部分，选区即为背景（关闭通道红色副本），选区反向选择后，人物大概轮廓就出来了。但我们发现，部分位置需要修饰，这时可以使用画笔工具等进行修饰，效果如图3.48所示。

图3.48　使用通道抠图后的效果

其实在PS中，抠图的方法还有很多，如使用背景橡皮擦、快速选择工具、智能半径与抽出图层等，本节不再一一介绍。

3.4.6　PS图像合成要点

在做淘宝、天猫海报与主图时，会经常用到图像合成，具体可以分为3个步骤。首先，找到目标素材作为背景；其次，抠出已有的主图或者主题图片；最后，使用PS相关工具与技巧进行图片的合并,并且对局部进行修饰,让这两张图看起来像一张图。

在图像合成过程中需要注意5个要点:取景、对比、氛围、模糊、纹理。理解了这5个要点,一般都能做出一幅很好的合成图。在图片合成过程中,除了要使用好PS工具之外,还要运用色彩平衡和色彩饱和度,以将不同元素的色调统一起来,使画面的整体效果更好。使用PS进行图像合成的过程与操作非常复杂,并非本书的重点内容,因此这里不再赘述。

3.5 宝贝运费模板设计要点

设置宝贝运费模板是一项很重要的工作,一个好的运费模板会让宝贝转化率有所提升。宝贝运费模板的设置首先需要登录后台,然后选择"卖家中心"→"物流管理"→"物流工具"→"运费模板设置"选项,具体设置要点如图 3.49 所示。

图 3.49 宝贝运费模板设置

(1)模板名称,一般店铺分为大件与小件运费模板,针对店铺与快递公司签署的首重价格分为大件与小件,快递模板一般要能见名知意。

(2)宝贝地址一般是仓库所在位置,如果有多个仓库,则选择发货最多的仓库作为宝贝地址,而且最好与退货地址一致。

(3)发货时间越快,买家越愿意购买。发货时间一般控制在 48 小时内比较合理,因为节假日期间 24 小时内可能发不了货。

(4)是否包邮,一般地区都是包邮的,但是偏远地区要考虑成本。是否包邮一般设置为自定义运费,然后根据地区进行设置。

(5)计价方法一般都选择按件数,但是大件物品尤其是床垫等大件,建议选择按体积计算。

(6)运送方式基本都是快递。选中"快递"复选框后会出现图 3.50 所示的界面,可以对指定区域设置运费,如新疆、西藏等地区的运费一般设置为 25 元,国外的运费一般设置为

100元。

图3.50 按地区设置快递费用

以上就是设置宝贝运费模板的全部要点,产品的重量与体积不同,相关设置也可能不同,卖家应根据自己的实际情况进行设置。

第4章

自然流量——不懂数据分析是拿不到的

随着淘宝、天猫自然排名规则的不断改变,很多传统的优化宝贝自然排名的方法已经起不到作用。究其原因,除了因为规则改变了之外,还因为自然排名需要数据分析。通过数据分析进而制定准确的优化策略是很多卖家朋友所不具备的能力。因此,本章就围绕淘宝、天猫如何获取自然流量进行讲解,帮助卖家朋友拿到属于自己的那部分流量。

4.1 做淘宝、天猫必须知道的三项指标

做淘宝、天猫需要掌握很多数据，但是有三项指标数据是贯穿所有数据的核心。本节将揭秘这三项指标是什么，同时分享宝贝优化过程中与每个岗位对应的考核指标。

4.1.1 核心三量解读

核心三量分别是曝光量、点击量和成交量。这三项指标是分析所有数据的核心，它们之间呈现递进关系，接下来分别讲解这三项指标。

1. 曝光量

曝光量顾名思义就是产品曝光的次数，又称展现量，有自然曝光和付费曝光两种。自然曝光可以在后台看到，选择"我是卖家"→"宝贝管理"→"体检中心"→"搜索来源"选项，便可得到如图4.1所示的界面。

图 4.1 曝光量

关于付费曝光的内容，将在介绍直通车、钻展的章节中进行讲解。

那么，曝光量是越多越好还是越少越好呢？答案肯定是越多越好，越多代表了宝贝的排名越靠前，否则是不可能曝光的。

2. 点击量

点击量又称作流量，也称作访客数，但是访客数一般小于流量，因为一个人可以点击多次。

点击量一般是指宝贝被点击的次数。首先要明白的一点是，曝光量高并不代表点击量高，这也要看宝贝的创意是否能打动买家的心。点击量一般在生意参谋的品类中通过商品 360 即可查看，如图 4.2 所示。

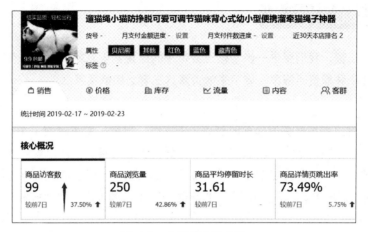

图 4.2　宝贝后台访客数

当然，宝贝访客数不仅来自自然流量，还来自付费流量等，具体可以到后台选择"品类"→"商品 360"→"流量"选项进行查看，如图 4.3 所示。

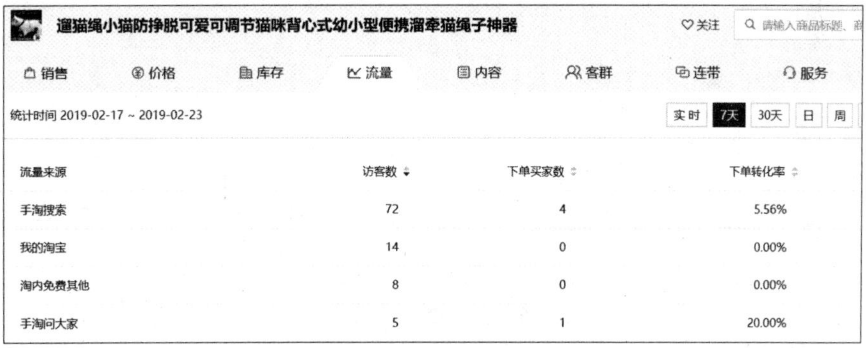

图 4.3　宝贝后台流量

3. 成交量

成交量是点击量的下一个环节，即购买量，又称下单。一个宝贝的流量肯定大于成交量，因为不是每个进来的人都会购买，所以做淘宝、天猫的核心就是增加成交量。宝贝成交量在后台选择"生意参谋的流量"→"商品来源"→"支付的买家数量"选项可以查看，如图 4.4 所示。

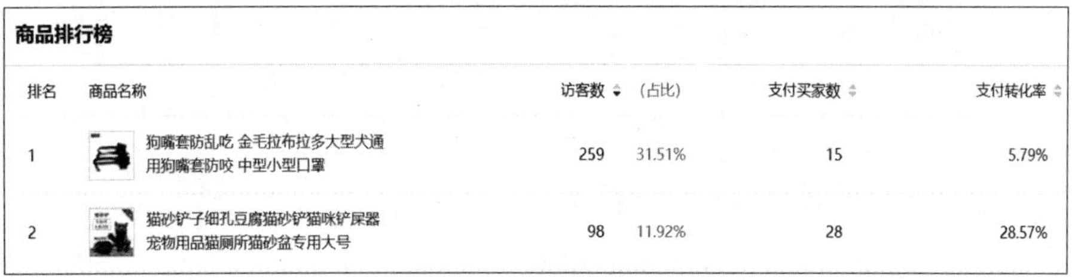

图 4.4　宝贝成交量

从以上内容能够看出，支付的买家数量并不代表宝贝销量，因为一个人可以买很多件，但大致可以做出判断。通过对三量的分析，大家对淘宝、天猫的数据整体上应该有所把控了。

4.1.2 核心三率解读

讲完了核心三量，我们要进一步考核三量带来的结果，于是就引入了核心三率，它们分别是点击率、转化率和投资回报率。接下来就讲解这三者之间的关系。

1. 点击率

点击率是指宝贝展现在买家面前时被点击的次数。例如，宝贝展现了1000次，被点击了30次，那么它的点击率就是3%。点击率可以衡量宝贝的创意是否符合买家的需求，同时也可以考核付费推广人员投放的广告是否符合渠道的人群画像。一般我们既要会看行业的平均点击率，也要会看宝贝点击率。关于点击率，可以通过生意参谋的市场中的"搜索分析"进行查看，如图4.5所示。

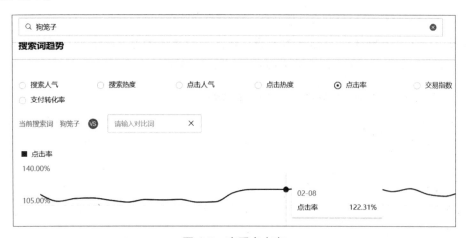

图4.5 查看点击率

通过图4.5可以看出某个关键词的点击率。除了上述方法，其实还可以在直通车中查看宝贝创意的点击率（见图4.6），从而衡量创意的好坏。由此可见，点击率是衡量美工与文案策划者的重要指标之一。

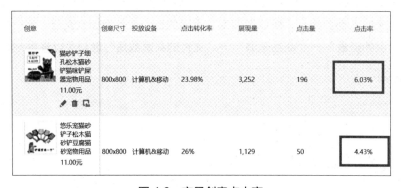

图4.6 宝贝创意点击率

2. 转化率

能点击进来的访客绝大部分是具有购买欲望的，但又不一定会购买，所以接下来要考核的指标就是点击转化率。点击转化率一般用于衡量关键词，也可以用于衡量宝贝。针对关键词的衡量，我们可以利用全网数据。在生意参谋的行业中选择"搜索分析"选项，然后输入关键词即可查看转化率，如图4.7所示。

图4.7 关键词的点击转化率

对于宝贝来说，下单转化率就是访客数与下单数之间的关系。例如，一个宝贝有100个访客，有10个人成功下单，那么它的下单转化率就是10÷100×100%=10%。在生意参谋的品类中，通过商品360即可查看宝贝的下单转化率，如图4.8所示。

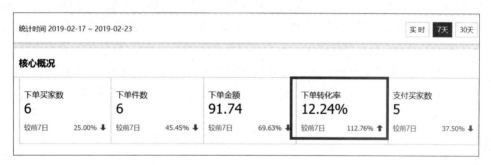

图4.8 商品下单转化率

转化率越高，说明宝贝主图、详情页、卖点与对应人群的一致性越高。所以，点击转化率可以考核的人员很多，包括美工、文案、推广人员、客服等。同时也说明一下，因为流量的渠道比较多，所以系统才称为"下单转化率"。我们在这里虽然把下单转化率看作点击转化率，但二者还是有点差别的，在直通车后台就可以直接查看关键词点击转化率，第5章将详细讲解。

3. 投资回报率

最后一项是投资回报率，英文缩写为ROI。例如，投资100元能带来300元成交额，那么投资回报率就是300%。至于能不能赚钱，还要看其他方面的投资情况。如果100元就是全部投资，那么就赚了200元。

而我们在实际操作过程中并非如此，如在直通车投入100元，卖了300元的产品，计算利润时还要减去产品成本及其他费用。所以，投资回报率一般有一个临界值。也就是说，我们投资任何一个产品应该把所有的费用都算进去，如果不赔不赚，那么收入与投入的比例就会产生一个临界值，这是每个运营人员和老板都需要知道的。投资回报率一般会在直通车后台报表中显示，如图4.9所示。

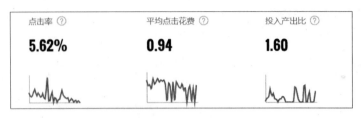

图4.9 直通车后台投资回报率

投资回报率是考核付费推广与店长业绩的重要指标。即使是赔钱推广，也必须有一个目标规划，包括在前期自然优化中增加销量的投入，什么时候能回本等，可以用以下两句话进行总结。

（1）做淘宝、天猫，点击转化率是关键——店长、运营人员需要实时关注。

（2）做淘宝、天猫，投入产出比是核心——老板需要实时关注。

4.1.3 其他十项重要数据指标

1. 商品平均停留时长

商品平均停留时长代表了店铺的黏性，具体来说，就是买家点开宝贝后浏览主图与详情页的时长。同时，买家看到该店铺的其他宝贝也会点击进去，即让买家能够进自己店铺逛逛，这个很重要。笔者通过多年经验得出，一个买家能在店铺停留超过20秒的，说明店铺主图、详情页及关联营销做得还是不错的。具体我们可以通过生意参谋选择"品类"→"宏观监控"→"核心指标监控"选项，来查看买家的平均停留时长，如图4.10所示。

图4.10 商品平均停留时长

2. 商品详情页跳出率

商品详情页跳出率是通过买家进入宝贝详情页后但并未下单，并从当前详情页转去其他宝贝详情页来衡量。跳出率越高，说明宝贝详情页越需要改善。在后台生意参谋中可以选择"品类"→"宏观监控"→"核心指标监控"选项来查看商品详情页跳出率，如图4.11所示。优秀的店铺应该将商品详情页跳出率控制在60%以下。

图 4.11　商品详情页跳出率

3. 商品加购件数

商品加购件数是指一段时间内宝贝被买家看到并被加入购物车的次数。例如，该宝贝有100个访客，其中有10个访客将商品加入了购物车，则说明该商品加购率是10%，那么它很有可能成为未来的爆款，在后台生意参谋的品类中，通过商品360添加我们要查看商品的链接，即可查看该商品加购件数，如图4.12所示。

图 4.12　商品加购件数

4. 在线商品数

在线商品数是指搜索某个关键词时，与关键词相对应的在线商品数量。通常在线商品数越少，说明竞争度越小，特别适合我们前期获得自然流量。通过后台生意参谋的市场中的搜索分析，输入关键词即可查看在线商品数，如图4.13所示。

图 4.13　在线商品数

5. 搜索人气

搜索人气其实是一个函数，其具体定义官方也没有给出很好的解释，但有一点是肯定的，就是搜索人气越高，说明搜索的人越多，同时也代表需求人数越多。所以，我们需要利用搜索人气高的关键词进行推广，这样才能获得流量。在后台生意参谋的市场中通过搜索分析，输入关键词即可查看搜索人气，如图 4.14 所示。

☑ 搜索人气 ☐ 搜索热度 ☐ 点击率 ☐ 点击人气 ☐ 点击热度 ☐ 交易指数
☐ 支付转化率 ☐ 在线商品数 ☐ 商城点击占比 ☐ 直通车参考价

搜索词	搜索人气
狗玩具	18,263
狗玩具 耐咬	11,892
狗玩具 耐咬 幼犬	5,137

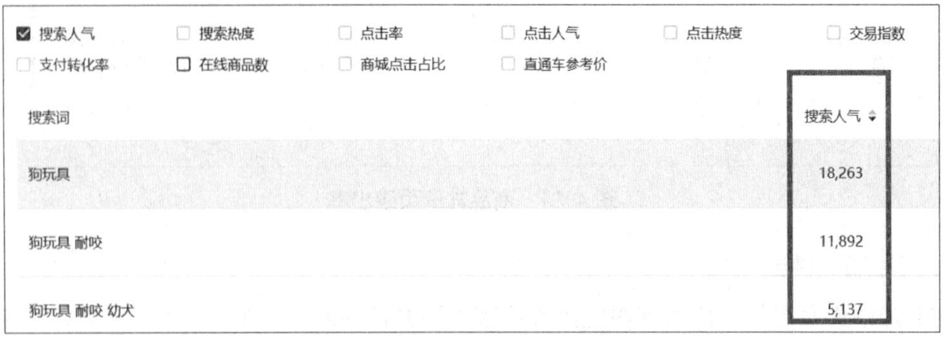

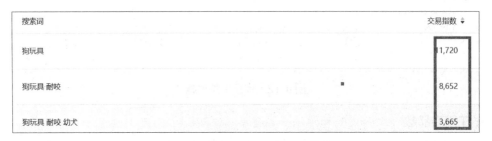

图 4.14　搜索人气

6. 交易指数

交易指数也是一个函数，由后台通过一系列运算得出，即在统计时间内，由支付金额拟合出的指数类指标。交易指数越高，表示支付金额越多。在后台生意参谋的市场中通过搜索分析，然后输入关键词即可查看结果，如图 4.15 所示。

搜索词	交易指数
狗玩具	11,720
狗玩具 耐咬	8,652
狗玩具 耐咬 幼犬	3,665

图 4.15　关键词对应的交易指数

7. 客单价

客单价不是每件单价，因为每个人购买的数量不一样，所以提升客单价行之有效的方法是让买家一次多买些，这也是提升利润的重要手段之一。我们经常听到“第二杯半价”这样的广告语，试想一下：第一杯 6 元，第二杯 3 元，合计 9 元，若一杯的成本算上所有投入为 1 元，那么第二杯半价利润也是很高的。所以，在淘宝、天猫中可以用第二件五折这样的思路提升客单价，从而提升利润，至少快递费只需出一份。可以在后台生意参谋中选择“品类”→“宏观监控”选项来查看客单价，如图 4.16 所示。

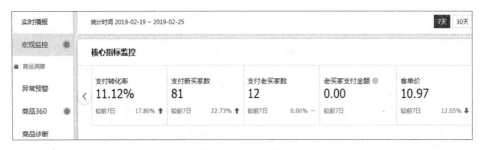

图 4.16　客单价

8. 复购率

复购率是指用户重复购买产品的次数占所有购买次数的比例。如果产品购买的频率高，说明买家针对某个品牌的依赖度高，反之则低。但有时也不完全是，因为有些产品买家购买一次后就很难再购买了，如液晶电视、狗笼等。

也有产品前期购买频率很高，但是后来降低了，原因是出现了新的产品代替了原有产品。所以，复购率也反映了一个企业持续提供满足用户需求的产品的能力。我们只能通过淘宝客户关系管理系统找到老客户数据，如图 4.17 所示。

图 4.17 老客户数据

9. 动销率

我们经常听到产品是否解冻这一说法，其实指的就是产品在一段时间内是否有销量。商品动销率的公式：商品动销率 = 动销品种数 ÷ 店铺经营总产品数量 ×100%，它反映了所有产品的销售情况。要保证有动销率，就必须用流量款拉动店铺其他款，做好店铺整体的关联营销。

目前淘宝对滞销商品的定义是，近 90 天无编辑、无浏览、无成交的商品。这类商品会被搜索屏蔽，不会进入搜索库，即使用所有的标题去搜索，也找不到该商品。所以，自己店铺的产品在一段时间内如果没有销量，就需要重新优化编辑。

10. 有访问商品数

有访问商品数是指店铺中被访问的产品的数量。该参数从侧面说明了店铺关联营销的情况，同时也告诉我们对于没有访问的产品需要做优化了。在后台生意参谋中选择"品类"→"宏观监控"选项可查看有访问商品数，如图 4.18 所示。

图 4.18 有访问商品数

其实淘宝、天猫店的数据指标远不止这么多，但本节讲解的这些重要数据指标是我们在后文分析数据时要用到的，希望大家能够学以致用。

4.2 千人千面

随着千人千面时代的到来,有销量并不意味着排名就会靠前,即使排到前面也只能展现在部分人群面前,这就是卖家最难的地方。本节为大家分享千人千面的应对策略。

4.2.1 什么是千人千面

淘宝、天猫官方对千人千面的解释是,定向推广依靠淘宝网庞大的数据库,构建出买家的兴趣模型,它能从细分类目中抓取那些特征与买家兴趣点匹配的推广产品,将其展现在目标客户的面前,帮助卖家锁定潜在买家,从而实现精准营销。

对于定向推广,其实难就难在"精准营销"4个字。淘宝、天猫系统希望通过千人千面这个系统模型,让对的买家找到对的卖家,提高转化率。然而,淘宝、天猫系统的干预导致很多大卖家的流量瞬间下跌50%,甚至更多。刷单是违法行为,所以阿里平台稽查非常严格,很多刷单平台和个人都纷纷倒闭了。天猫这么多年最严重的一次人工干预,所以希望本节的讲解可以帮助大家真正理解千人千面,从而能够实现精准营销,提高转化率。

4.2.2 千人千面在哪里展现

目前千人千面不仅在搜索的结果页展现,而且在手机淘宝首页的短视频、淘宝头条等也会展现。此外,手机淘宝宝贝详情页推荐也可以按照千人千面展现,如图4.19所示。

图 4.19 宝贝详情页推荐千人千面

付费推广直通车、智钻、淘宝客中也有千人千面,这里不再一一赘述。总之,通过以上讲解,大家可以知道学好千人千面的重要性。

4.2.3 千人千面在后台怎么看

我们可以通过生意参谋后台选择"流量"→"访客分析"来查看千人千面。

(1)时段分布。通过时段分布可以看出什么时候是大网时间,即买家集中来访的时间,从而增加该时间段的转化,如图 4.20 所示。

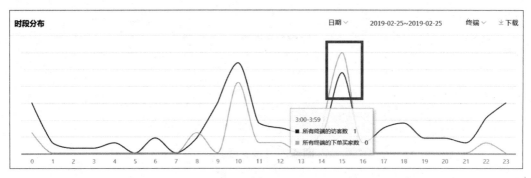

图 4.20　时段分布

（2）地域。通过地域可以看出哪些地域成交单量高,从而想办法增加这个地域的流量投放,如图 4.21 所示。

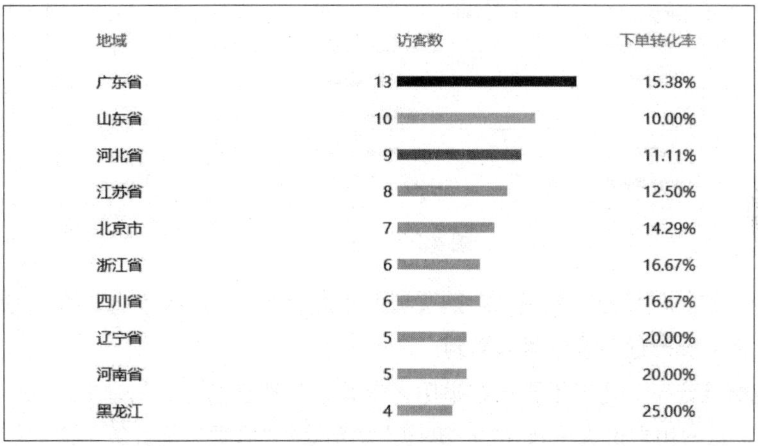

图 4.21　地域

（3）消费层级。通过消费层级可以重点分析一段时间内,购买当前店铺产品的买家的消费层级,如图 4.22 所示。它决定了当前产品是在具备什么样的消费能力的人群面前进行展现的,是构建宝贝自然排名的关键依据。

淘宝、天猫系统会根据以往的消费记录对用户进行基础的划分,从而获得一个基础画像的人群包,如"年轻时尚的宝宝妈""软件开发的技术宅男"等,然后让符合这个层级的产品进行排名展现。淘宝、天猫的系统还在不断地更新、完善,争取实现精准推荐。这也是很多刷单会被系统稽查的原因,因为其消费层级根本对不上。

（4）行为分布。行为分布是指用户通过搜索什么样的关键词进入宝贝页面,以及浏览的次数与转化率等,如图 4.23 所示。这部分数据给我们的提示是,自己店铺什么样的关键词有排名,那么与这些关键词对应的卖点应在主图与详情页有所展示,甚至是有效地论证这个卖点,从而提高关键词的转化率,增加关键词的排名。

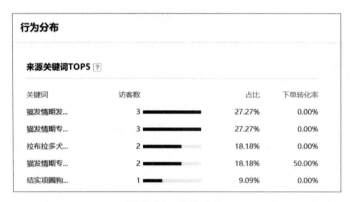

图 4.22 消费层级

图 4.23 行为分布

（5）年龄分布。年龄分布是指本店购买者的年龄分布情况，因为不同年龄段的消费层级是有所区别的，在会员管理系统中可以看到。

（6）其他标签分布。这里不再详细举例，但有必要把它们一一列举出来。

①淘气值：基于用户过去一年中的"购买""互动""信誉"等计算出来的一个分值，有一定参考价值，主要用于评价与晒图。淘气值越高，评价排名与晒图就越容易被留下。而很多卖家找人补单之后没有留下评价的原因是对方淘气值低。

②性别：根据买家各种信息可以识别出来买家性别，分为男性、女性和未知。它的价值在于分清男性多还是女性多，对投放和聊天技巧方面都有一定帮助。同时，在做文案时，一般男性是理性的，女性是感性的。

③店铺标签：即店铺出售的商品与购买该商品的用户标签的匹配度。系统根据店铺用户的购买反馈数据，给店铺打上相应的店铺标签从而实施精准推荐。

④浏览量分布：系统根据用户点击进来并浏览了多少个页面做出的统计。其作用是衡量店铺产品的黏性，是衡量关联营销做得好坏的重要指标。

⑤一级类目浏览偏好：根据本店访客在全网浏览各类目商品计算得出，在会员管理系统中可以看到。

以上讲解的都是店铺的人群画像分析，如果我们购买了生意参谋类罗盘产品，那么还可以针对一个单品进行客群的人群画像分析，这里就不一一介绍了。

4.2.4 千人千面带来的影响

千人千面对每个买家都有不一样的推荐，这就导致很多卖家的流量被分层了。千人千面带来的影响有如下3个方面。

（1）刷单。通过不正当的销量提升来增加宝贝的排名，这一操作对增加排名已经没有太大的效果了。虽然给刷手带来了巨大的打击，但也规范了市场竞争。有人问笔者，为什么我刷单了，评价也留下了，但是排名一直没上来？学完本节的内容，大家就应该能明白原因了。因为刷手的那些买家号和真正买家人群画像对不上，所以没有排名。

（2）转化率下降。一些销量并不高的中小卖家虽然也有了流量，但他们本身销量并不高；同时，通过"旁门左道"增加销量的卖家，由于人群画像混乱，也会导致转化率下降。

（3）流量分散。之前宝贝的排名是与销量挂钩的，而现在由于千人千面的出现，很多店铺流量被分散，使得平时没有流量的宝贝有了流量，流量大的宝贝的流量却减少了。当然，也是因为平台出现了内容营销，导致很多流量被分散了。

通过以上讲解，希望大家不要墨守成规，要认清当前的形势，从产品本身与品质下手。多渠道导入流量，才是当下最好的优化方法。

4.2.5 如何应对千人千面

中小卖家应该优化购买人群的标签，如刺激买家收藏、加购物车、咨询、深度访问、互动、下单、评价等，让买家的人群标签更精准，这样你的产品就会得到对这类用户的优先推荐权限。

产品本身价格跨度不应该太大，否则系统不知道你的店铺是针对哪个消费层级的人群，不利于你获得精准推荐，从而导致你的店铺转化率下降，流量下滑。

我们要通过会员管理系统，精准定位自己店铺的老客户，进行二次营销。因为复购率是一项很重要的指标，尤其是老客户的二次购买，会进一步增加店铺标签。

随着千人千面的出现，卖家不得不采取新的手段增加流量。此时，可从内容入口导入精准流量推荐，从而弥补千人千面带来的流量损失。

针对店铺的3个不同时间节点，我们可以对千人千面采取不同的应对策略，汇总如下。

（1）店铺本身销量不多，三钻以下还未形成标签池。此时应该加大推广力度和增加商品标签的力度。例如，狗玩具是宠物店铺中比较常见而且价格较低的产品，我们可以通过千人千面先把养宠物的买家号圈来，有了用户标签以后，店铺才可以获得更快的发展。

（2）店铺有了一定的基数，但还不是很稳定，此时需要对店铺的标签进行纠正与改进。这个时候要做的就是稳定地发展，从宽泛发展到精确化发展。我们可以采取直通车关键词向对应的人群进行推广，通过系统不断筛选与学习，给店铺打的标签会越来越精准。例如，狗玩具原来的价格是8.8元包邮，不赚钱，但我们可以将其组装成19元三件套，这样就会有利润。但店铺的人群标签是10元以下，所以此时要不断提升19元高客单价人群标签转化，从而带来利润。

（3）店铺进入稳定期。此时店铺在市场中已有了一定名气和人群标签池的份额，应该加大推广力度，可以采取钻展的方式获取更多精准的流量，从而提升店铺的层级。

本节重点探讨了千人千面的发展、影响和应对策略。其实，在很多地方都有千人千面的影子，如详情页宝贝推荐、旺铺智能版等，只要我们利用好这些工具，就有可能在有限的流量内获得更高的转化。

4.3 影响宝贝排名的因素

影响宝贝排名的因素很多，本节从店铺和宝贝本身的角度，重点讲解影响宝贝排名的主要因素。我们可以把店铺对宝贝排名的影响归结到外因，把宝贝本身因素对排名的影响归结为内因，接下来进行详细讲解。

4.3.1 店铺对宝贝排名的影响

提到店铺对宝贝排名的影响，大家会想到哪些呢？

（1）店铺是否为企业店铺。店铺是否进行了企业认证，具体认证内容可以关注后台店铺升级，其中有详细的说明。《中华人民共和国电子商务法》要求每个店铺都应该升级为企业店铺，至少也要有个体营业执照。店铺升级之后如图 4.24 所示。

图 4.24　店铺升级后效果

企业店铺会增加宝贝权重，并且能提高点击转化率，所以对宝贝的排名有一定的影响。

（2）店铺等级。很多人都知道，淘宝店铺分为心、钻、冠（见图 4.25）3 个级别，等级越高，宝贝排名越靠前，同时有助于增加买家的信任度，提高点击转化率。

图 4.25　店铺等级

既然店铺等级对宝贝排名有影响，那么我们应该怎样快速提升店铺等级呢？提升店铺等级的常见手段有人为提高、淘宝客走量、低价走量、打造爆款等。

（3）店铺所处的层级。店铺所处的层级根据店铺销售额来判定，销售额越高，所处店铺层级就越高。淘宝店铺共分为 7 个层级，如图 4.26 所示。

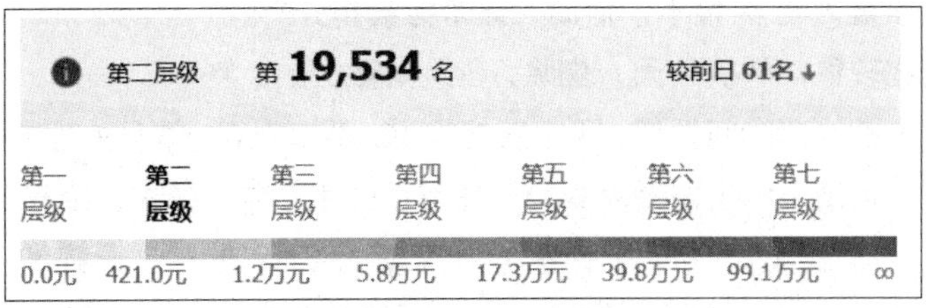

图 4.26　店铺所处的层级

既然店铺层级对宝贝排名有很重要的影响，我们就应该想办法保住店铺层级，从而提高宝贝排名。

（4）店铺的 DSR。店铺的 DSR 就是店铺宝贝描述的完善程度、客服回应的相应时效、发货速度。这部分数据除了通过自己努力提高之外，还可以通过买家对店铺的打分来提高。DSR 在店铺前端的展现如图 4.27 所示。

图 4.27　店铺 DSR

DSR 不但能提高宝贝排名，也是报名参加活动时系统考核的重要指标之一，所以提升 DSR 也很重要。提升 DSR 常见的办法就是让买家低价买到产品，买家觉得物有所值，自然会给出好评。

（5）金牌卖家。金牌卖家是淘宝、天猫针对优秀的商家给出的动态标志，每隔 15 天评判一次。金牌卖家的标志对提高宝贝转化率非常有帮助，并且可以提升宝贝的自然排名。金牌卖家如图 4.28 所示。

金牌卖家非常重要，它除了重点考核开店时长、DSR、是否缴纳保证金之外，还有一个很重要的就是成交金额，每个行业后台都有对应的金牌卖家考核的成交金额，若是达到要求就很可能变成金牌卖家了。

图 4.28　金牌卖家

（6）行业标签。有些行业有专门的标签，如极有家、亲宝贝、全球购等，这些都对转化率的影响极大，有助于提升宝贝排名。卖家可以去淘营销进行行业标签认证，或者咨询官方认证的网址。

（7）违规扣分。违规扣分一般是由于宝贝或者店铺进行了不正常的提升销量的操作，或者发布了违规产品等导致。我们需要认真阅读淘宝、天猫规则，在规则允许的情况下进行优化与推广。最常见的违规扣分是虚假交易扣分，由于不正当地提升销量导致店铺被稽查，从而导致宝贝被降权、被扣分。常见扣分项目与处理方法如下。

①偷盗图：被举报，比较轻，3天恢复。

②宝贝售假：很重，45天报不了活动，通常会被扣分。

③虚假交易：比较重，降权7天，删除，3天恢复。

④违背承诺：未按约定时间发货、买家发起投诉，小二判定，常见处理方式就是删除宝贝。

⑤违反广告法：详情页和主题夸大其词、违反了国家广告法要求，降权3～7天。

⑥其他因素：如同类目的两个店铺在同一个IP上，除非一个天猫和一个淘宝；宝贝主图EXIF信息，由数码相机在拍摄过程中采集一系列的信息，然后把信息放置在我们熟知的JPEG/TIFF文件的头部，使用光影魔术手去除，这样就能避免被同款标签查询价格。

其他影响排名的因素在这里就不一一介绍了。

4.3.2 宝贝本身对排名的影响

本节重点讲解影响宝贝排名的内部因素。

（1）宝贝本身销量。销量权重是影响宝贝排名的核心因素，不管其他因素如何，如果一个产品的销量很低，则很难排到搜索的前10名，除非搜索出的产品销量都很少。所以，宝贝销量要真实存在且越多越好。如果宝贝本身无法卖出那么多件，我们就必须想办法保证宝贝本身的销量。当然不可以刷单，因为刷单会使人群画像发生改变，从而被判为虚假交易。现在常用的提升宝贝销量的方法是淘宝客低价走量，因为买家是真实需要当前宝贝的。其他方法将会在后面章节介绍。

（2）宝贝文本相关。宝贝文本相关是指宝贝本身应该符合买家搜索习惯，尤其要与买家搜索的关键词一致，宝贝的标题、属性、详情页、主图、问大家等都应该有与关键词相关的文本，这样才能增加宝贝文本相关性。关于标题撰写，我们会在后面的章节中详细讲解。

（3）宝贝收藏、加购数量。正常情况下，买家看到一个宝贝如果能收藏或者加购，则说明买家是想买这个宝贝的。假如一个宝贝被100个访客访问了，收藏与加购能达到10个以上，则说明这个产品是有市场的，之所以没有销量，是因为其他因素尚需改善。对于宝贝的收藏加购，在后台生意参谋的品类中通过宏观监控即可以看到，如图4.29所示。

图4.29　商品收藏、加购后台

（4）宝贝好评率。宝贝好评率是指宝贝好评与差评的比例。淘宝中能查看差评的数量，天猫则是可以查看有好评的分数。宝贝好评率越高，越能积极促进宝贝的转化，从而提高宝贝排名。处理中差评的常见方法是和买家沟通，让买家删除差评。

（5）宝贝转化率。在访客相同的情况下，宝贝销量越高，排名就越靠前。究其原因，是淘宝、天猫系统也希望转化率高的宝贝排在前面，那是买家共同的选择。所以，我们应该想办法提升宝贝的转化率。提升宝贝转化率的常见方法是，提高宝贝本身文案与卖点的一致性，提升宝贝本身的好评率。对于宝贝转化率，在后台生意参谋的品类中通过宏观监控即可以看到，如图 4.30 所示。

图 4.30　转化率

（6）宝贝流量的多样性。正常情况下，一个宝贝的流量不仅包括自然流量，还包括淘宝客流量、直通车流量、钻石展位流量、老客户回购流量和活动渠道流量等。宝贝流量的多样性对宝贝排名的稳定性非常有影响，所以我们要全方位保证宝贝流量的多样性。在后台生意参谋的品类中通过商品 360 可以查看宝贝流量，如图 4.31 所示。

图 4.31　流量来源

（7）宝贝二次回购率。宝贝二次回购率主要是指二次购买宝贝的老客户占总人数的比例，回购率越高越好，当然也不能超过 30%，否则就不正常了。我们应定期给老客户发放奖励机制，促使老客户二次回购。具体可以在客户关系管理系统中实施。

（8）宝贝价格对排名的影响。因为宝贝价格不同，圈定的人群层级就不同，所以宝贝定价不同，不同人群搜索出的结果就不同。我们可以通过搜狗浏览器搜索核心关键词，如图 4.32 所示。

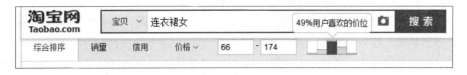

图 4.32　宝贝价格区间

我们如何应对价格区间对宝贝排名的影响呢？商家可以对一个商品设置多个价格区间，宝贝就会包含与多个价格区间对应的人群，这样在人群消费层级上就不会影响排名了。但是不要横跨所有层级，一般横跨两个层级比较理想。笔者一般会横跨二、三层级或者三、四层级。

（9）宝贝上下架时间。当我们对一款宝贝手动上架后，七天之后就会自动下架，并且同时也会自动上架，这就是淘宝设置的宝贝生存时间，其目的是让临近下架的宝贝有个很好的展现。所以宝贝越接近下架时间排名越靠前，天猫则不受宝贝上下架影响。

（10）其他因素。例如，宝贝的人群画像标签是否符合搜索引擎的要求，店铺是否经常上新，宝贝的动销率，店铺主营类目占比，是否开通了运费险，是否支持其他付款方式等。

通过本节讲解，大家应该能够明确宝贝的排名是受多种因素影响的，并不是一项因素就能决定的。

4.4 如何写出一个白金标题

本节重点讲解与宝贝文本相关的内容，其根本是宝贝的标题，因为宝贝的标题是搜索引擎建立索引的唯一指标。接下来就讲解撰写白金标题的思维与步骤。

4.4.1 关键词的分类

要对关键词进行分类，首先应明确买家在搜索时会使用哪些词。我们可以通过生意参谋选择"市场"→"搜索分析"选项，然后输入关键词进行查看，如图4.33所示。

搜索词	搜索人气	搜索热度	点击率	点击人气
猫包	50,035	124,713	121.28%	42,131
猫包外出便携	28,738	71,665	119.58%	24,472
猫包太空舱	13,920	33,041	120.94%	11,515

图 4.33 关键词搜索结果

由图4.33可以看出，"猫包"、"猫包外出便携"和"猫包太空舱"是搜索频率比较高的。我们把"猫包"称为核心关键词，剩余两个称为长尾关键词。其中，"猫包外出便携"称为精确长尾关键词，"猫包太空舱"称为模糊长尾关键词。

核心关键词一般是指宝贝产品名字、品牌名字、行业通用词、服务词和产品别名。而"猫包"就是产品名字，所以将其称为核心关键词。

长尾关键词是指淘宝、天猫上的非目标关键词，但与目标关键词相关的也可以带来搜索流量的组合型关键词，一般由"核心词+属性词"组成，分为模糊长尾关键词与精确长尾关键词。模糊长尾关键词不能明确表达产品的属性，如"连衣裙性感"，无法形容什么是性感。精确长尾关键词分为两种：一种是有两个明确的属性，另一种是有一个明确的属性。图4.33中的"猫包外出便携"就是精确长尾关键词，因为其包含了两个属性。

综上所述，关键词分为两种：核心词与长尾词。如果分不清模糊长尾关键词与精确长尾关键词，则只输入核心关键词与长尾关键词即可。在后面的章节中，我们就针对核心关键词与长尾关键词进行讲解。

4.4.2 黑马词的三项指标

黑马词是指能登上排名的关键词，具体来说就是通过对标题关键词的挖掘，最后写出一个符合搜索引擎检索的关键词，而且有排名。黑马词就是我们要找的排名关键词，一般具备以下3项指标。

（1）搜索人气高。搜索人气高是指关键词在一段时间都有人搜索，并且呈现上升趋势，不是忽起忽落的，如图4.34所示。这就说明该关键词不是人为操作来提升的，而是有真实的买家在搜索。

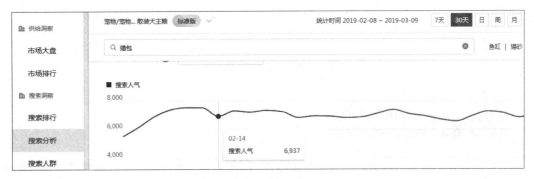

图4.34 关键词一段时间内的搜索人气

（2）交易指数。交易指数是根据宝贝在一段时间内的成交量算出的指数。交易指数越高，宝贝的成交量就越大。我们希望找到的关键词的交易指数一直高，而且越高越好。因为越高说明买家的下单量越多，需求量越大，如图4.35所示。

图4.35 交易指数

（3）在线商品数。在线商品数是指根据关键词搜索出的在线商品的数量。在线商品数越多，说明商家越多，竞争就越激烈。所以，我们希望找一个在线商品数少的进行优化。

综上所述，黑马词要符合搜索人气高、在线商品数少、交易指数高的标准。

4.4.3 查找关键词常用的方法

关键词的查找很重要,其常见查找工具有生意参谋、直通车后台及站外一些工具等。本节重点讲解使用生意参谋标准版查找关键词的方法。

首先,登录生意参谋,选择"市场"→"搜索分析"选项,然后输入核心关键词,进行搜索;其次,按照黑马词三项指标进行关键词选择;最后,使用 Excel 表格进行关键词筛选,结果如图 4.36 所示。

猫包太空舱透明	1,836	7,674	31,444
猫包双肩	2,000	7,521	2,095,294
猫包洗澡用	5,781	7,253	1,783
双肩猫包	1,948	7,227	2,095,294
全透明猫包	2,318	6,967	4,622

图 4.36 猫包关键词挖掘

4.4.4 搜索引擎的算法

在撰写淘宝、天猫标题时,一定要了解淘宝、天猫搜索引擎的算法。笔者现将常见的算法汇总如下。

(1)词距算法。词距算法是指关键词与最前面一个字的距离。本质上我们希望主推关键词写在最前面,这样就能增加关键词的权重。进一步来说,如果我们找到了黑马词作为主推关键词,则应将其写在最前面。

(2)完全正向匹配算法。完全正向匹配算法包含两部分,首先,主推关键词必须包含在标题中;其次,它的方向应该和主推关键词的方向一致,中间不能有任何间隔。

(3)别名算法。别名算法就是在撰写标题时一定要想到宝贝另外的名字。例如,小脚裤又称铅笔裤,猫绳子又称遛猫绳等。

(4)关键词堆砌算法。很多人认为,既然宝贝标题中的关键词能影响排名,那么在标题中多写几遍不就行了。这样肯定是行不通的,因为它违反了关键词堆砌算法。正常情况下,核心关键词最多可以出现两次。

(5)其他算法。有很多违法广告语和违禁词不能写到标题中,如高仿、最好、首选、勿拍等,这些会导致宝贝被降权甚至被下架处理。

以上总结了淘宝、天猫撰写标题时需要注意的要点与算法,希望大家在下一小节中能学以致用。

4.4.5 白金标题撰写步骤

通过对前面内容的学习,大家应该可以明确标题的重要性,这就是笔者把好的标题比喻成白金标题的原因。好标题能带来流量，进而能带来金钱。本节将为大家介绍白金标题的撰写步骤。

（1）分析产品本身的属性及行业热门属性，在生意参谋中选择“搜索分析”→“核心关键词输入”→“关联修饰词”选项进行分析。此处以牵引绳为例，其关联修饰词如图 4.37 所示。

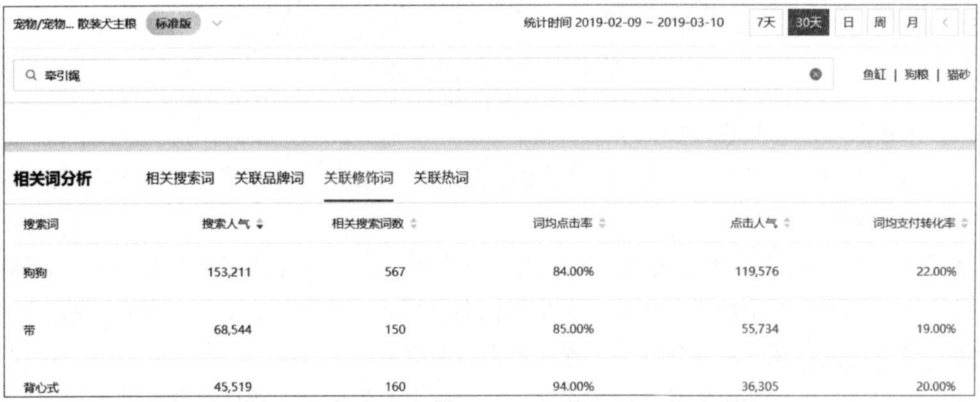

搜索词	搜索人气	相关搜索词数	词均点击率	点击人气	词均支付转化率
狗狗	153,211	567	84.00%	119,576	22.00%
带	68,544	150	85.00%	55,734	19.00%
背心式	45,519	160	94.00%	36,305	20.00%

图 4.37　牵引绳的关联修饰词

这部分词汇主要体现了当买家搜索一个核心词时，与这个核心词相关的一些属性。除了关联修饰词，还有关联热词，如图 4.38 所示。

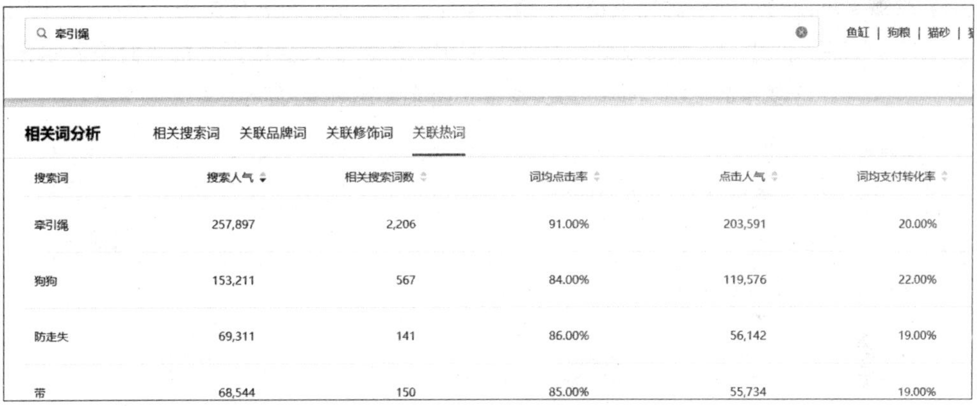

搜索词	搜索人气	相关搜索词数	词均点击率	点击人气	词均支付转化率
牵引绳	257,897	2,206	91.00%	203,591	20.00%
狗狗	153,211	567	84.00%	119,576	22.00%
防走失	69,311	141	86.00%	56,142	19.00%
带	68,544	150	85.00%	55,734	19.00%

图 4.38　牵引绳的关联热词

关联热词是指在一段时间内买家搜索量上升很快的词。我们要参考关联修饰词和关联热词进行宝贝的属性挖掘，具体方法如下。

①牵引绳的第一个关联修饰词是“狗狗”，那么是不是还有猫咪的牵引绳、小孩的牵引绳等？有人会说怎么可能呢？试想，如果牵引绳用于小型犬，那么是否可以牵猫呢？这就是我们要挖掘的地方，写标题之前要想到。

②关联热词反映了一段时间的数据，所以我们需要在一段时间内观察数据变化，针对数据变化决定是否修改标题或者卖点。这是关联热词给我们的启发。

（2）找出黑马词。黑马词的三项指标在前文中已经讲过了，在这里通过 Excel 表格进行筛选，结果如图 4.39 所示。

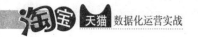

	A	B	C	D
1	搜索词	搜索人气	交易指数	在线商品数
2	萨摩耶牵引绳	6,739	13,036	28,888
3	狗狗牵引绳铁链子	7,150	13,247	27,068
4	哈士奇牵引绳	6,190	12,127	26,622
5	防爆冲牵引绳	5,528	14,364	25,813
6	猫咪外出牵引绳	6,432	9,390	18,045
7	溜兔子牵引绳	6,228	10,772	16,115
8	遛狗牵引绳可调节	6,490	6,802	12,653
9	牵引绳女朋友	10,737	9,088	10,668

图 4.39　黑马词筛选结果

接下来讲解具体的筛选过程。

第一步，选择三项指标，筛选近 30 天的数据，大行业筛选 100 条，小行业筛选 50 条，这样更具有代表性。

第二步，选择并复制这些关键词，打开 Office 中的 Excel，右击单元格，然后粘贴 HTML。

第三步，按照交易指数进行排序。我们可以自己界定一个范围，如 2 万单；这样就可筛选出交易指数少的关键词，从而找到一个成交量高的关键词。

第四步，再次按照在线商品数进行排序，因为剩下的关键词都是成交量高的关键词，所以只需找到在线商品数少的即可。

第五步，从这些关键词中进行筛选，找到最适合的关键词作为黑马词。这个步骤尤其重要，请务必慎之又慎，因为它直接关系到后面的转化。

（3）找出黑马词的第一期优化关键词，组成矩阵。这里确定的黑马词是“萨摩”、“哈士奇”和“防爆冲牵引绳”。进一步思考发现防爆冲牵引绳一般大型犬会使用，而且萨摩和哈士奇也都适合，所以以“防爆冲牵引绳”进行二次搜索，结果如图 4.40 所示。

防爆冲牵引绳

概况　相关分析　类目构成

统计时间 2020-06-08 ~ 2020-07-07　　7天　30天　日

相关词分析　相关搜索词　关联品牌词　关联修饰词　关联热词

☑ 搜索人气　☐ 搜索热度　☐ 点击率　☐ 点击人气　☐ 点击热度　☑ 交易指数　☐
☑ 在线商品数　☐ 商城点击占比　☐ 直通车参考价

搜索词	搜索人气	交易指数	在线商品数
防爆冲牵引绳	5,165	14,005	12,012
狗狗牵引绳大型犬 防爆冲	1,972	4,402	45,163
大型犬牵引绳 防爆冲	1,925	5,159	31,018
牵引绳大型犬防爆冲	1,815	4,343	31,017
狗狗牵引绳防爆冲	1,569	5,496	11,497

图 4.40　防爆冲牵引绳的相关关键词

这里我们再深入探讨一下，因为防爆冲牵引绳的在线商品数有两万多，一般小店铺是做不上去的，所以才会进行二次挖掘。其挖掘思路同上面的步骤一样，但这次只需要找到前 50 个词，甚至前 10 个词即可，结果如图 4.41 所示。

搜索词	搜索人气	交易指数	在线商品数
防爆冲牵引绳	5,528	14,364	25,809
狗狗牵引绳防爆冲	4,938	10,599	40,649
牵引绳防爆冲	2,450	5,513	25,809
牵引绳大型犬防爆冲	2,416	5,470	21,395
大型犬牵引绳防爆冲加粗	3,373	5,155	1,852
金毛牵引绳防爆冲	1,812	3,592	20,676
大型犬牵引绳防爆冲	1,470	3,536	21,394

图 4.41　防爆冲牵引绳相关关键词的筛选结果

我们终于找到了前期能用的关键词，即"大型犬牵引绳防爆冲加粗"，因为它的在线商品数少，新店也容易排上来。到目前为止，可以确定标题的前部分为"大型犬牵引绳防爆冲加粗萨摩哈士奇……"。搜索发现图 4.41 中的筛选结果中还有金毛，可发现防爆冲的关键词还有"大型犬牵引绳防爆冲""金毛牵引绳防爆冲""萨摩牵引绳""哈士奇牵引绳"。

通过搜索可以发现图 4.40 和图 4.41 中所有关键词都包含了核心词——"牵引绳"，并且这些犬种也符合防爆冲的特征。接下来需要用手机查看买家的搜索习惯，以"大型犬牵引绳防爆冲"和"大型犬牵引绳"为词根继续查找，结果如图 4.42 所示。

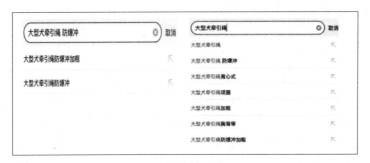

图 4.42　相关关键词查找的词根

由图 4.42 可知，相关属性还有项圈和德牧。有的人可能会问为什么使用"大型犬牵引绳"作为词根进行查找，那是因为黑马词中有这个词。所以，当"大型犬牵引绳防爆冲"下拉词比较少时，就需要缩短词根进行属性查找，但绝对不能用"大型犬"与"牵引绳"作为词根，因为大型犬没有核心词，不符合搜索习惯。

牵引绳分大、中、小型犬的，因此用"牵引绳"做词根也不合适。简单地说，就是这个词太宽泛了，用它找出的属性不具有代表性。到目前为止，我们已经找到了这样的标题："大型犬牵引绳防爆冲加粗萨摩哈士奇德牧项圈"，并且"大型犬牵引绳防爆冲加粗"是第一期需要优化的关键词，称为主推关键词。

（4）继续查找属性词。用"大型犬牵引绳"与"防爆冲牵引绳"进行查找，原因是这两个属性是核心属性。接下来到生意参谋中分别查找与这两个词对应的属性，将出现的次数多且与产品符合的属性加到标题中。接下来以"大型犬牵引绳"为例，属性词的查找步骤如下。

第一步，用生意参谋淘出关键词，50 个为宜，思路和挖掘黑马词相同。

第二步，进行属性筛选，删除交易指数为零的属性，因为这些属性没有成交。

第三步，用筛选的方法记录出现次数较多的属性并进行排序，结果如图 4.43 所示。

第四步，筛选出不相关的关键词，然后加到标题中。例如，"背带式"和"项圈式"一般不会出现在一个产品中，除非为三件套和多个SKU。是否将其写到标题中需要根据产品的属性决定。

关于使用"防爆冲牵引绳"进行筛选的过程这里不再展开，最后筛选的结果如图4.44所示。

	A	B
1	属性词	次数
2	狗狗	16
3	背心式	7
4	伸缩	5
5	大狗	4
6	宠物	4

图4.43 属性词（一）

	A	B
1	属性词	次数
2	狗狗	4
3	项圈	2
4	反光	1
5	金毛	1

图4.44 属性词（二）

通过以上整理可以得出，宝贝标题应该包含"大型犬牵引绳防爆冲加粗萨摩哈士奇德牧项圈狗狗宠物伸缩背心式大狗反光"。

（5）找出产品的别名。此处要强调以下几点。

①不是所有的产品都有别名，但我们可以把类目名字作为别名。例如，我们可以称连衣裙为裙子或者女装，其中女装就是类目别名。

②大部分产品都有别名，所以我们要将其挖掘出来。例如，牵引绳又称遛狗绳，而且能制作遛狗绳的人并不多。

③有些产品还有第三个名字，所以如果生意参谋后台有数据，我们也可以将其挖掘出来。例如，遛狗绳又可称为牵引绳，那是否又可以将其称为牵狗绳、拴狗绳子呢？当然可以。

通过以上分析得出，宝贝标题应该包含"大型犬牵引绳防爆冲加粗萨摩哈士奇德牧项圈狗狗宠物伸缩背心式大狗反光……遛狗绳"。

（6）查找别名的下拉列表，找一个容易做的且属于核心属性的词。这里以"遛狗绳"为例进行搜索，生意参谋的查找结果如图4.45所示。

搜索词	搜索人气	交易指数	在线商品数
不勒手遛狗绳	213	611	2,230

图4.45 别名下拉列表黑马词

对于别名的黑马词，也要符合黑马词的三项指标，否则就没有意义了。为什么要通过生意参谋查找呢？是因为必须有交易指数才可以。

（7）根据属性去重，留下组合30个字的标题。在组合过程中，此处要强调以下几点。

①主推关键词，即黑马词应该写到最前面，并且要做到完全正向匹配。

②核心属性词要紧跟后面，因为这是前期组合要用到的。

③别名和它的黑马词写到最后面，但不能不写，如果没有，就用类目名字。

④组合标题时要通顺，不能为了优化而优化，只有人读懂了，系统才能读懂。

⑤一定要根据产品属性撰写标题，不相关的词不要写到标题中。

最后，我们写出的标题是"大型犬牵引绳防爆冲加粗萨摩哈士奇德牧金毛狗狗宠物不勒手遛狗绳"。

至此,一个白金标题的撰写就结束了。接下来大家可以思考一下,前期应该如何增加关键词权重,以及关键词权重增加的顺序。

4.5 8个一致性助力转化提升

当宝贝黑马词被挖掘出来之后,黑马词中包含的核心属性词就是一致性的核心。以上一小节整理出的标题为例,防爆冲是核心卖点之一,大型犬也是核心卖点之一。8个一致性的具体内容如下。

(1)宝贝的标题与核心卖点的一致性,所以标题中包含了"大型犬牵引绳防爆冲"。

(2)宝贝的主图与核心卖点的一致性,所以主图最好是大型犬,能体现出防爆冲。

(3)宝贝的详情页要与核心卖点(大型犬与防爆冲)一致,当然可以有其它卖点,只不过核心卖点要重点突出,并且加以论证

(4)宝贝引入销量入口的关键词与核心卖点(大型犬与防爆冲)一致,这样才能增加权重。

(5)宝贝直通车推广的关键词与核心卖点(大型犬与防爆冲)一致,以提升黑马词权重。

(6)宝贝评价要与核心卖点(大型犬与防爆冲)一致,尤其是买家秀部分。

(7)宝贝属性文本部分要与核心卖点(大型犬与防爆冲)一致,从而增加文本相关性。

(8)宝贝问大家的内容要与核心卖点(大型犬与防爆冲)一致,并且要有一个可说服购买的答案。

4.6 宝贝销量提升助力自然流量

宝贝销量的增加对宝贝排名的影响无疑是至关重要的。在淘宝、天猫中,宝贝销量有两种界定:第一种是宝贝的销量,第二种是宝贝的付款人数。但是无论是哪种销量,计算的永远是最近30天的数据,即它是动态的。

宝贝销量的增加,尤其是关键词入口带来的销量,对宝贝排名的影响最为重要。例如,在写宝贝标题"大型犬牵引绳防爆冲加粗萨摩哈士奇德牧金毛狗狗宠物不勒手遛狗绳"时,为什么不断找下拉词和相关的属性词,就是因为做排名都是通过在线商品数少的关键词开始运作的,如表4.1所示。

表4.1 相关的属性词

关键词	在线商品数
大型犬牵引绳防爆冲加粗	1 800
大型犬牵引绳防爆冲	21 000
大型犬牵引绳	440 000
牵引绳	830 000

通过表 4.1 可知，前期如果直接做"牵引绳"这个词，显然是提升不了排名的，因为竞争太激烈了。通过上面的案例我们应该明确，在优化宝贝自然排名时，一定要有在线商品数从少到多的过程。

4.6.1 如何快速提升销量

在讲解快速提升销量之前，我们需要先探讨一个问题：通过关键词带来了销量，那么与这个关键词对应的宝贝自然搜索的排名是否一定增加呢？答案是肯定的。但是，不同渠道带来的销量对关键词排名的影响是不一样的。我们一定要明确的是，关键词带来的销量对宝贝自然排名的影响是最大的，具体包括免费搜索进来的和付费搜索进来的。接下来我们介绍一些常见的提升宝贝销量的方法。

①提高宝贝自然流量，从而提高宝贝销量。
②通过直通车带来流量，从而提升宝贝销量。
③通过淘宝客带来流量，从而提升宝贝销量。
④通过主播卖货，让买家看到流量入口，从而提升销量。
⑤通过活动入口提高宝贝销量。

除了上述方法外，宝贝的销量还来自老客户二次回购、宝贝链接推荐、其他站外渠道等。对宝贝销量的汇总如下。

① 3/10 的销量来自自然搜索。
② 3/10 的销量来自付费推广。
③ 2/10 的销量来自内容推广。
④ 2/10 的销量来自活动推广。

我们弄明白了销量是来自哪里之后，就要针对这些渠道进行有针对性的优化，从而提升销量。

4.6.2 销量提升常见手法

2019 年 1 月 1 日颁布的《中华人民共和国电子商务法》明确规定了虚假交易属于违法行为，也就是我们常说的"刷单"。那么市面上，目前比较常见的销量提升方法还有哪些呢？

（1）低价走淘宝客模式。举例说明，比如产品成本 5 元，商家售价 5.9 元包邮，这样能带来真实销量，毕竟销量是真实的，买家也是有真实需求的，这样能快速提升销量，增加宝贝排名。但是，此方法有个权限就是它的人群画像不精准了（主要体现在价格上），应对的策略是前期统一低价 SKU 进行走量，后期增加几个高价格的 SKU，做一个价格区间，从而带来利润。

（2）试用模式。就是把产品放到试用联盟平台，缴纳保证金，这样买家以原价买回去，收到货后再从平台要取一部分费用并且完成晒图与评价的任务。一般这种模式都是在做保本销售或者赔钱销售，但货款不全部返还给买家，全返就相当于免费试用了。目前这种渠道也比较多，是我们走量上好评的首选，因为所有的路径都是真实的。

以上这些方法，仅作为参考，还是希望读者通过正常渠道带来销量，维护市场公平竞争。

4.7 打标助力自然流量

前面讲解了影响宝贝排名的一些标签，接下来我们一一进行列举，卖家照着去落实，便有助于提升宝贝的自然排名。

（1）7天无理由退货是系统默认的，但可以增加到15天，这样可以让买家更加相信我们，从而增加转化率。但是，一定要明确，是在不影响二次销售的前提下。在商家后台选择"淘宝服务"→"服务商品管理"→"7+退货承诺"选项，如图4.46所示。

图 4.46　7+ 无理由退货

（2）蚂蚁花呗是支付宝给买家的信用额度，开通之后买家可以用蚂蚁花呗购买产品，由阿里担保。其开通入口与条件在淘宝服务市场，如图4.47所示。

图 4.47　蚂蚁花呗

与此同时，信用卡支付也在淘宝服务市场中开通。

（3）极有家、亲宝贝、全球购等标志是淘宝针对部分类目商家进行筛选打标的。商家需要在淘营销或者每个活动页面中查找，申请打标，打标之后能增加店铺的公信力，从而能有效提升宝贝的转化率。极有家报名界面如图4.48所示。

图 4.48　极有家报名

（4）新品标志。一些有权重的店铺在上新宝贝时会打上新品标，在天猫中比较常见，如图4.49所示。新品标是系统判定的，不是人为打上的，店铺要经常上新才有这个标。

（5）店铺年龄。天猫店铺达到3年以上会显示店铺年龄，淘宝店铺达到5年以上才会显示店铺年龄，如图4.50所示。一般老店铺对买家的心理影响，就像我们去吃饭喜欢去10年老店一样。所以系统也会给老店铺进行加权，从而增加老店铺的宝贝排名。对于老店铺，到了一定时间系统就会自动打标，不是人为操作的。

图 4.49 新品标

图 4.50 淘宝、天猫老店铺

（6）其他服务标志。一般都在商家后台进行维护，具体可以看一下天猫前端展示的标志，标志越多，系统排名就越靠前，如图 4.51 所示。

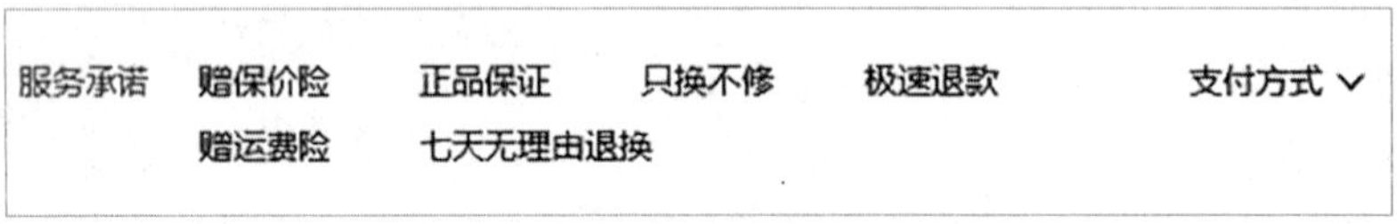

图 4.51 部分产品服务标志承诺

为宝贝打上不同的标志，既可以让买家放心购买，也可以增加销量，从而提高宝贝关键词排名，带来自然流量。

4.8　对提升宝贝自然流量的补充

在提升宝贝自然流量时，需要注意以下 10 点内容，这是笔者多年汇总的要点，希望大家在实际操作过程中慢慢体会，最后达到融会贯通。

（1）宝贝关键词排名必须按照精确长尾—模糊长尾—核心词的流程进行提升。

（2）提升宝贝排名时，一定要关注关键词的转化率，不能高于行业的两倍。

（3）简单直接的提升关键词排名的方法：直通车拉流量带来转化。

（4）要提升关键词排名，买家的消费则需要与我们的宝贝计划的消费层级相吻合，这样才能快速提升排名。

（5）排名不是短时间就能提升的，需要不断调整流量入口，让系统认为你的宝贝非常有潜力。

（6）影响宝贝排名的因素很多，在优化销量时，一定要事先做好各个方面的准备。

（7）宝贝标题不是一成不变的，但是如果有排名了，建议不要大改，改错了一定要恢复。

（8）一个宝贝有多个 SKU，优化销量的时候一定要保证每个 SKU 都有销量。

（9）宝贝关键词对应销量的提升，若采取七天螺旋法，就可以使用直通车辅助提升，否则会被系统稽查。

（10）自然流量优化做好了，才能做好其他，我们报名参加活动时若提示综合权重不足，往往是自然排名低导致的。

本章是淘宝、天猫优化的自然部分，掌握并有针对性地应用这部分内容，大家的店铺一定会有所起色。而对于那些想创业的朋友们，学会了本章的内容即可进行数据分析，找到与自己的蓝海产品对应的核心卖点并进行优化，从而赚到钱，这就是分析数据的重要性。

第5章

直通车核心应用解密

随着淘宝、天猫规则的不断改变,想通过自然流量做好自己的店铺,希望越来越渺茫,这时我们必须依靠直通车、智钻、淘宝客快速提升销量。

直通车中的关键词推广是拉升宝贝自然流量的利器,淘宝客在店铺前期销量的提升上起着关键性的作用,智钻是推动店铺走向行业前列最有力的工具之一。

本章将通过选款、找卖点、测图、提销量、打爆款、提高ROI等话题来探讨市面上很少有人说的秘密。

5.1 什么是直通车推广

付费推广就是花钱获得推广流量。付费推广有3种常见模式，即直通车、智钻和淘宝客，简称直钻淘。一个店铺不能没有流量，如果店铺没有这3个流量入口，是很难做起来的，当然特殊类目除外。在淘宝、天猫中，很多行业是不允许付费推广的，如成人用品类目、游戏卡、教育培训类目等，很多做这几个类目的卖家向笔者咨询最多的3个问题如下。

（1）为什么其他店铺可以推广，而我不可以？答案无非就两种，首先是他放的类目不对，没人举报他；其次就是他已经向天猫提供了相应的保证和证明。

（2）无法推广，店铺该如何存在？答案其实很简单，分析竞争对手存在的原因和方法或者做与众不同的自己。

（3）为什么淘宝、天猫不让推广？答案其实也很有趣，因为很多推广是机器审核的，如果你的创意违反了国家的相应法律法规，那么阿里集团也很难推卸责任，所以不允许。

通过学习本章，希望大家能够真正领悟付费推广的技巧，从而为自己的店铺带来更多的流量与销量。

直通车推广是淘宝、天猫的一种按照点击付费引流量的模式，即我们常说的 CPC（Cost Per Click）。直通车推广也称为"精准付费引流量"，其在淘宝、天猫中的代码标识是 ali_trackid=1。它的展现位置可以说是全网，很多带有掌柜热卖和 HOT 字样的都是直通车推广。

承上所言，既然直通车是按照点击付费吸引流量，那是不是一定能卖出产品呢？答案是否定的，因为不是所有点击进来的人都会购买产品，此时应该想方设法提高成交量，这样才能花少量的钱，带来最大的收益。直通车车手称其为"点击转化率"（CVR），卖家称其为"投入产出比"（ROI）。

随着淘宝、天猫直通车规则的不断改变，现在直通车已经成为打造爆款、行业测款、卖点测试、低价引流的重要手段。当然，直通车的功能远远不止这些，还有如养分、拉升自然排名等。与此同时，千人千面大数据的出现让流量匹配更加精准，这些都会在直通车的定向推广与人群推广方面得到更深刻的应用，直通车后台涉及的核心内容如图5.1所示。

图 5.1 直通车后台涉及的核心内容

希望大家了解直通车各个阶段的操作手法，从而提升自己店铺的全方位流量。

5.2 开车前的准备工作

本节主要讲解开直通车前需要做的一些准备工作。"工欲善其事，必先利其器"，开直通车也是如此。

首先，要明白开车的目的，如把产品卖出去。然后进一步分析如何花少量的钱把产品卖出去。此时应该给产品做一些基础的"内功"，如完善主图与详情页、视频与买家秀、够用的评价与销量等。

其次，应该明确开车的产品所扮演的角色，如行业测款、找卖点、养分、冲销量、打爆款、低价引流等。

最后，应该明确直通车在不同类型的店铺中应该如何使用。

5.2.1 明确开车的目的

在现实生活中开车一定要先明确目的地在哪里。同理，开淘宝、天猫的直通车也要明确目标。很多人常问的问题是，怎样才能开好车？这个问题太大了，开好车在现实生活中有两层含义：第一，买了一辆好车；第二，车开得很好。而折射到淘宝、天猫的直通车中，它就代表了产品必须是市场的潜力爆款，车手必须掌握好方向盘。对以上内容进行汇总，可以得出以下几个要点。

（1）车不一定能开好。

（2）开好车必须要有好的产品。

（3）开好车必须要有过硬的本领。

在这里，笔者还想回答一个被问得比较多的问题，就是既然直通车赔钱，那么为什么还有人一直开下去呢？回答这个问题有一定的难度，笔者的见解是，如果开车人的目的是测款或者冲销量等，那么他往往是赔钱的。因为开直通车的真正目的是通过直通车来圈定精准人群画像，从而拿到流量或者提高关键词排名。

5.2.2 上车前需要做的事情

如果为了卖出一款产品，那么在上车前需要做哪些事情呢？笔者汇总了如图 5.2 所示的几点。

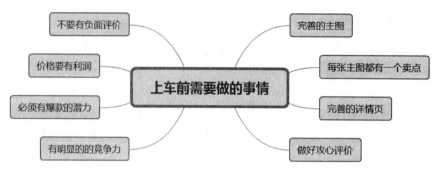

图 5.2　上车前需要做的事情

通过以上准备，产品在未来开直通车的路上会一帆风顺。

5.2.3　直通车的 3 种应用场景

本小节重点探讨直通车的 3 种应用场景。

首先是品牌型店铺，品牌型店铺开直通车的目的一定要明确：提高品牌知名度，进而提高 ROI。其常用的策略如下。

（1）开一个旗舰店、多个专卖店、N 个专营店、X 个淘宝店。

（2）由品牌方出资投放直通车关键词推广。

（3）确定好主推款，所有卖家一起推广，不仅局限于直通车。

（4）引流量款做测款，测卖点，提升销量，铺货进一步提升。

（5）利润款主做 ROI，一般用长尾词进行推广，铺货进一步提升。

其次是部分行业的店铺动销型，即每个产品优化后都能有一定的流量和销量，但都不大，具体不好界定，"只可意会不可言传"。对于这样的店铺，一定要区分好利润款、流量款和主推款。在这里，直通车扮演的角色如下。

（1）利润款要有尽可能多的关键词，不要怕花钱，因为竞争相对也很小。

（2）流量款要多个 SKU 并存，然后进行直通车推广，因为评价好才容易上车。

（3）主推款要合并优化，尽量让买家通过直通车进来后不想离开。

（4）可以使用低价引流法，关键词出价一般不超过 1 元。

最后是单品爆款型店铺，即店铺爆款只有一个。此时一定要通过直通车维持住该爆款的整体销量，不要下滑，然后想好替换的产品。针对这样的店铺，笔者建议卖家认真面对，想办法变成店铺内的爆款群，这样才能可持续发展。直通车在单品爆款型店铺中扮演了不可或缺的角色，汇总如下。

（1）直通车前期测款，选出市场潜力款。

（2）直通车测卖点，找到买家需要的那张图。

（3）直通车养分，提高质量得分，进而降低出价。

（4）冲销量，进而提升自然权重。

（5）直通车联合自然排名及活动进一步打造爆款。

（6）控制好直通车花费，提高 ROI，从而赚钱。

通过本节的讲解，希望大家认真思考自己的店铺属于哪种店铺类型，以便在接下来的章节中有针对性地学习。不过根据笔者多年经验，很多店铺是这 3 种类型的混合，因此要更用心地学习每一章节的内容。

5.3 直通车后台摘要

开车之前首先需要熟悉直通车后台相关操作，本节将为大家讲解常见的后台操作，以及后台使用方法。

5.3.1 如何创建一个计划

随着 2018 年年末直通车的进一步改版，我们不难看出，后台越来越趋向简单化。往往就是在这种情况下，大的"鳄鱼"商家涌入进来，市场就会发生翻天覆地的变化。所以我们必须密切关注目前的形势，利用好直通车的 4 个功能。

目前后台分为 4 种营销场景：日常销售、宝贝测款、活动场景和自定义场景，如图 5.3 所示。选择自定义场景，进行计划的搭建。首先选择后台计划，然后新建计划。

图 5.3 营销场景

推广方式也选择自定义，然后进入下一步，给计划取一个通俗易懂的名字，如"牵引绳-打爆款"。根据自己要引进的流量设置日限额和投放方式，如图 5.4 所示。这里有两种投放方式：智能均匀化投放和标准投放。

（1）智能均匀化投放：把费用平均分散在各个时间段。

（2）标准投放：在日限额一定的情况下，有钱就花，花完为止。

图 5.4 直通车计划名称、日限额和投放方式

高级设置中有 3 项知识需要讲解，分别是投放平台、投放地域和投放时间。首先介绍投放平台，我们一般全部选择，当然主要还是手机端的投放，如图 5.5 所示。

图 5.5　直通车投放平台

其次是投放地域，有一个公式：A+C−B2。其中，A 代表店铺最近一个月人群画像所在地域的前 10 名，如图 5.6 所示；C 代表与产品核心关键词对应的点击转化率的前 10 名；去掉 A 与 C 重复的部分，然后减去两个竞争最激烈的地域，即 B2。

地域	下单买家数	下单转化率
广东省	6	17.14%
山东省	3	14.29%
江苏省	3	15.79%
河北省	3	17.65%
北京市	2	12.50%
浙江省	2	13.33%
辽宁省	2	14.29%
河南省	2	15.38%
四川省	2	16.67%
陕西省	2	25.00%

图 5.6　生意参谋一段时间内的下单买家排行榜（A）

C 的数据来自直通车流量解析。输入核心关键词后，点击转化率最高的部分省市如图 5.7 所示。

B2 是通过数据分析得出的，卖家集中的省市，肯定要去掉；转化成本比较高的省市也要去掉，比如广东省一般是商家重点投放的省，建议去掉广东。根据自己的需求和实力，比较明确的选择是设置地域的核心。

图 5.7　流量解析支付转化率最高的部分省市（C）

最后，我们来探讨一下投放时间，通过多年开车的经验我们可以大致总结出如下 5 条供读者领悟。

（1）晚上 0 点至上午 9 点一般是产品的销售谷底时段，这个时间段我们出价控制在 30%～40% 比较合理。

（2）上午 9 点至下午 5 点是一天中的销售旺季，尤其是上午 9 点和中午 12 点是竞争高峰期，我们出价控制在 120%～150% 比较合理。

（3）下午 5 点至晚上 8 点，这段时间很多人都在下班路上或者吃饭，转化率比较低，我们出价控制在 50%～60% 比较合理。

（4）剩余时间也是个小高峰，一般出价控制在 100%～120% 比较合理。

由于产品属性不同使得消费群体在购买时间上存在差异，运营者也可以有针对性地进行调整。

接下来，选择要推广的宝贝，并选择推广的关键词（见图 5.8）、出价和匹配方式，以及定向推广的智能出价，这样一个推广计划就完成了。

图 5.8　推广的关键词

至于如何选择合适的关键词和关键词的出价，以及关键词的匹配方式，后面的章节将会一一讲解。

5.3.2 后台10个按钮

后台中的10个按钮是什么？它们在直通车中扮演着什么样的角色？如何设置这10个按钮？本节将对此给出详细的说明。笔者认为，10个按钮就是控制流量的阈值。当所有按钮打开时，流量就会大幅度提升，与此同时也会带来流量的不精准。当控制部分按钮时，流量就会相应减少，相对地流量也就精准了。那么这10个按钮在直通车中分别代表哪些内容呢？下面将对此进行讲解。

（1）日限额。日限额的多少取决于要达到的目标。例如，今天想通过直通车出10单，那么到10单后立马下线；再如，今天想拿到200个流量，每个流量预计2元，直通车日限额则控制在400元。

（2）投放平台。对于投放平台，我们的理念是都投放，当然在不同阶段也有所区别。例如，测款阶段则没有必要投放站外和PC，只投放APP端即可。

（3）投放时间。正常情况下是任何时间都投放，当然在不同阶段也有所区别。例如，夜间时段尤其是后半夜，一般会进行分时折扣或者不投放。

（4）投放地域。我们的理念是投放转化率高的地域。例如，偏远地域、港澳台肯定不投放，并且通过数据分析，去掉转化率低的地方。

（5）关键词。关键词必须具备展现指数高（一般大于200）、出价低、点击转化率高等优点。针对全店动销型店铺，建议关键词多一些；针对品牌型店铺，与品牌相关的都加入；针对单品爆款型，关键词要适中。

（6）关键词出价。我们一直强调临界值出价法，即价格尽量控制在成本内。例如，关键词点击转化率是10%，而一单毛利是50元，那么关键词最高出价是5元。建议大家认真领悟笔者独创的临界值出价法。当然，还有很多其他出价法，如拖价法、折中法等，本节不再一一介绍。

（7）创意。前期我们一般要填满5个创意图，尽量让每个创意都展现一种应用场景，并且体现出不同的卖点；或者每个创意都体现出同一个卖点的不同表达方式，从而找出符合买家需要的那张图片。

（8）匹配方式。匹配方式分为两种，分别是广泛匹配和精确匹配。精确匹配就是推广的关键词与买家搜索的关键词完全一致，只有在完全正向匹配时才会出现。广泛匹配是指买家的搜索词中包含设置的关键词或与设置的关键词相关时，推广宝贝也可能获得展现机会。

一般情况下，想获取更多流量时，选择的都是广泛匹配。一般核心关键词或者大行业的核心词流量比较大，我们一般选择的都是广泛匹配。精确匹配权重比广泛匹配权重高，尤其是在影响自然排名和直通车付费排名上比较明显。当一个关键词流量很大却正好卡在临界值时，应该考虑将广泛匹配改为精确匹配。

一些小的行业无须探讨精确匹配，因为流量比较少；一些竞争比较激烈的行业，建议出低价走广泛匹配，本质上是抢占竞争对手很少投放的那些时间段。

（9）定向推广。一些智能投放计划是看不到定向推广的，因为系统会根据人群进行智能定向；当然，店铺等级不够一个钻也看不到定向推广。定向推广重点考核的是精准人群在不同渠道的展现。例如，在购物车中的猜你喜欢，这张图片被买家看到了，你认为应该如何展现比较好呢？

一般笔者会单独上传一个创意,如加入购物车的产品降价了或者加入购物车的产品爆仓了等。

(10)关键词对应的精选人群。精选人群是系统根据以往买家的习惯帮助卖家汇总出的高质量人群。所以,当产品符合上车条件时一定要溢价开启,试探性出价,从而获得一个很好的收益。

通过对以上内容的了解,读者应该明确了直通车的 10 个按钮的本质是在不同目标下做不同的加减法,即做流量的加减法。用好这 10 个按钮,我们的车才会开得更好。

5.3.3 后台工具使用概况

直通车后台有流量解析、竞争分析、抢位助手等,本节重点介绍流量解析。当输入一个行业的核心关键词(如狗玩具)时,能看到市场数据分析、推广词表下载、数据透视、线上推广排名,如图 5.9 所示。

图 5.9 直通车后台流量解析工具

市场数据分析表明市场的整体需求及一年中的淡旺季,通过展现指数进行表达;点击转化率表明行业中的产品均值,作为车手,至少要达到行业均值。除此之外,还有几项也很重要。

(1)竞争度。一般表示市场中有多少卖家进行了投放,一般在线商品数量小于 500 的称为蓝海,在线商品数量大于 3000 的称为死海,中间代表红海。

(2)点击率。该项表示行业卖家图片的点击率。点击率衡量的是创意水平,如果图片点击率低于行业均值,则应想办法进行提升。

(3)市场均价。该项表示该关键词的出价。这个价格能否出得起,取决于临界值。所以,我们经常说直通车上的产品的客单价一般不低于 50 元,原因就在这里,当然,为了冲钻、冲销量等情况除外。

(4)推广词表下载。该项表明这个行业中哪些关键词值得选择。直通车关键词应该具备以下几个特征。

①展现指数高(一般要大于 200)。

②关键词竞争度小。

③市场均价低。

④点击转化率高。

⑤与自然排名关键词关系密切。

直通车后台的推广词表下载工具，如图 5.10 所示。

关键词（相关度↓）	展现指数↑	点击指数↑	点击率↑	点击转化率↑	市场均价↑	竞争度↑
1 玩具狗	42,392	2,363	5.25%	8.05%	¥1.69	594
2 球玩具狗	4,666	275	5.57%	10.03%	¥1.39	283
3 贵为狗玩具	50	2	3.63%	0%	¥0.54	19
4 小狗玩具	6,021	385	6.06%	8.48%	¥1.23	181
5 狗玩具咬耐	16,125	908	5.31%	14.36%	¥1.71	302

图 5.10　直通车后台推广词表下载工具

对图 5.10 中的 5 个关键词的分析如下。

（1）玩具狗：顾名思义是给人玩的玩具，不属于"狗玩具"的范畴，与我们的商品不相关，所以不能推广。

（2）球玩具狗：就是狗玩具中的球，该关键词符合上面五项指标，所以可以选择。

（3）贵为狗玩具：看起来是一个品牌词，可是并不符合搜索人气高这个特征，所以不选择。

（4）小狗玩具：符合所有指标，如果是大狗玩具就不行了。

（5）狗玩具咬耐：符合上面所有特征但关键词出价略高。另外，产品是否耐咬决定了你的选择。所以，应根据临界值和产品相关性进行选择，不是所有好的关键词都合适。

通过以上分析，大家应该可以掌握推广词下载这个功能了，正确使用将大大加快我们选词的进程。

在数据透视中，笔者用得最多的一项是"过去一周"，然后按照点击转化率进行排序，这样会显示出全国 10 个地域排行榜供我们选择，如图 5.11 所示。

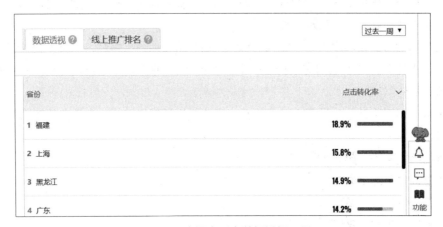

图 5.11　直通车后台数据透视工具

在线上推广排名中可以看到目前产品所在的位置（见图5.12），但偶尔也会不准确，因为受千人千面等因素影响。

图5.12　直通车线上推广排名

接下来介绍抢位助手。抢位助手可以帮我们抢占关键词排名，它是通过溢价实现的。那么，如何创建抢位策略呢？

（1）选择类别和设备，如计算机设备的品牌独占策略。

（2）挑选关键词，每个策略最多有50个关键词。

（3）设置期望排名，可选择首页的不同排名。

（4）设置溢价比例，设置愿意接受的及最大的出价提升幅度。

（5）设置抢位频率，设置系统为你抢位的频率。

（6）设置策略名称，方便管理策略和查看效果。

（7）设置策略的初始状态，包括启用/暂停。

在这里强调一点，抢位的关键词一定要转化率高、不赔钱，这样才有意义。

其实，流量解析中还有更高级的应用，就是对比我们手中的两类产品，哪个好做就先做哪个。例如，某店铺有雪纺连衣裙与蕾丝连衣裙两大类产品，前期应从哪个类目进行呢？我们可以在流量解析中增加一对关键词：雪纺连衣裙与蕾丝连衣裙，如图5.13所示。

图5.13　添加关键词

通过行业数据分析，找出容易入手的行业，行业的对比指标有展现量、竞争对手、市场均价、点击转化率。

我们可以截取一年的数据进行分析，找出展现量高、点击转化率高、竞争相对较小、点击单价低的产品，然后先主推这个产品所属的行业。关于具体数据，大家可以去直通车流量解析中钻研，此处不再赘述。

5.4 直通车核心应用——测款

介绍了直通车后台操作之后，接下来为大家讲解直通车的六大应用，首先讲解如何通过直通车进行测款，以及测款的相关内容。

5.4.1 为什么要测款

为什么要测款？笔者在回答这个问题时一般都喜欢做一个比喻——如果不测款，那么卖好一个产品就等于买彩票中了500万元。其实，笔者是在表达一个观点：测款是非常重要的，这是运营人员和创业者必须掌握的技术。

如果不测款，就不会知道这个产品是否受市场欢迎。试想一下，对于一款产品，不管其是否受市场欢迎，我们都先进货、拍照、优化、补单、开车等，是不是很危险？所以，测款必不可少。

接下来要探讨的话题就是向笔者咨询得最多的问题：测款需要花多少钱？根据笔者多年的经验，测款一般需要3000～5000元。还要注意一个点，就是千万别拿卖得好的产品和新品进行测试，最终结果肯定是新品不行。原因很简单，卖得好的产品已经确定有市场需求和人群了，不用测，而新品什么都未知。它们不在一个层级，如何测款呢？

5.4.2 店铺是否需要测款

店铺是否需要测款？这个话题其实在前面已经给出了明确答案。当然，既然将其作为单独一节，那肯定有其特殊之处，即有些产品不太需要测款。

例如，蟑螂药、老鼠药等不需要测款，因为没有新品种的蟑螂和老鼠出现，所以不需要换药。而非标品，如季节性服装、男鞋、女鞋等都需要测款，因为只有测款才能知道当下买家的真实需求。

综上所述，淘宝、天猫中的大部分店铺都是需要测款的，只有少部分不需要测款。那一少部分要做好，就必须有独特卖点或者走低价。

5.4.3 测款的核心要点

笔者根据多年经验汇总，测款的核心要点如下。
（1）不要拿不同类目的产品进行测试，因为它们不具有可比性。
（2）不要拿价格悬殊的同类目的产品进行测试，因为它们的人群画像不同。
（3）不要拿已有很高权重的产品和新品进行测试，因为它们不是一个量级。
（4）测款时一定要选择同类目相近的产品分类，如沙滩裙、百褶裙等。
（5）测款时一定要保证产品的核心关键词一致。

（6）测款时一般拿 3 ~ 8 款产品进行测款，方便比较。

以上就是测款阶段需要把握的要点，大家必须用心体会。只有学会了这些内容，才能更好地找出符合市场需求的潜力产品。

5.4.4 测款的具体步骤

本小节重点介绍测款的具体步骤。其实测款在本质上就是看哪款产品能获得更多的流量，并且有很好的表现，如收藏、加购、转化等。我们首先要明白测款是需要增加流量还是减少流量。答案是增加流量，当然这也是有限度的，即在日限额范围内。当我们明确了这些后，对直通车后台的操作就有了一个整体的思路。谁在管理流量增减呢？就是直通车后台的 10 个按钮，这 10 个按钮具体该如何操作，笔者将其汇总如下。

第 1 个按钮是日限额。日限额的多少取决于想获取多少流量 × 一个流量的点击费用。举个例子，比如想获取 200 个流量，每个流量 2 元，日限额就应该设置 400 元。

第 2 个按钮是设置投放平台。目前我们想获得精准流量，所以只投放 APP 端，其他的暂时不投放。

第 3 个按钮是设置投放时间。把时间设定到全天，去掉凌晨 0 点至上午 8 点这段时间，因为这段时间的转化具有偶然性，我们只用正常时间做测试。

第 4 个按钮是设置投放地域。如果预算充足，投放展现量最高的 10 个省市；如果预算比较少，投放北上广与江浙地区。

第 5 个按钮是添加关键词。关键词以核心关键词为主，少量模糊长尾关键词，每个宝贝添加关键词需要基本一致，关键词数量一般控制在 10 个左右。

第 6 个按钮是关键词出价。出价要高于平均价，正常应该卡在移动端 4 ~ 6 个位置。当然，也有两种情况，第一就是流量特别大的，卡在 4 ~ 6 个位置比较合理；如果流量比较小，卡在前 3。否则没法保证流量。

第 7 个按钮是设置创意。创意要求读者一定要明确我们是在测款，所以最好的创意图片应该是生活照，不能是证件照与艺术照，而是我们说的正常场景照片。如果此照片做过多修饰，就不利于表达买家的想法，对测试的数据也会有所影响。当然，如果创意的照片每个产品使用的不是同一类型（生活照/艺术照/证件照），那么多测试出来的结果也不具有参考的价值，所以每个宝贝照片都是生活照就可以了，而且只需要一个创意就可以了。

第 8 个按钮是匹配方式的设定。取决于流量的多少，如果流量多就精确，如果流量少就广泛。

第 9 个按钮是定向推广。这个我们不需要设定，原因是测款，流量进来不容易转化，所以不开通定向推广。

第 10 个按钮是关键词对应的人群画像的设置。此部分不需要开启，原因也是流量进来不容易转化，也没有准确人群标签，所以即便开启了，用处也不大。

以上就是测款阶段针对每个按钮需要做的设定。在设定过程中，一定要明确我们要的是精准关键词点击流量，并且还要够数，否则无法为后面的爆款做出准确的样本。所以，为了让大家更好地理解测款的每个步骤的设置方法，笔者绘制了如图 5.14 所示的流程图。

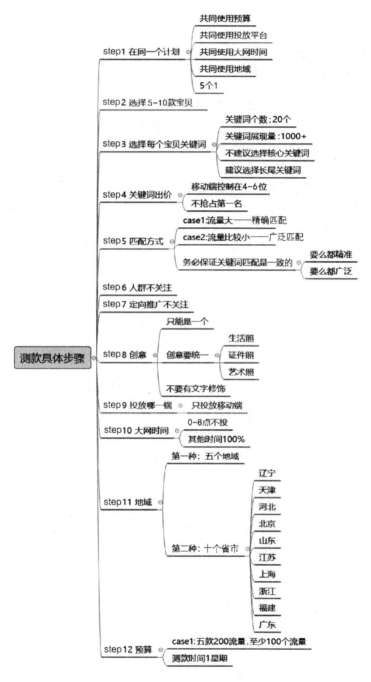

图 5.14　直通车测款的具体步骤

按照图 5.14 所示的步骤，大家可以自己动手去后台进行调试，也许会有意想不到的结果。最后强调一点，在测款阶段，一定要多看少动，勤总结，还要保证公平对待。

5.4.5 用数据判断测款结果

进行 3 ~ 10 天的测试之后，就可以获得我们想要的数据了，接下来应对数据的做进一步的分析，重点分析以下指标。

（1）点击量：代表每个产品被点击的次数。当然，一般点击量多的产品比较好。
（2）点击率：代表产品被点击的次数占展现量的比例，该指标越高越好。
（3）收藏量：宝贝被收藏的次数，应是直接收藏量。
（4）加购量：宝贝被加购的次数，应是直接加购量。

在判断某些产品时，给出了上面的指标之后，我们还要对指标值做进一步的解释：点击率一般要大于 3%，特殊行业除外；收藏加购率要大于 10%，特殊行业除外。

以上数据来自笔者多年的经验汇总，同时也来自无数的卖家后台分析出来的结果，可信度约达到 95%，可信区间根据实际情况上下浮动。

5.4.6 宝贝测款案例

在讲解案例之前，笔者先举个例子。学校要求每个班级选出 3 名运动员参加校运动会，落实到你的班级，你该如何选择？笔者认为最简单的方法就是"拉出去遛遛"，选出获得前 3 名的同学去参加校运动会。

同理，把 5 款产品放到同一个计划中，使用相近关键词和相同核心词，共同使用一个预算、地域、大网时间、出价等。那么，哪款产品的流量多，收藏加购量高，哪款产品就是潜力款，如图 5.15 所示。

图 5.15　直通车测款案例

通过对图 5.15 进行分析，C 和 D 两个产品获得的点击量比较少，但 C 产品的收藏加购率大于 10%，所以 C 产品可以成为利润款，而 D 产品则被删除。接下来看 A 产品，其展现量为 2 万次，点击量为 330 个，点击率不足 3%，但其收藏加购率大于 10%，所以可以做主推款。B 产品点击率大于 3%，收藏加购率大于 10%，所以可以做所有款。但是，一般思路是先让其做流量款，然后有一定权重之后，增加其 SKU 变成主推款或者利润款。一般看测试产品的价格区间，本案例是按照市场均价产品进行测试的。E 产品点击率大于 3%，收藏加购约等于 10%，所以它适合做流量款到主推款的过渡。

通过以上分析，大家在做店铺商品运营时，可以慢慢体会，在实践中对测款将会越来越熟练。本节内容相对较难，在以后的运营过程中要多加揣摩。

最后总结 4 条数据，供大家在直通车的各个阶段进行对比。

（1）20～50 个流量一般看点击率，测款阶段每个宝贝获取的流量范围都在 20～50。

（2）50～100 个流量一般看收藏加购率，测款阶段合在一起要看每个宝贝的收藏加购率。

（3）1000 个流量一般看点击转化率，比较适合打爆款的前期。

（4）2000 个流量一般看投入产出比，在打爆款的后期主要看投入产出比。

5.5 直通车核心应用——测图

当完成测款之后，接下来就应该找出能提高转化率的那张图，即创意图片。那么，如何通过直通车测图呢？本节将对此进行讲解。

5.5.1 为什么要测图

为什么要测图？因为只有测图，才能找到买家的核心痛点，而且卖家也能找到最容易转化的那张图，从而降低点击成本。通过以上分析可以得出，测图的本质就是提高点击转化率。

5.5.2 测图能得到什么

通过直通车测图，我们可以根据入店关键词及表现行为判断买家最喜欢的是哪张图，从而针对这张图做进一步的调整，让其更符合买家的需求。接下来，笔者将多年测图经验汇总如下。

如果一个产品有 M 个卖点，每个卖点有 N 种表达方法，那么这个创意就有 $M×N$ 种表达方法。通过生意参谋后台，可以看到宝贝流量的汇总情况，如图 5.16 所示。

图 5.16　宝贝流量汇总

在直通车后台还有对应的详情，只需订购生意参谋与流量纵横标准版即可查看，结果如图 5.17 所示。

直通车核心应用解密 第5章

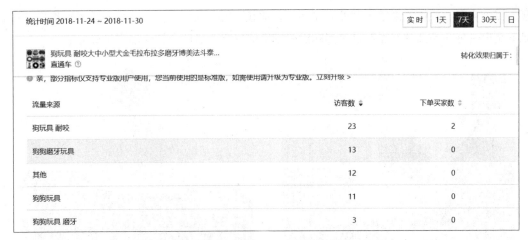

图5.17 直通车入店关键词行为

通过对以上数据的分析不难看出，耐咬这一属性是买家最看重的，所以务必围绕卖点"耐咬"做一系列场景，放到直通车中进行AB测试。最后强调一点，宝贝价格也是一个核心的卖点，有些产品因为走了低价，所以卖点就显得不是特别重要了。当然，如果两个可以结合起来，效果会更好，利润产品与主推款除外。

5.5.3 一张优秀的主图涉及的工作人员

一张优秀的主图涉及的人群有运营人员、美工、拍摄人员、车手。

（1）运营人员需要推广一款产品，然后会找出竞争商家销售同类产品的卖点。

（2）摄影人员与运营人员沟通，了解拍摄场景和卖点，然后自己对宝贝进行分析与提炼摆设和布景设置。

（3）摄影人员与美工沟通，让美工把无法拍摄的卖点做进一步的放大。

（4）将图片交给直通车车手进行AB测试，等待买家的点击反馈。

（5）通过一段时间的数据分析，车手再找美工进行局部修饰，也可能会找摄影人员进行局部拍摄。

5.5.4 车图诞生的三要素

通过前面的讲解，我们已经知道了一张优秀的主图的诞生过程，那么车图诞生的要素有哪些呢？

首先要对产品有一个深刻的了解。我们要同时站在买家和卖家的角度思考问题。卖家思维比较理性、稳妥，一般男性较多；而买家思维比较感性，为冲动消费型，一般女性较多。买家与卖家的思维对比如图5.18所示。

图5.18（a）中有小孩和妈妈在画画，图5.18（b）中小孩做出画画姿势并且笔的数量较多。显然图5.18（a）是比较感性的，站在买家的角度，为亲子教育；图5.18（b）则站在卖家的角

度，因为卖家一般认为画笔多就能卖得出去，比较理性、比较实在，拼的是数量和价格。那么到底是理性好还是感性好呢？这个问题没有准确的界定，将两个结合起来是最好的。

（a）买家角度　　　　　　　　　（b）卖家角度

图 5.18　买家与卖家思维对比图

其次要分清卖点，即普通卖点与核心卖点。站在核心卖点的角度考虑，如细分矿泉水，如图 5.19 所示。

通过图 5.19 可以看出，怡宝纯净水进入市场前做了市场细分，对标是农夫山泉：你农夫卖红色包装的矿泉水，我就卖绿色包装的纯净水。并且纯净水市场其他品牌销量不是很好，所以怡宝才有市场可以占领。而恒大冰泉与百岁山又是如何进行市场细分，同时为什么不去抢占康师傅的市场，这些交给聪明的你去分析。

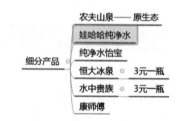

图 5.19　怡宝矿泉水进入市场前的细分

最后就是要表达。在表达之前，一定要理解核心卖点，可以采取多种拍摄方式，如挂拍、街拍、摆拍、搭拍等。拍摄完毕之后，平面设计人员画出镜头前无法表达的卖点，如图 5.20 所示。

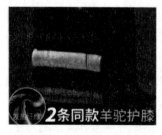

图 5.20　打底裤保暖效果表达

图 5.20 中，右边那张图表达了火热的感觉，摄影人员是拍摄不出来的，只能交给平面设计人员进行买家心理的放大。

通过以上的讲解可以得出以下结论，即一张优秀的车图需要具备 3 个要素：产品、卖点、表达。

5.5.5 测图具体步骤

测图前首先要明确核心考核指标是什么,这就要看哪张图片的点击量及点击率高了。例如,有4张图要测试,我们需要100个点击量,最终哪张图获得的点击量高,并且点击率也不错,那么这张图就是用户喜欢的。同时,笔者提醒一点,测图必须是测款的下一个步骤,具体如何执行,肯定是要落在10个按钮上。

(1)日限额=根据关键词点击单价×测得图片数量(即上传几张创意图)×25次点击。这里的25次点击是概数,也可以是20~50次,因为我们在上面说过20~50次点击看的是点击率,正好体现出哪张图片的卖点表达受买家的喜欢。

(2)投放平台,只投放APP端,其他不投放。

(3)投放时间,投放9~23点时间段,其他时间段的流量不要,要平均时间。

(4)投放地域,投放展现量高的10个省市,大类目可以是北上广江浙。

(5)添加的关键词数量在20个左右,展现量大于1000次/日,部分行业大于200次/日。

(6)关键词出价不低于前6名,如果低于前6名数据就会少。

(7)创意数量最好在两个以上,但一定要具有可比性。

(8)匹配方式,正常情况下要全部广泛匹配,如果流量太大,精确匹配也可以。

(9)定向推广不需要开通,因为还不足以转化。

(10)关键词的人群定向也可以不开通,因为还不足以转化。

以上就是测图的所有步骤,测图需要3~7个工作日,如表5.1所示。

表5.1 宝贝测图举例

单位:%

宝贝	day1	day2	day3	day4	day5	day6	day7	day8
A	0.78	0.79	0.76	0.88	0.56	0.66		
B	0.6	0.55						
C	0.2							
D	0.25							
E		0.3						
F		1	1.08	1.12	1.13	1.12	1.15	1.11
G			0.42					
H			0.09					

通过以上数据分析,在第二天,宝贝C和D的点击率低,将其去掉了;重新加入两张创意图片E和F,过了两天之后,E和B的点击率也比较低,也将其去掉了;然后又加入了两张创意图片G和H,过了一天,发现G和H的点击率比较低也去掉了;目前剩下了A和F,再观察了几天之后,发现F一直超过A,所以留下了。最后选择创意图片F作为直通车的车图,同时也用作宝贝的主图。

通过以上讲解,大家对测图应该有了一定的理解,就是不断地测试,找到尽可能符合自己需要的创意。

5.5.6 车图好坏的判断指标

经过测图之后,我们拿到了数据,如何判断一张车图的好坏呢?笔者汇总了两个衡量指标:展现量和点击率。

(1)如果展现量高,点击率高,就留下。这里说的点击率高是相对较高,没有确切的值。

(2)如果展现量高,点击率低,则看点击率是否能大于1%,如果能,则留下观察两天。

(3)如果展现量低,点击率高,说明这张图片上的卖点效果还可以,但系统不喜欢,留下观察两天;如果展现量依然低,则留下卖点效果,改到展现量高的那张图上,然后继续观察。

(4)如果展现量低,点击率也低,则直接去掉。

5.6 直通车核心应用——养分

养分是直通车的核心功能之一,通过养分可以有效提高ROI。本节主要介绍与店铺养分相关的知识。

5.6.1 什么是质量得分

关键词质量得分又称为"质量分",是系统根据关键词的相关表现及账户表现给出的分值。质量分从1分到10分不等,分值越高,代表本关键词的表现越好,同时花费也越少,所以养分是一项很重要的工作。我们既可以查看任意关键词的质量得分,也可以通过多种方法提高质量得分。那么获得高质量得分的好处是什么呢?可用一个公式说明:

直通车扣费 = 下一名出价 × (下一名质量得分 ÷ 自己质量得分) + 0.01元

通过上面的公式可以看出,直通车的关键词质量得分越高,花费的金钱就越少,所以提高质量得分势在必行。我们无法看出前一名的质量得分,但可以对其进行评估,试探性出价。

5.6.2 提高质量得分应遵循的原则

本节介绍提高质量得分应遵循的原则,具体如下。

(1)短期看点击率,即哪个关键词的点击率高,它的质量得分就高。

(2)中期看点击转化率,即车开了一段时间后,质量得分就与点击转化率有直接关系了。

(3)长期看投入产出比,即车开到最后,看的就是产出比,越高越好。

(4)核心原则是70%靠主图,30%靠车手,所以养分是测图下一个步骤。

所谓"前中后期看",那么到底谁在检测这些数据呢?答案是直通车系统,所以那些想通过直通车卡位、低价获取点击量的黑车手们越来越难生存；当然，随着直通车的不断改进，黑车也不好开了。通过以上原则我们不难想象，前期直通车关键词的质量得分要求我们按以下要求操作。

（1）关键词不宜太多，因为太多关键词会导致相关性不好，可以理解为照顾不过来。

（2）关键词的出价不能太低，太低没有展现量和点击量，质量得分肯定低。

（3）前期关键词的点击量不能太高，控制在 30～50 为宜，太多了对中后期不利。

5.6.3 如何优化质量得分

在讲解如何优化质量得分之前，首先需要知道影响质量得分的因素，如图 5.21 所示。

图 5.21 影响质量得分的因素

由图 5.21 可知，关键词质量得分与以下 3 个因素有关。

（1）创意质量。创意质量是指关键词所属宝贝的推广创意效果，包括推广创意的关键词点击反馈、图片质量等。掌柜通过双创意方法不断测试优化推广创意，努力提升创意的点击率，最终能做到创意点击率＞行业核心关键词点击率。

（2）相关性。相关性涉及的面比较广，包括自然标题、直通车标题、类目相关、属性相关等，具体如下。

①关键词自身原因很重要，主要是指 8 个一致性中的标题相关性。标题分为两种，即直通车创意标题和自然排名标题。

②关键词与宝贝发布时所选择的类目的相关性。若宝贝发布时类目选择的是最优类目，那么添加关键词之后，质量得分就超过 3 分了。换句话说，如果关键词加入之后得分在 2～3 分，那么宝贝发布的类目就不是最优。

③关键词与宝贝属性的相关性，是指在发布宝贝时填写的属性要与宝贝本身优化的关键词的一致性。

（3）买家体验。买家体验主要是指买家点击进来的相关行为，包括加购物车、收藏、咨询、访问其他宝贝、下单等行为。

以上就是影响质量得分的因素。在所有因素都控制好的情况下，影响质量得分的核心是：前期看点击率，中期看点击转化率，后期看投入产出比。

最后，对关键词质量得分常见的分值进行汇总，具体如下。

（1）加进关键词只得了 2 分，说明类目发错了，或者类目权重太低了，直接删除。
（2）加进关键词得 3～5 分，说明类目发对了，但行业竞争太激烈了，直接删除。
（3）加进关键词得 7 分以上，说明类目发对了，若后期想提高，就得靠养分，可以留下。
（4）养分最好用爆款，最差也得是潜力爆款。

由此可见，养分是打造爆款的前一个步骤。

5.6.4 优化质量得分的步骤

优化质量得分的步骤和直通车的 10 个按钮分不开。提高优化质量得分的具体步骤如下。

（1）养分阶段，日限额设定为关键词点击单价 ×（20～30）次点击，养分阶段不宜投放太多。
（2）投放平台，只投放 APP 端，不投放其他平台。
（3）投放时间，正常时间点，0～8 点不开通。
（4）投放地域，直通车展现量前 10 名，或者北上广江浙地区。
（5）添加关键词，关键词个数控制在 5～10 个，不宜多。
（6）关键词出价，控制在移动端 4～6 名的位置，不宜靠后，也不宜靠前。
（7）创意设置，用测图之后那张图，如有两张都很好，选择系统优选。
（8）匹配方式，流量比较大的采取精准匹配，流量比较少的采取广泛匹配。
（9）定向投放，目前不开通。
（10）关键词人群定向，目前不开通。

以上就是直通车质量得分在短时间内的优化步骤，希望大家通过自己的产品慢慢体会，提升自己的优化质量得分。

5.6.5 提升质量得分的常见误区

下面主要介绍在提升质量得分过程中常见的误区。

（1）PC 端质量得分的高低与移动端质量得分没有直接的联系。
（2）点击量越大，质量得分越高，这个思维是不对的，比如在养分阶段不宜点击太多，因为浪费钱。
（3）推广时间越长，质量得分越高，这种理解并不正确，因为长期质量得分看的是投入产出比。
（4）预算越高，花钱越多，质量得分越高，这种说法也不全对，因为还得看结果。

我们一定要明确养分目的，即降低单次点击成本，而不是把分提得很高。如果提分后单次点击成本依然很高，那么这种方式就不对了。同时，很多大的行业，如季节性的产品羽绒服，一般都提前一个月放到直通车推广，因为到了旺季后加进去只有 5 分，花的钱会更多。

所以养分的目的是在旺季到来前把得分提高，这样养分所花的钱会很少，有时旺季一天的花费就是前一个月的养分费用了。

5.6.6 质量得分更高级知识的延伸

在直通车运营中，为了在一段时间中质量得分都很高，我们一定要采取一些措施，常见的有：关键词对应的人群中有两个人群效果很好，即高频次购买的人群与高消费金额的人群。他们转化率往往很好，对直通车质量得分有帮助。

另外，我们可以把关键词对应的优质人群排第一，关键词也排第一，以此来打击竞争对手，这种情况的效果也比较好，当然第二名如果硬来，我们就亏大了。

最后，我们还可以通过多个创意一起分工，如通过创意 A 可以用来拿流量，通过创意 B 可以用来养分，创意 C 可以用来转化。所以，分析数据是做好直通车乃至做好电商的根本，只有活学活用，举一反三，才能立于不败之地。

5.7 直通车核心应用——打造爆款

5.7.1 为什么直通车能打造爆款

为什么直通车能打造爆款？首先我们要思考一下，直通车最直接的用处是什么？即引流量，促转化。所以笔者认为，凡是能引进流量的渠道，都可以说是打造爆款的方法，所以直通车也不例外。

我们通过直通车做出了一系列的动作：选款、测图、养分，其最终目的就是打造一个爆款。接下来笔者对流量进行汇总。

（1）自然流量。自然流量是指通过关键词和购物车及已买到的宝贝而进来的流量，目前比较难做，尤其是关键词排名，排在前面的基本上都是天猫，淘宝很难生存。

（2）付费流量。付费流量是指花钱买流量，核心是直通车，因为直通车引进的流量最精准，其优点是立竿见影，缺点是贵。因此，淘宝商家一定要找到属于自己的低价优质关键词。

（3）社媒流量。社媒流量是目前很多商家都想玩，又不知道该如何玩的流量。社媒流量对于很多行业都是不适合的，如卖蟑螂药的。由此可见，社媒流量只适合部分行业。因此，如果没有大V和很好的文案，以及行业对口，社媒流量是没有意义的。

（4）活动流量。活动流量是目前很多商家都希望通过的流量，但是报活动还是很难的，还有门槛，过了之后能卖多少也不好预算。当然，所有爆款最后必须要走到活动流量上来，因为活动流量才是爆款最终的提高点。

通过上述分析，大家应该明白，通过直通车拉动自然排名，引来销量，提高宝贝综合权重，进而报活动，才是当下阶段最核心的操作手法。所以，直通车是打造爆款的重要工具之一。

5.7.2 直通车打造爆款的操作手法

本节重点讲解如何通过直通车来打造爆款，操作手法如下。

（1）要通过直通车打造爆款，这个产品必须具备爆款的潜力，所以测款很重要。测款的核心就是，只有宝贝（直接收藏＋加购量）÷流量≥10%才有可能成为潜力款。

（2）直通车测图，核心是不断测试卖点对应的表达方式，找到点击率最好的那张图片。

（3）直通车养分，核心是不断提高核心词的质量得分，在打造爆款时降低PPC。

（4）直通车冲销量，用两个星期的时间来降低PPC（每次点击费用），提高点击转化率，再用七天螺旋法来提升销量效果会很明显。

（5）考虑投入产出比，这是打造爆款的收尾工作。当宝贝的自然流量上来并且超过了付费流量时，我们就可以慢慢降低宝贝的付费推广，从而提高ROI。

以上就是通过直通车打造爆款的核心步骤。在这里，需要单独讲解的是通过直通车提升销量。首先，我们需要理解七天螺旋法，如表5.2所示。

表5.2 七天螺旋法销量示意

天数	1	2	3	4	5	6	7
销量	1	3	5	7	9	11	13

通过表5.2可以看出，首先，利用直通车推广，可以保证每天的销量呈螺旋式增长，达到规定后立刻关闭直通车，达不到则需要另想办法。其次，直通车在冲销量的阶段，一定要在自己能承受的范围内确定销量增长的间距，不要不顾成本。最后，在打造爆款阶段，一定要关注自然流量的变化情况，如果一星期后没有改变，则说明这个产品是无法打造成爆款的。在这里，核心是自然优化的关键词要与直通车推广尽可能多地保持一致，这样才更容易提升关键词的排名。

5.7.3 如何判断爆款打造成功

如何判断爆款打造成功？这个问题"仁者见仁，智者见智"，但核心无非是通过付费流量拉升了自然流量，在减少付费流量时自然流量还在上升，这就说明爆款打造成功了。

大家在这里最常问的问题可能是，为什么付费流量少了，自然流量还能接升？原因是，自然流量带来的转化率发生了改变，即提高了，所以自然排名在不断上升，自然流量也就多了。

5.7.4 打造爆款时的注意事项

打造爆款时需要注意哪些问题呢？笔者经过多年的实践，汇总如下。

（1）如果一个产品推广了10天，自然流量仍然没有太大改变，就需要及时止损。

（2）如果一个产品降低了直通车付费流量，自然流量跟着下滑，就说明产品选择有一定问题。

（3）在提升自然流量时，一定要缓慢地降低直通车的日限额。

（4）在打造爆款的过程中，一切要以提升销量为目标。

（5）在冲销量时，一定要适当提升节奏，不要拖拖拉拉，否则销量是提升不上来的。

通过本节的讲解，大家应该对打造爆款的方法有一个核心的掌握，不要拿爆款去打造爆款，应该拿爆款去拉动其他产品，从而形成爆款群。

5.8 直通车核心应用——提升ROI

对于直通车的核心应用，是提升ROI（投资回报率）。那么如何提升ROI呢？

首先，需要了解什么是ROI。所谓ROI，是指企业从一项投资性商业活动的投资中得到的经济回报，既是衡量企业盈利状况的指标，也是衡量企业经营效果和效率的综合性指标。

$$ROI =（税前年利润 \div 投资总额）\times 100\%$$

其次，要明确在直通车中ROI的含义，即投入费用与销售价格的比例。例如，投入100元，卖了200元，比例就是1∶2，而投资回报率是200%。在直通车中，很多产品保持在250%以上就有投资回报率，也就是说是不赔钱的，而在京东达到200%基本就不赔钱了，原因是产品的客单价有区别。

最后，要明确直通车中ROI扮演的角色，它在不同阶段是不一样的，如测款、冲销量、养分等阶段，往往ROI是很低的，但如果能接受就可以了。

5.8.1 ROI在各个场景中的应用

本小节重点介绍在直通车的各个应用场景，ROI扮演的角色。

（1）在测款阶段，目标是拿到够用的流量，所以不需要ROI，也无法考虑ROI。

（2）在测图阶段，目标是分析点击率，所以流量是一定的，不需要考虑ROI。

（3）在养分阶段，目标是提高关键词点击率，花费多，所以不需要考虑ROI。

（4）在冲销量阶段，目标是引进大量的流量，所以ROI势必是减少的。

（5）在做ROI阶段，目标是卡住自然排名前10位，所以ROI是变化的，后期会越来越好。

（6）在低价引流阶段，ROI是变化的。当增加流量时，ROI降低；当降低流量时，ROI增加，所以要控制好ROI的临界值。

通过以上分析，我们应该掌握不同阶段ROI扮演的不同角色。

5.8.2 ROI整体问题

对于投资回报方面，首先需要了解ROI优化的方向，有以下3点是必须要考虑的。

（1）转化率的优化。提高转化率，ROI肯定会提高，所以重点优化转化率。

（2）单价。产品客单价很重要，要保证单价的优势，多个SKU价格区别要有明显优势。

（3）PPC优化。这个重点考虑的是关键词质量得分，得分提高了，花费自然就少了。

其次需要了解ROI与PPC之间的关系。笔者认为，可以用矛和盾来比喻两者的关系，如图5.22所示。

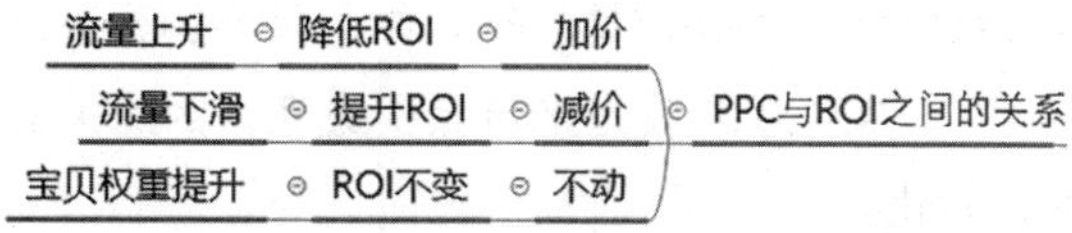

流量上升 ◎ 降低ROI ◎ 加价
流量下滑 ◎ 提升ROI ◎ 减价   PPC与ROI之间的关系
宝贝权重提升 ◎ ROI不变 ◎ 不动

图5.22 ROI与PPC之间的关系

最后就是日限额早早下线时该怎么办。笔者汇总出以下3种情况。

（1）日限额早早下线，若我们要权重，那么应一动不动。

（2）日限额早早下线，若我们要流量，那么必须加钱。

（3）日限额早早下线，若我们要ROI，那么应适当降低PPC。

如果一天投放500元，还有盈利，这时该怎么办呢？那要看你要什么，然后参考笔者给出的经验做出抉择。如果是为了运营而开车，就一定要考虑到流量的联动性；如果是为了开车而开车，那么只能被动地优化ROI，对店铺自然权重没有实质性的帮助。所以，如果你的目的变成了优化ROI是为了账户得到更好的权重，是为了店铺整体的流量，那么你就上升到了另一层境界了。

5.9 直通车核心应用——低价引流

我们在逛街时，经常会听到或看到2元店做的广告，不管我们有没有要买的，总想进去看看。这就是直通车低价引流的来源。对于2元钱的产品，可替代性比较强，价格也比较低廉，所以顾客进去后，总想买点东西再出去。

5.9.1 低价引流需要探讨的问题

什么样的店铺适合做低价引流呢？笔者汇总了如下5个类别。

（1）间接转化率比较高的店铺，特别适合低价引流，这个指标我们可以通过生意参谋查找。

（2）客单价比较高。产品需求比较小众的店铺，通过直通车引进来的流量也比较容易转化。

（3）产品种类丰富，每个产品都是流量的贡献体店铺，做好关联营销是核心。

（4）转化周期长、转化率比较低的店铺低价引流也是有效果的。

（5）产品更新换代快的店铺，如女装类目，每天都上新，低价引流也是适合的。

接下来我们汇总低价引流的几种场景，具体如下。

（1）产品价格高，关键词出价低，非常适合做低价引流，关键词应该加满整个计划。

（2）产品价格高，关键词出价高，适合做低价引流，避开出价高的词，找长尾词或者提高转化。

（3）产品价格低，关键词出价低，适合做低价引流，但要考虑ROI和要达到的目的。

（4）产品价格低，关键词出价高，不适合做低价引流，该行业低价引流行不通。

5.9.2 低价引流适用的3种场景

场景一：全店散发型，每个宝贝都是流量的导入体，只要顾客进来就能逛起来。其考核指标是间接转化能做到10个点，操作手法就是把流量引进来，因此关键词应该尽可能多。我们可以通过生意参谋查看间接转化。

场景二：全店太阳型，即其中一个宝贝的光芒照耀了很多小的宝贝，每个小的宝贝引进来的流量都导入了太阳那里，形成闭合环路，类似于 SEO 中的链轮。其操作手法就是，店铺通过很多产品引流，即间接成交都为唯一的爆款引流，当爆款冲上去之后，再把流量分散给其他几个可能成为爆款的产品，从而形成爆款群。

场景三：转化周期长型，这种店铺平时主要做的就是收藏加购，定期发布新的宝贝、新的卖点、新的优惠方式，用来刺激老客户，以加深老客户对该店铺的印象。例如，婚纱摄影类可以去路边发传单，其实真正能去店铺的人少之又少，但为什么要经常做，就是想告诉大家，以后结婚时记得有一家婚纱摄影的店铺曾经给过你传单。所以，通过直通车操作这样的店铺，需要加入大量的词，沾边就加，不断让买家"昨日重现"，以此强化买家的印象。

5.9.3 低价引流实操的 4 种场景

场景一：最好做的就是词多流量多的，如女装行业。店铺选择价格相近，产品可替代性比较强，并且产品种类多，可以找长尾词进行多词引流量，打造爆款。

场景二：词少流量多是难做的，如男士皮带行业。产品系列比较单薄，不容易创新，并且 PPC 贵，所以这样的行业只能"死磕"PPC。当然，高手也能找出与众不同的卖点，直击买家痛点。所以，这种行业最好的做法就是标新立异，让买家一提到某产品就能想到该店铺，如法国奢侈品牌爱马仕。

场景三：词多流量少适合做低价引流，但是缺陷就是很难做成爆款。例如，图书行业，要加大量的关键词，但是每个关键词的流量都不多，所以这种行业很适合做低价引流。

场景四：词少流量也少，这种情况就只能"死磕"卡位，否则更没有流量，如云南蒙包料就属于这样的行业。

通过对以上 4 种场景的分析，可以知道低价引流适合的 3 种情况就是关注度小、竞争少、出价低，大家需要在以后的店铺运营中学会总结。

5.9.4 低价引流的操作手法

首先需要明确直通车最多能有多少个计划、单元，以及关键词。直通车最多可以创建 8 个计划，部分行业可以创建 20 个计划，每个计划下面最多可以加 200 个宝贝，每个宝贝最多能加 200 个关键词。

接着我们来探讨低价引流的操作手法，即 10 个按钮的设置。

（1）日限额开关按钮，此处不需要设置为好，因为低价引流花费比较少。

（2）地域选择按钮，此处尽可能多地选择地域，到达不了的地域除外，因为需要低价引流。

（3）站内与站外投放按钮都可以打开，因为需要低价引流。

（4）时间段选择按钮全部投放，但需要根据大网时间来设置折扣。

（5）关键词匹配按钮可以广泛匹配，需要更多低价流量导入。

（6）关键词出价设置按钮走低价，控制在一元以内，部分行业竞争比较激烈除外。

（7）精选人群开关按钮，此阶段不需要开启，因为低价引流阶段关键词出价低，开启人群溢价效果不明显。

（8）创意添加按钮，需要提前做好测试确定好。

（9）宝贝添加按钮，尽可能多地添加宝贝，只要核心关键词属于同一类目都可以放一起，因为需要不同宝贝带来不同流量。

（10）关键词添加按钮，只要相关的关键词都可以加入，但前提是得有转化，没有转化的不要添加。

通过以上汇总我们大致可以看出，低价引流的核心操作手法是：多加词，多加宝贝，重点做加法。

最后，如果产品比较多，前期可以购买直通车软件，如省油宝，因为逐个添加太费时间，交给软件会省时省力，后期可以手动微调。

5.9.5 低价引流案例

案例一：产品价位较低，关键词出价也比较低。

在这个案例中，为了提升店铺等级，冲流量款，我们采取了产品低价引流策略。产品定价为5.8元一个包邮，8.8元两个包邮，以此来打造了一个流量款，如图5.23所示。

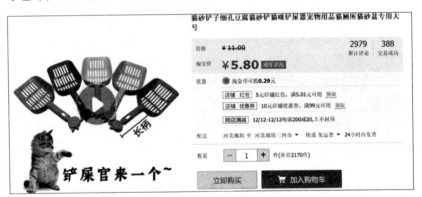

图5.23 流量款产品展示

那么，这个产品的操作手法是什么呢？

（1）分析产品卖点，做出对应的场景图，深化卖点的表达，做好内功是重中之重。

（2）设置促销，要大于5元，主要是评价的计分和产品的成本。

（3）开通直通车，关键词与主推关键词一致，进行7天测试。

（4）通过7天数据分析，找出哪些地域转化率高，进行修正。

（5）通过7天数据分析，找出转化率高的关键词并保留，删除转化率低花费多的关键词。

（6）通过7天数据分析，避开竞争的高峰期时段，投放竞争薄弱时段。

（7）通过7天数据分析，找出入店关键词对应的转化情况，添加到直通车中。

（8）通过7天数据分析，进一步完善评价、问大家、买家秀等。

关键词后台展示如图5.24所示。

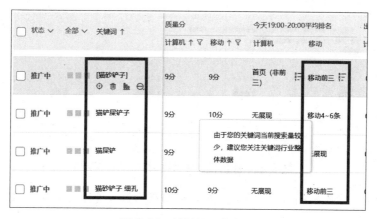

图 5.24 关键词后台展示

案例二：产品属于高价，关键词出价比较低。

在这个案例中，产品为一款食品，名字为猪肉松，产品客单价约 50 元，成本 20 元，即还有 30 元的推广费用，店铺为 5 个蓝冠。如果给你，你该如何通过直通车打造爆款呢？

（1）找出产品自身的核心卖点及买家需求点，做出对应的文案。

（2）通过店铺的流量款做好关联营销，从而引来流量。

（3）让产品参加淘宝客推广，获得基础销量。

（4）开通直通车推广，找出核心关键词，进行 7 天数据测试。

（5）进行图片 AB 测试（做出不同卖点的展示图片进行不断测试），找出最符合需求的创意图片。

（6）找出关键词与自然优化关键词及标题的一致性。

（7）进行 7 天数据测试，找出最好的地域。

（8）进行 7 天数据测试，找出最好的大网时间。

（9）进行 7 天数据测试，找出投入产出比最好的关键词。

（10）进行爆款冲销量的数据拉升。

（11）观察宝贝自然流量是否上升，做出直通车日预算的调整。

（12）宝贝的自然流量超过付费流量，爆款便打造成功了。

后台的关键词及数据分别如图 5.25 和图 5.26 所示。

关键词 ↑	质量分		今天20:00-21:00平均排名		出价		花费↑	总成交金额 ↓	投入产出比 ↑
	计算机 ↑	移动 ↑	计算机	移动	计算机 ↑	移动 ↑			
流量智选	-	-	-	-	-	-	¥0		
新东阳肉松	-	-	无展现	无展现	0.10元	0.61元	¥12.90	¥501.24	38.86
猪肉松	7分	10分	无展现	无展现	0.10元	1.21元	¥23.86	¥389.67	16.75
新东阳海苔肉松			无展现	无展现	0.10元	0.60元	¥1.34	¥263.74	196.82

图 5.25 猪肉松关键词近 30 天的情况

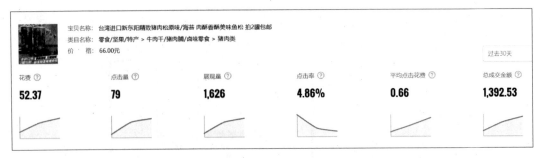

图 5.26　猪肉松后台数据近 30 天的情况

通过对以上两个案例的分析，希望大家能够掌握通过直通车打造爆款的要点，并且反复实践。

5.10　直通车高级应用——定向推广

直通车中的推广方式有两种，即关键词推广和定向推广。在定向推广中，定的是访客行为。访客不是通过搜索关键词进入的，如果是通过搜索关键词进入，则称为"关键词推广"。

定向推广的展现原理：通过用户的浏览情况、搜索情况、收藏情况和购买情况，将类目宝贝主动推荐给用户，实现精准销售。

竞价排名：根据综合得分得出。其中，综合得分 = 质量分 × 当前竞价。这里的质量分与搜索关键词的质量分不是同一个概念。系统会根据图片质量、宝贝点击率、点击数和店铺综合得分衡量定向推广的宝贝质量分。

5.10.1　定向推广常见人群

定向推广包括访客定向和购物意图定向，接下来针对这两种定向推广进行细分讲解。

访客定向中主要包含喜欢我们店铺的访客和喜欢同类店铺的访客。针对喜欢我们店铺的访客，需要店铺的曾经人群画像是精准的，没有被破坏（即没有人为干预成交量，即不能有刷单），投放效果才明显；而喜欢同类店铺的访客是指访问相似店铺的人群访客，同理人群也是没有被破坏过的。

购物意图定向是指买家在购物时被打上的人群画像标签，类似于达摩盘中用关键词圈定人群，所以购物意图定向非常重要。因为购物意图定向是通过关键词来圈定人群，所以曾经被破坏过的人群画像也可以通过购物意图定向拉回来。狗玩具定向推广对应的购物意图定向人群如图 5.27 所示。

通过图 5.27 我们不难看出，系统给出的狗玩具的核心卖点是耐咬和磨牙，所以一定要在主图与视频及详情页中表达出这两个核心卖点，这样才能提高转化。

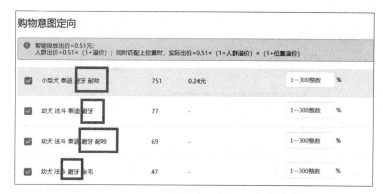

图 5.27 狗玩具定向推广对应的购物意图定向

定向推广对应人群画像的特点如下。
（1）对喜欢我店铺的访客要求曾经人群画像是精准的。
（2）对喜欢同类店铺的访客要求宝贝本身有很大的竞争优势。
（3）购物意图定向的访客要求圈定的人群与文案的一致性。

5.10.2 人群定向到底该出多少钱

人群定向推广的最终价格是由两部分构成，即基本出价与溢价。注意一点：溢价是指在原有的基础上多出来的百分比（直通车后台这么规定的）。那么溢价的基础是智能投放的价格，比如：定向推广中喜欢我店铺的访客出价是 50%，而智能投放的出价是 0.5 元，那么喜欢店铺的访客真实出价为 $0.5×(1+50\%)=0.75$ 元。

那么定向推广基础出价应该出多少呢？一般情况下，定向推广的出价是关键词出价的 0.5 倍，在此基础上逐渐往上递增，找到一个合适的价格，根据自己的流量和产出，调整出一个合适的价格。例如，核心关键词市场出价大约 1 元，定向推广的智能投放的出价应该从 0.5 元开始往上调整，直到找到一个合适的出价。所有的结果都需要在时间的长河中不断地测试，直到得出一个合适的结果。

5.10.3 定向推广展示位置

关键词推广只有买家在搜索时才会展现广告，即关键词推广是在搜索结果页展示。而定向推广在非搜索页面展示，它展示位置如图 5.28 所示。

图 5.28 所示都是关于"猜你喜欢"在不同页面的展示所出的溢价，后台定向投放的位置其实还有得多，比如 PC 端对应的购物车、评价返回页面、物流详情页等，笔者汇总如下。
（1）已买到的宝贝，我们要推广那些复购率比较高的产品。
（2）对于手机淘宝首页猜你喜欢，我们要推广销量比较大的产品。
（3）对于手机淘宝首页消息中心，适合在大促期间投放。

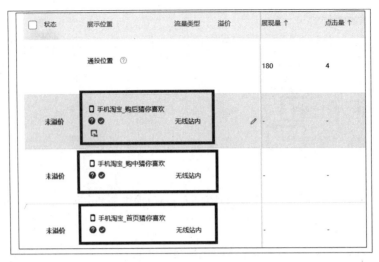

图 5.28 定向推广展示位置

对于其他位置,需要大家针对自己的产品进行测试投放,从而得出相应的结论。这里再强调一点,定向投放不适合新品投放,必须是针对有一定销量基础和好评率比较高的有竞争优势的产品。

5.10.4 你不知道的定向推广执行过程

一提到定向推广,很多人就会觉得很神秘。的确直通车的后台执行起来也是很复杂的,具体如下。

(1)系统会根据历史人群搜索行为建立一个标签池,让搜索者入池。
(2)对入池的搜索人群标签进行细分,根据历史搜索行为判断出不同的行为画像。
(3)编写程序进行学习,学习之后逐渐形成精准标签。
(4)卖家进行广告投放,然后进行数据分析,找出最适合自己的人群。

每个人在生活中都会被社会打上标签,所以人的搜索习惯也是有标签的。一个优秀的车手,会通过不断地尝试找到最适合自己产品的标签,从而进行投放,带来丰厚的回报。

5.10.5 定向推广优秀结果的判断指标

很多人会问,什么才是定向推广的优秀结果呢?除了 ROI 表现较好,还有其他指标吗?笔者根据多年的经验汇总出如下一张图片,把它命名为"经叉图",如图 5.29 所示。

图 5.29 反映了一个结果,即通过一段时间的定向投放,PPC 在逐渐降低,而流量在逐渐增加,ROI 在逐渐提高。这就是定向推广带来的优秀结果。

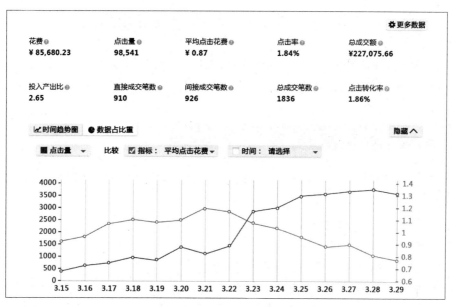

图 5.29　定向推广优秀结果判断经叉图

5.11　直通车 6 种出价方法

对于直通车的出价，有以下 6 种出价方法。

（1）临界值出价法，顾名思义，它有一个出价的界定，超过临界值就会赔钱。因此该方法的目的可明确为：保证投入产出比。其应用的场景：不想赔钱，产品本身销量不错，利润空间有一定保证。具体的计算方法可以参考前面相关章节。

（2）卡位出价法，又称抢位出价法，它的目的是获得足够的流量，否则没有必要卡在那么靠前的位置。这种方法可以用于测款阶段、测图阶段、养分阶段、冲销量阶段。当然，最新后台也出现了抢位助手，可以帮助卖家抢到前三位或者首位。一般直通车高手不会使用卡位出价法。

（3）上坡法，目的是试探性地获得流量，从而对流量进行分析，找出最适合的投入产出比。该方法特别适合新手、刚入这个行业的直通车推广人员、关键词人群推广、定向推广。

（4）下坡法，关键词的出价不断降低，并且能保证自然流量稳定上涨，当然下降也要有个限度，不能降得特别低，所以下坡法也是不断尝试降低出价。

（5）低价引流法，目的是通过竞争对手没有投放的关键词出低价获得流量。其适合应用于竞争激烈的行业竞争、转化周期特别长的行业、利润款多词布局的产品。

（6）溢价法，顾名思义，它是一个有一定基础而多出来的价格，即在原有的价格基础上不断地尝试溢价，最终找出适合的溢价比例。目的是获得更多的精准流量。其适合应用于大网时间、精选人群、投放的位置溢价、定向推广的人群等。

以上 6 种方法是笔者多年的直通车开车经验，在实践过程中，我们往往会多种出价方法同时使用，以便带来更好的结果。

5.12 "车神"应该具备的思维

"车神"就是开车的高手,内容分享到这里,需要让大家不管是在战术上还是在战略上都更上一个台阶。本节将为大家讲解车神的相关内容。

5.12.1 用"车神"的眼光看待三项指标

第一项指标:展现量。展现量是指产品展现的次数,同时也反映产品被系统推荐的程度。造成展现量低的因素如下。

(1)关键词数量少,出价低。

(2)定向推广圈定人群少,出价低。

(3)产品不被系统推广,之前的人群画像是乱的。

第二项指标:点击量。点击量是指产品被点击次数,同时也反映产品受买家的欢迎程度。造成点击量低的因素如下。

(1)排名靠后,买家看不到。

(2)主图上的卖点与买家搜索结果不匹配,没有做到8个一致性。

(3)人群画像不精准,因为产品对应的目标人群混乱。

第三项指标:成交量。成交量是指产品有多少人下单,同时也反映关键词与文本度,以及产品与人群的匹配度。造成成交量低的因素如下。

(1)产品与买家需求不符合。

(2)产品详情页有负面信息,影响买家下单。

(3)推广的关键词与买家的需求有偏差。

以上3种指标之间有一种关系,即成交量<点击量<展现量,如图5.30所示。

图5.30 三项指标的关系

5.12.2 "车神"必须懂数据报表

数据会说话,即通过对直通车数据报表进行分析,可以指导我们的实践操作。所以,作为"车神"必须看得懂数据报表。

首先,我们要明确的是,在不同的阶段应该看不同的数据报表。接下来对此进行讲解。

(1)在测款阶段,重点关注的数据指标是展现量、点击量、点击率、直接收藏数量、直接加购数量。

(2)在测图阶段,重点关注的数据指标是展现量、点击量、点击率、直接收藏数量、直接加购数量和点击转化率。

（3）在打造爆款阶段，重点关注的数据指标是展现量、点击量、点击转化率、总花费、总成交金额、投入产出比。

（4）在低价引流阶段，重点关注的数据指标是展现量、点击量、总花费、总成交金额、投入产出比。

其次，拿到一个直通车后台后，重点分析的数据指标为15天数据中的展现量、点击量、点击率、点击转化率、总花费、总成交金额、投入产出比。

最后，子报表中的重点数据有推广的创意报表、推广的地域报表、推广的关键词报表、推广的计划报表、推广的单元报表。其中，前两个报表能指导我们更好地修改创意，投放对应的地域；通过关键词报表我们能直截了当地看到一段时间的点击转化率；剩余两个报表可以反映计划与单元的对比。

报表是我们做决策的开始，同时我们也应该明确，针对不同款的产品，解读的报表是不一样的；针对不同的阶段，解读报表的意义也是不同的。

5.12.3 直通车未来的发展方向

谈及这个话题，往往会让中小卖家难以入睡，原因是未来会有越来越多的大鳄出现，很多行业会变成垄断式，中小卖家将很难生存。所以，积累客户、维护好老客户是未来的决胜之道。直通车的后台越来越智能化，操作越来越简单化，但出价也越来越高。所以，要玩好直通车，就要掌握本书中讲解的技能，从长尾关键词入手，是非常有希望用低价打造爆款并引来流量的。

同时，直通车后台的人群画像越来越细化，如人群的年龄、购物习惯、性别、地域、上网时间、购买力等都是未来分析的重点，车手也可以通过人群的细分找到低价的流量，从而引爆店铺。最后，直通车未来能与智钻合并，实现CPM与CPC双管齐下，共享资源后台。为此，我们需要不断学习，掌握直通车的最新动向，才能不被落下。

关于直通车的核心内容，笔者汇总如下。

（1）直通车中的三项核心指标：高点击率、高转化率、高投入产出比。

（2）直通车关键词：生意参谋行业分析、自己宝贝成交词、直通车流量解析。

（3）直通车高手必须学会读报表，根据报表做出决策，从而指导实践。

（4）直通车最核心的应用是拉升自然流量，并且超过付费流量，进而增加ROI。

第6章 钻石展位推广爆款

钻石展位（简称"钻展"）又称智钻，在淘宝、天猫中有展现计费（CPM）与点击计费（CPC）两种模式。它的代码标识是 ali_trackid=17。钻展与直通车相比，不同之处在于钻展以图片类广告为主，而直通车以关键词对应人群广告为主。那么，钻展和直通车哪个流量更多呢？答案是钻展，因为钻展所展示的位置都是一些比较大的资源位，如手淘聚焦、各大门户网站、各大视频贴片等。其实，对于展手来说，钻展考虑最多的应该是精准的点击率，并且不管是按展现进行投放还是按点击进行投放。后台涉及的核心内容如图 6.1 所示。

图 6.1　钻展后台涉及的核心内容

通过学习本章，读者能进一步引爆店铺流量，让店铺迅速提升到 L5 级以上。

6.1 钻石展位

钻石展位进行网络推广是以图片展示为基础,以精准人群定向为核心,面向全网精准流量实时竞价的展示推广平台。钻石展位展示网络推广支持按展示付费和按点击付费两种方式。钻石展位相对比较难做,因为我们只有不断地测试、分析数据,才能进行更好地投放。

6.1.1 智钻推广的分类

智钻推广分为如下 3 类。

(1)店铺推广:推广店铺,可以是一个专题页或者分类页面及单品链接等。目的是为店铺周年庆及大促活动甚至品牌进行推广,一般很少有人采用。

(2)单品推广:推广一个产品,店铺流量中它的使用量是最大的。我们可以针对店铺爆款产品进行进一步流量导入,从而让产品进入排行榜单。

(3)内容推广:推广内容,为打开店铺内容方向的流量起到了关键性的作用。其目的是让店铺的优质内容展示在淘宝 feeds 流中,从而维护老客户。

以上 3 种推广方式各有千秋,但本章重点以单品推广为例进行介绍。

6.1.2 为什么要玩智钻

为什么要玩智钻?在回答这个问题之前,我们先思考智钻的本质是做什么的。答案是引流量。所以,智钻肯定能打造爆款,同时也能快速测款、测图、冲销量等。除此之外,智钻还有自己独特的功能,即抢占竞争对手流量、为活动引流量、低价引流等。

以上都是智钻对流量所做的贡献,如果我们可以玩好人群与达摩盘,那么它的流量将变成精准流量。这就是智钻的高明之处,也是智钻最难做的地方。综上所述,智钻能给我们带来意想不到的流量,正常情况下,应该是直通车的 3 倍左右。

我们试想一下,对于一个冷门行业,如"翡翠手镯半明料",日均搜索不足 2000 次,其中有一半还是竞争对手在搜索,只靠直通车拉升自然排名,流量是远远不够的,此时智钻即可派上用场。因为智钻不但有CPC，还有CPM，足以让店铺的流量大幅提升。智钻的优势如图6.2所示。

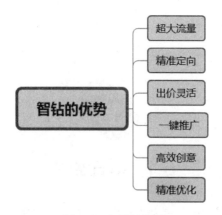

图6.2 智钻的优势

6.1.3 钻手思维

（1）进攻思维。进攻的目标是"种菜"，即让买家"在人群中多看你一眼"，不断地强化买家的记忆，从而形成转化，比较适合转化周期较长的行业。同时，进攻思维还可用于买浏览量、买收藏量、买加购量、买成交量等，这些最重要的就是平均点击花费，如图6.3所示。

图6.3 智钻后台进攻思维数据展示

（2）收割计划，类似于割韭菜。当然，其前提是你的产品种过菜，针对的是曾经浏览过的人群、加入购物车的人群、加入收藏的人群、历史成交的人群。主要指的是过去式，对过去进行收割，这里需要重点考虑ROI。

（3）小农思维，即小农意识。当自己店铺流量做到一定阶段，已经很难上升时，不想通过智钻这样的渠道来拉升流量；当做了几天智钻，发现自己的花费与转化不成比例时，不想进一步提升数据分析能力来提高转化。以上都是小农意识。经常有人说，直通车没有赚到钱，又来玩智钻。事实就是这样，做淘宝、天猫就像逆水行舟，不进则退。

6.2 智钻基础知识

通过对本节的学习,读者可以熟悉关于智钻的基础知识,包括扣费原理、展示位置、优质资源位等。

6.2.1 智钻扣费原理

钻石展位在展示付费的基础上,增加了点击付费的结算模式。用户在后台可选择的资源位上用"点击付费"模式投放,即展示免费,点击扣费。

之前只有按照展现计费,很多新手卖家望而却步,因为成本太高,一个点击量的价钱是无法估算的。那么,在智钻中按照点击付费的原理究竟是什么呢?在点击付费投放模式下,将"点击出价"折算成"千次展现的价格",公式如下:

$$CPM = CPC \times CTR \times 1000$$

其中,CPC 是在后台设置的出价,CTR 是系统参考历史创意计算出的。如果创意是新上传的,没有历史 CTR,则系统会先以同行在相同定向、资源位上的平均 CTR 作为初始 CTR;在投放过程中,用最新的 CTR 来修正预估 CTR。也就是说,系统也在不断地学习,并不是初始的 CTR 就是优秀的。

例如,商家 A 设置的"点击出价"是 0.9 元,预估 CTR 是 5%,参与竞价的 CPM=0.9×5%×1000=45(元),即用点击付费模式设置的出价是 0.9 元,实际是以 45 元的 CPM 参与竞价,最后根据 CPM 出价高低进行展现排序。竞价成功之后,按照下一名 CPM 结算价格 +0.1 元作为实际扣费的 CPM 价格,根据公式 CPM=CPC×CTR×1000 推算出 CPC=CPM÷1000÷CTR。

根据刚才的例子,商家 A 折算后的 CPM 价格为 45 元且拿到了流量,假设下一名的结算价格为 29.9 元,那么商家 A 投放结算的 CPM 价格为 29.9+0.1=30(元)。

实际的扣费为:

$$CPC = 30 \div 1000 \div 5\% = 0.6(元)$$

以上计算方式和案例虽然比较复杂,但大家不用考虑这么多,直接按点击付费即可。

6.2.2 智钻展示位置

直通车本质上是以站内流量为主,而智钻是真正意义上的能投放到全网的平台。

例如,打开手机淘宝首页,首页焦点图一般都是智钻的投放,展现量级是以过亿作为基础的;又如,腾讯视频播放前的广告及暂停时弹跳出的广告,这些都是智钻的 Flash 或者视频投放;再如,UC 浏览器中的广告展现也是智钻投放的结果。智钻展示位置如图 6.4 所示。

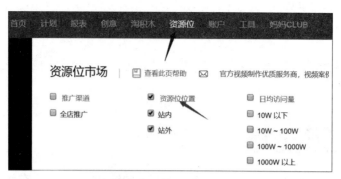

图 6.4 智钻展示位置

通过后台，资源位置汇总分为两种：流量包和资源位。流量包就是它有很多流量资源，我们可以去竞争；资源位就是一个位置，只能选这一个位置，流量多少取决于每天的展现量。

6.2.3 钻石展位站内优质资源

一提到站内资源位，大家肯定会想到手淘首页的焦点图，以及手淘首页的猜你喜欢等。其实这些资源都是花费很多的，如果人群限定不准，很可能会亏本。钻石展位站内优质资源如下。

（1）手机淘宝首页焦点图：展现量达到 10 亿次，共有 8 张图，去掉第 1 张，剩余 7 张都是智钻投放的资源。在这个资源位中，大家一定要关注长期数据，如 7 天、14 天数据等，因为生意参谋统计有延迟。与此同时，此处人群特征并不是由焦点图决定的，是系统根据卖家的投放圈定的人群进行的千人千面展示，所以我们要观察一段时间的数据。

（2）猜你喜欢：智钻后台有各种各样的猜你喜欢，如手机淘宝首页猜你喜欢、购物中猜你喜欢、购物后猜你喜欢等，如图 6.5 所示。这些猜你喜欢都是系统根据产品历史数据表现而投放的。具体来说，就是淘宝会根据你的行为标签和购买能力标签找到与你类似的人，这些人在满足了这些行为标签之后还去看了、买了或是收藏了什么产品，猜你喜欢就有可能把这个产品推荐给你，并且你也有可能需要这个东西。例如，你买了一张床，但是与你有类似标签的人在买完床之后可能还买了梳妆台，此时淘宝就可能在猜你喜欢中把与你标签类似的人买得最多的梳妆台推荐给你。

通过以上分析可知，产品人群画像标签千万不能乱，如果乱了，猜你喜欢可能就不准了。

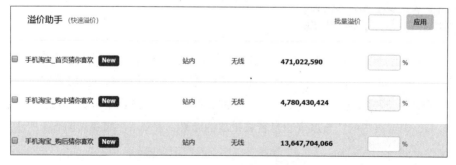

图 6.5 智钻投放位置猜你喜欢

（3）收藏夹与购物车中的掌柜热卖也是智钻的重要资源展示位置，但这些流量很少被钻手看到，也很少有人投放。这个地方的流量往往是精准人群花几毛钱便能获得的流量，大家一定要用心钻研。

6.2.4 钻石展位站外优质资源

智钻后台位置有上百个，而不同的位置都有不同的人群画像，有的是垂直的，有的是平行的。钻石展位站外优质资源位与流量包如下。

（1）新浪网资源位人群特征：成熟、高端、理性、黏性较强。要让买家重复购买且锁定优质人群，新浪应作为首选。在人群性别上，男女比例是接近的；在人群年龄上，一般集中在"80后"与"85后"。

新浪的人群消费层级属于中高端，因为他们的收入比较可观，所以官方给出的类目推广建议如图6.6所示。

	类目	综合推荐指数
1	男装	★★★★☆
2	家装主材	★★★★
3	箱包皮具/热销女包/男包	★★★★
4	住宅家具	★★★★
5	流行男鞋	★★★★
6	运动/瑜伽/健身/球迷用品	★★★★
7	女装/女士精品	★★★★
8	自行车/骑行装备/零配件	★★★☆

图6.6 新浪网智钻投放类目推荐

与此对应的新浪网的资源位置，官方给出的数据如图6.7所示。

目前针对钻石展位在新浪网站下的7个资源位，分布及特性分析详情如下：

资源位名称	资源位尺寸	可竞价PV	关键词	备注
站外PC-新浪网-爱问内容统发页面中画	300×250	千万级别	流量大、通发、品效兼顾、新闻	一张300×250的创意除这2个资源位上投放外，同步可在站外237个资源位投放
站外PC-新浪网-视频内页banner	300×250	百万级别	视频、男性商务、画中画	
站外PC-新浪网-爱问主要频道打通通栏	950×90	百万级别	频道首页、通栏	一张950×90的创意除在这3个资源位上投放外，同步可在站外18个资源位上投放
站外PC-新浪网-图片通发页底通	950×90	百万级别	图集、通栏、曝光	
站外PC-新浪网-天气频道banner	950×90	十万级别	天气、女性、高转化	
站外PC-新浪网-首页娱乐左侧摩天楼	240×200	千万级别	首页、强曝光、品效兼顾	品牌和效果都兼顾的资源位绝对不能放过
站外PC-新浪网-博文页及正文页左侧画中画	210×220	千万级别	流量大、高黏性、新浪独有	高黏性流量新客户价值更高

图6.7 新浪网资源位置

（2）美柚APP。美柚APP是纯女性社区，优质的广告位点击率能达到6%，而差的可能只有0.2%。究其原因，是没有对人群画像进行深入的理解就制作图片进行推广了。

另外，美柚APP的推广展现位置在feeds流中，大家都是看分享、看美图。如果突然出现卖货性质的图片，很可能第一时间就遭到消费者的抗拒，点击率不会太高。所以，创意图片应符合美柚的风格，色差在审核范围内可大胆醒目一些，以吸引用户眼球。

同时应注意，除了美柚APP，所有feeds（信息流广告）流中banner图对应的落地URL，建议都不要直接呈现在卖货页面，要结合信息流广告的人群画像去做，相当于隐形广告，效果质量也会相应提升。美柚APP的人群特征：以"85后"和"90后"为主，女性占有绝对优势，白领居多，产前知识学习；消费特征就是快。

美柚APP官方推荐的类目如图6.8所示。

美柚可投放类目	类别	推荐指数	推荐理由
尿片/洗护/喂哺/推车床	母婴	★★★★★	辣妈、准辣妈重点关注类目
童鞋/婴儿鞋/亲子鞋	母婴	★★★★★	
玩具/模型/动漫/早教/益智	母婴	★★★★★	
童装/婴儿装/亲子装	母婴	★★★★★	
孕妇装/孕产妇用品/营养	母婴	★★★★★	
奶粉/辅食/营养品/零食	母婴	★★★★★	
美容护肤/美体/精油	美妆	★★★★☆	女性、辣妈、准辣妈日常、出行必用利器
彩妆/香水/美妆工具	美妆	★★★★☆	
女装/女士精品	女装	★★★★☆	
女鞋	女鞋	★★★★☆	

图6.8 美柚APP官方推荐的类目

美柚APP的展示资源位有哪些创意呢？官方给出了两个创意，如图6.9所示。

站外_无线_app_美柚feeds流_ios   创意尺寸：640*300
站外_无线_app_美柚feeds流_安卓   创意尺寸：640*300

图6.9 美柚APP展示位置创意尺寸

（3）优酷土豆视频类网站特征。人群画像分析："80后"和"90后"都有，女性稍微多一些，购买频率为5次的占有一定的比例，买家账号等级在两钻以上的占有一定比例。优酷土豆智钻推荐优质类目如图6.10所示。

与此同时，优酷土豆等视频类网站中常见的展示位置有视频框内与框外，我们重点关注的是框内。创意展示方式主要是Flash投放，如图6.11所示。

类目	推荐
女装/女士精品	★★★★★
男装	★★★★★
流行男鞋	★★★★★
女鞋	★★★★
3C数码配件	★★★★
零食/坚果/特产	★★★★
母婴相关	★★★★
美容护肤/美体/精油	★★★★
彩妆/香水/美妆工具	★★★★
汽车/用品/配件/改装	★★★☆

图 6.10　优酷土豆智钻推荐的优质类目

视频框内	PC_影视_视频暂停页_youku视频网_视频播放页640	640x480	图片 Flash
	PC_影视_视频暂停页_youku视频网_视频播放页400	400x300	图片 Flash
	PC_影视_视频暂停页_youku视频网_overlay	640x90	图片 Flash
	PC_影视_视频后贴片_youku视频网_视频播放页	640x480	Flash 视频 创意模板
	PC_影视_视频前贴片_youku视频网_视频播放页	640x480	Flash 视频 创意模板
	无线_影视_视频前贴片_youku视频网_Android	0x1	Flash 视频 创意模板
	无线_影视_视频后贴片_youku视频网_Android	0x1	Flash 视频 创意模板

图 6.11　优酷土豆视频框内的资源位置

6.2.5　钻石展位创意要点

一提到创意，很多人就会想到自然优化宝贝主图卖点，以及直通车中一张优秀主图诞生的流程，其实智钻的创意也和前两者有着异曲同工之妙。智钻资源位分为站内和站外，钻手一定要区别对待。

因为在不同的平台其目标人群画像是不一样的，所以我们要不断测试智钻的创意，对点击率、收藏量、加购量、成交量等综合因素进行对比。接下来笔者分享几组图片设计思维案例。

（1）突出产品核心卖点，如价格优势，如图 6.12 所示。

图 6.12 智钻优秀案例分享（一）

（2）突出产品品质，做到场景布控，如打底裤，如图 6.13 所示。

图 6.13 智钻优秀案例分享（二）

（3）用不一样的话语配上产品场景图，让人产生购买的冲动，如图 6.14 所示。

图 6.14 智钻优秀案例分享（三）

当然，还有很多设计思维，如数字对比法、美女标签法、产品元素法、圈定人群法等。

6.3 智钻投放

关于智钻的操作步骤，很多人可能会比较陌生，因此本节将为大家讲解智钻操作步骤。

6.3.1 智钻全店推广

智钻全店推广是指推广链接的页面可以是店铺首页、单品页或者自定义页面，按照点击或者展现付费。本小节重点讲解智钻全店推广方式。

（1）常规场景：日常销售、认知转化、拉新、老客召回、自定义、淘外拉新。正常情况下选择日常销售；如果是新的产品上线，则应该选择拉新或者认知转化；如果展示的是公司品牌，则应该选择淘外拉新；如果针对的是曾经将产品加入购物车或者购买过产品的人群，则可以选择老客召回。

（2）营销目标：促进购买、促使进店。其中，促进购买以销售为目的，而促使进店以拉新为目的，一般选择促进购买。

（3）生成方案：系统托管、系统推荐、自定义。系统托管，即设置营销目标和创意后，可由系统开始智能推广，简单高效；系统推荐，即系统根据卖家的营销目标及店铺特征推荐并生成推广方案，卖家可根据自己的实际需求微调；自定义，即由卖家自定义设置定向、资源位、出价等推广要素。一般情况下选择自定义，因为只有我们自己调整，才能真正知道钱的去向。关于上述内容，笔者设置后如图6.15所示。

图6.15 智钻设置营销参数

（4）计划名称：要做到见名知意，每个计划都能区分开，方便以后进行数据分析。

（5）付费方式：CPM、CPC。建议大家采用CPC，因为其成本可控；而CPM一般适合大商家实现某个营销计划或者品牌展现。

（6）地域设置：根据自己的买家集中所在地设置省市，然后另存为模板，方便以后采用。第一次需要选择自定义，命名之后，第二次即可直接使用。

（7）时段设置：建议大家选择大网时间，即在下单比较集中的时间段进行投放，效果较好。

（8）投放方式：尽快投放、均匀投放。与直通车类似，一般在智钻位置选择尽快投放，因为我们要的是流量。

（9）出价方式：手动出价、自动出价。建议大家选择手动出价，不要让系统自动出价。

（10）每日预算：一般不低于30元，并且账户余额不少于300元。

智钻后台设置如图6.16所示。

图 6.16 智钻后台设置

（11）推广单元的命名规则：应见名知意，如推广秀禾服红色、客单价 235 元、开启（或不开启）达摩盘等。

（12）智能定向：一般选择一种，具体如下。

①店铺优质人群：系统根据店铺现状挑选优质人群，选择店铺时建议投放到店铺页面。

②店铺扩展人群：系统根据店铺人群特征推荐的人群。

③宝贝优质人群：系统根据选择的宝贝挑选优质人群，选择宝贝时投放到宝贝详情页。

笔者根据自己的产品特征，选择第 3 种的情况会多一些。同时，智能定向一般都是开启的，尤其是针对产品人群画像没有混乱的情况。

（13）重定向：根据消费者在店铺/宝贝/内容等维度的行为挑选优质人群，满足精细化老客户运营的需要。重定向具体分为店铺人群定向与粉丝人群定向，其中，店铺人群细分如图 6.17 所示，粉丝人群细分如图 6.18 所示。

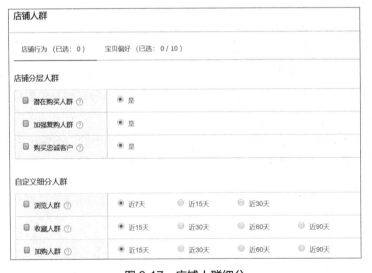

图 6.17 店铺人群细分

图 6.18　粉丝人群细分

针对以上店铺人群，卖家可以根据自己店铺的情况进行选择。如果是卖婚纱的店铺，一般对浏览人群的时间段可以选择时间长一些，15 天是一个比较好的时间段，因为购买婚纱需要花时间思考；再如卖狗笼子的店铺，一般选择浏览近 7 天的人群比较好，因为买狗笼子是因为狗狗马上要被接回来了，所以不需要花那么长时间决定。

（14）拉新定向：分为店铺人群、粉丝人群、场景人群，具体如下。

①店铺人群：可以根据自己店铺的特征与目标店铺的特征，找出有优势的产品，抢占竞争对手的流量。

②粉丝人群：一般不建议投放单品，因为范围太宽泛，不合适，但其对于品牌宣传还是很有帮助的。

③场景人群：包含很多分类，大家可自行研究。

（15）达摩盘设置：基于达摩盘丰富的标签，由平台配置推荐的个性化人群包，满足卖家在活动节点或者行业上的圈人需求。在智钻中，只要玩好达摩盘中的人群包，就等于成功了一半。

（16）资源位：根据自己产品的属性特征进行选择，这里笔者依然推荐钻展后台的 4 个猜你喜欢，这 4 个人群标签流量性价比是最高的。

（17）设置创意：设置创意是智钻中非常重要的一环，它有 4 种模式可以上传，具体如下。

①从创意库中选择：前提是产品本身已经做好了创意。

②创意模板制作：这是笔者喜欢用的模式，因为笔者发现一般美工的水平不如模板中的创意颜色搭配得好看。

③本地上传：在线下做好创意，然后再上传。

④创意快捷制作：系统根据你的产品给出很多模板，只需要给出文案和图片就能制作出一张很好的创意，这也是笔者常用的模式。

6.3.2　智钻单品推广

智钻单品推广是智钻的核心所在，也是快速测款最常用的方法之一。测款中的核心要点是（收藏 + 加购）÷ 流量 ≥ 10%；同样的，我们也可以通过智钻进行测款。下面就以测款为例，讲解智钻单品推广时每个步骤的设置。

（1）设置营销参数：选择拉新人群。

（2）营销目标：选择促使进店。

（3）生成方案：选择系统托管。

（4）目标人群：选择广泛未触达客户与精准未触达客户。

（5）计划名字：选择见名知意。

（6）地域设置：选择常用的10个省市。

（7）时段设置：选择正常大网时间。

（8）投放时间：选择7天后结束，因为我们要看7天的数据进行调整。

（9）日预算：根据自己拿到的流量计算。

（10）选择添加宝贝：最多可以添加10款宝贝，根据需要选择。

（11）选择不同宝贝对应的创意：通常选择生活照。在这里要强调一点，第4张主图必须是白底图，只有这样才能在手机淘宝首页有所展示。

（12）计划创建完成，等待数据。

其实钻石展位最核心的应用是打造爆款，因为它可以在短时间内带来巨大流量，如果流量精准，那么对我们的转化是很有帮助的。打造爆款过程中的智钻创建步骤如下。

（1）设置营销参数：选择日常销售。

（2）营销目标：选择促进购买。

（3）生成方案：选择自定义，因为这样方便把控资源位与人群标签是否精准，好做出及时的调整，从而增加ROI。

（4）目标人群：不选择广泛未触达用户，因为太不精准。

（5）计划名称：选择见名知意。

（6）地域设置：设置主要的10个地域。

（7）时段设置：正常的大网时间。

（8）每日预算：根据自己成交的单量设定。

（9）设置宝贝：设置要推广的宝贝。

（10）设置定向人群及溢价：前期打造爆款时暂不开通，后期销售比较客观时再开通，原因是产品销售一段时间后人群画像会比较精准，系统才能更精准地推荐。

（11）智能定向：一般从0.5元开始投放，递增式往上调整，直到达到要的流量。

（12）智能定向—访客定向：对于这个位置，自己店铺与相似店铺的访客一定要去抢，出价也应适当增加比例，主要取决于基数。

（13）智能定向—相似宝贝定向：喜欢我们的宝贝人群与相似宝贝人群的两个标签按钮还是要投放的，尤其是为我们宝贝前期人群画像打标，所以建议溢价进行投放。

（14）智能定向—购物意图定向：系统会根据宝贝对人群关键词标签进行圈定，对于非常好的人群画像，一定要溢价投放。

（15）达摩盘标签：一定要投放，但有很多人群需要我们去挑选与测试，不是所有的人群标签都适合，如图6.19所示。

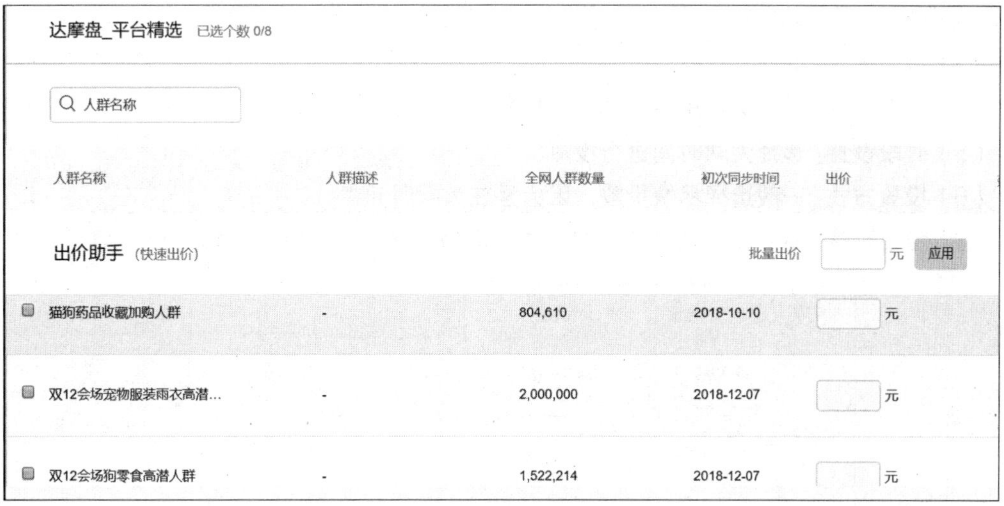

图 6.19 达摩盘人群标签

（16）扩展定向：一定要投放，挑选适合自己关键词的人群画像进行人群圈定。其出价相对高于定向推广，一般从 0.8 元左右开始投放，递增式增长，因为它是关键词圈定的人群。

（17）投放位置：这里有很多位置需要我们不断去测试，直到找出最符合我们需求的位置。资源位置标签如图 6.20 所示。

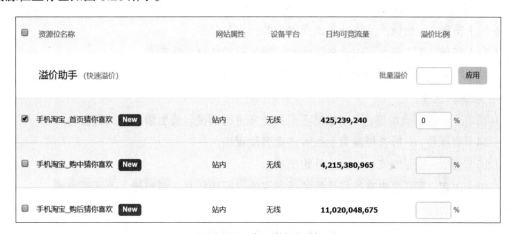

图 6.20　资源位置标签

（18）上传创意：第 4 张图必须是标准白底图，这样有助于在手机淘宝首页抢占排名。

通过对以上内容的讲解我们可以看出，有两个地方需要我们不断地测试：达摩盘人群标签与资源投放位置。

6.3.3　智钻内容推广

内容推广是智钻最新推出的功能，旨在帮助卖家维护好老粉丝，其具体推广方式如下。

（1）设置营销参数：固定模式是维护老粉丝，生成方案选择默认的自定义。

（2）计划名字：见名知意。

（3）付费模式：选择 CPC。

（4）地域设置：投放买家集中的 10 个地域。

（5）时段设置：选择大网时间进行投放。

（6）投放方式：一般选择尽快投放，因为是在大网时间中。

（7）每日预算：不能少于 300 元，且账户余额也不能少于 300 元，如图 6.21 所示。

图 6.21　智钻内容推广每日预算

（8）单元名字：见名知意。

（9）通投：默认开启，建议根据实际情况选择，笔者一般选择关闭。

（10）重定向：根据产品特征来选择对应的时间与分层。

（11）粉丝人群：新品可以选择沉默的，爆款一般选择活跃客户。

（12）拉新定向：根据竞争对手的店铺进行数据分析，包括价格、款式、评价等，然后进行种子店铺的选择。

（13）达摩盘精选标签：可以根据不同的地方进行测试，选出最好的人群包。

（14）资源位：一般选择微淘 feeds 流资源位置顶。

（15）出价：行业均值一半以上开始出价。

（16）内容：需要事先准备好优质的微淘资源进行选择并不断测试，找出最好的。

6.4　如何玩转智钻

当我们熟练地掌握了智钻相关知识与操作后，接下来就应该学习智钻的核心知识了。

6.4.1　智钻推广的黄金比例

在进行店铺推广、内容推广、单品推广的过程中都要对不同的人群标签和资源位置进行投放，从而判断与哪个人群对应的哪个资源位置是最好的。笔者在这里套用大豆油中的一句广告语"1：1：1"，即最后一定要找到一组创意，对应一类人群，展现在一个位置，从而带来丰厚的回报。这就是笔者玩转智钻的思路。资源位置如表 6.1 所示。

表 6.1 资源位置

手淘首页猜你喜欢	手淘购中猜你喜欢	我的淘宝首页猜你喜欢
手机消息中心 - 淘宝活动	手淘首页 - 淘好物活动	我的购物车 - 掌柜热卖
我的淘宝 - 物流详情页	单品 - 淘宝订单详情页	站内评价成功页面

达摩盘对应的人群画像标签如表 6.2 所示。

表 6.2 达摩盘对应的人群画像标签

双 12 会场毛呢外套高潜人群	双 12 会场牛仔裤高潜人群	牛仔裤收藏加购人群
毛针织衫收藏加购人群	女装 - 女士精品预售人群	连衣裙收藏加购人群
休闲裤收藏加购人群	卫衣绒衫收藏加购人群	毛衣收藏加购人群

接下来我们制作 5 组创意,那么我们需要建立的计划中的单元就应该有:

5 个创意 ×9 个资源位 ×9 个达摩盘对应的人群 =405 个

通过 3～7 天的数据对比,最终肯定会找出投入产出比较好的那个,然后对此创意进行重点投放。这就是笔者讲的 1:1:1 方法。当然,有的人可能会问,人群和位置怎么进行一一创建呢?这种情况下我们一般采用软件的方法,所以服务市场中的软件可以帮我们快速找到哪些创意比较好,然后进一步优化,最终获得我们想要的数据。

6.4.2 智钻后台的扩展定向分解

钻石展位后台有一个非常重要的定向,称为"扩展定向"。扩展定向是指包含当下热门购物意图的标签组合,它们之间是并集关系,可获得更宽泛的流量。在扩展定向中,我们只需要将自己的精准人群标签圈定住,然后进行投放,就可以取得非常好的效果。秀禾服店铺的人群标签如图 6.22 所示。

图 6.22 秀禾服店铺人群标签

利用图 6.22 中的标签进行钻展投放可以快速获取宝贝的人群画像,是提升自然排名最好的方法。我们经常听运营者说钻展对排名没有影响,可以试想一下:如果通过目标关键词圈定人群，且这个标签还是以自己的核心属性带来销量，能没有权重吗？这一招效果非常好，大家可进行尝试。事实还证明一点，通过直通车投放秀禾服相关的关键词，没有 3 元是不容易排到前面的，而智钻只需要 0.5 元就能圈定人群进行投放，这就是笔者所要分享的思路。

6.4.3 达摩盘

提起达摩盘，高手们都不陌生，因为它是所有人群画像标签的始祖。笔者有一个淘宝店（贝尼熊宠物店），主要销售宠物日常用品及猫狗主粮等。在使用达摩盘之后，笔者店铺整体转化率上升了两倍，效果非常好。笔者操作的方法如下。

首先，分清楚贝尼熊宠物店铺人群画像。其分析结果如下：主要消费人群为"85 后"白领以上级别；标品产品，复购率低。

其次，用达摩盘进行人群标签的圈定。在达摩盘中，人群共分为两种：新人群和老人群。在活动中圈定人群的方法如下。

（1）预热期：前期拉新顾客和告知老客户，越临近活动时，越要圈定精准客户和老客户。

（2）爆发期：全力召回老客户。

（3）余热期：用于圈定活动期间有浏览、收藏、加购物车的行为，但没有购买的人群。

我们可以通过达摩盘后台的人群标签进行针对性的 AB 测试，找出最符合我们要求的标签人群，从而对其进行积极的投放。

最后，通过达摩盘更好地丰富自己的 CRM 标签，然后在 CRM 中使用各种营销工具，让买家下单，这才是我们的最终目的。同时，在店铺推广和内容推广中表现较好（ROI 保证盈利的基础上）的标签使用在店铺标签中，以便更好地管理店铺用户，如图 6.23 所示。

图 6.23　店铺分层人群选择

通过对达摩盘的讲解，大家已对达摩盘有了基本的了解，更多精彩的内容还有待大家亲自去尝试。

6.4.4 0.5元日引4000访客

对于智钻单品推广，我们可以做到花费0.5元，做到日均4000多个流量，这是怎么做到的呢？

首先，智钻可以建100个计划，每个计划可以建40个单元，所以一共可以建4000个单元。

其次，根据人群和资源位，用黄金法则进行1:1:1投放，这样方便智钻在每个资源位对对应的人群进行AB测试，然后找出最适合的那个单元。

最后，智钻的创意也需要测试，从而找出最好的创意，配置合适的资源位和人群，从而带来更高的ROI。

0.5元引流量的案例如图6.24所示。

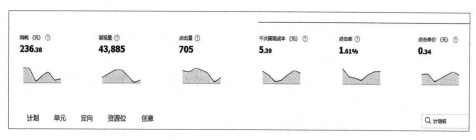

图6.24 0.5元引流量案例

6.4.5 智钻出价技巧

资源位、创意、人群均确定后，接下来探讨出价技巧。出价分为两种，即CPM与CPC。笔者常用的方法是以行业出价的1/2进行出价，然后不断尝试提升，从而找到适合自己的位置出价。在智钻出价时需要注意以下几个要点。

（1）出价没有展现，我们要试探性地提高10%的出价，并且每次往上提升10%。

（2）智钻开始投放后，要每隔30分钟调整一次，如果加价可以在均匀投放的时间段内恰好花完，那么这个价格就是最好的价格。

（3）出价应该在多个计划中，可以通过不一样的出价进行测试，找出最适合的出价。

（4）在抢占竞争对手访客时，即向种子店铺投放时，出价要高一些。

（5）前期出价不能很高，否则会很费钱，要从低价往上调整。

（6）CPM出价也从低价出起，然后不断尝试提升，最后找到合适的出价。

6.4.6 智钻账户诊断思路

账户诊断是钻石展位最重要的工作之一，之前系统提供过"立即优化"，但目前只能靠我们自己对账户进行诊断，具体思路如图6.25所示。

图 6.25　智钻账户诊断思路

首先，诊断思路从以下 3 个方面研究。

（1）流量问题的优化建议。

①提高出价：提高竞价能力，获取更多优质流量。

②增加定向标签：增大定向范围，圈定更多优质人群。

③增加资源位：新增优质资源位，以保证流量获取。

（2）效果问题的优化建议。

①降低出价，控制流量成本。

②优化定向标签，删除投放效果不好的标签，新增优质标签获取流量。

③优化调整资源位，提高匹配度。

（3）预算问题的优化建议。提高预算，以提升时段在线率（针对尽快投放）或平均每小时在线时长（针对均匀投放）。

其次，我们要对各个计划执行操作。

（1）找到计划报表，诊断每个计划的流量、花费、成交单数、收藏加购数和成交金额，如图 6.26 所示。

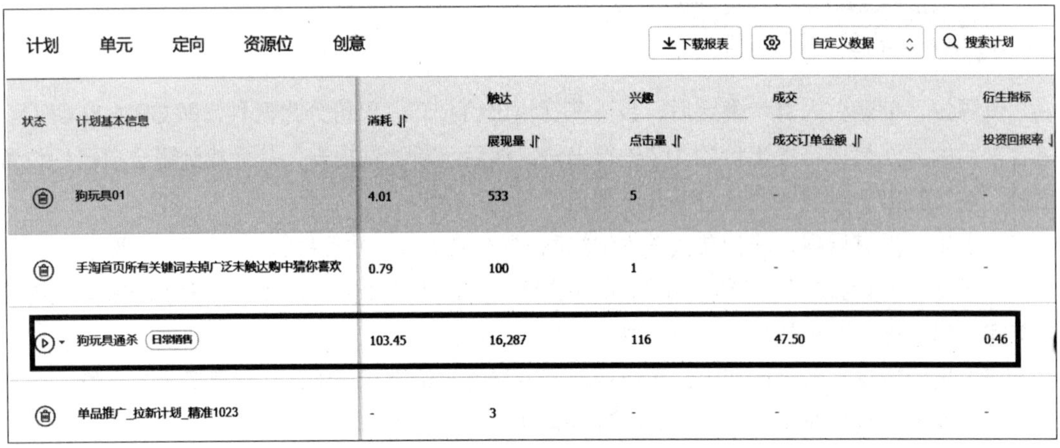

状态	计划基本信息	消耗	触达 展现量	兴趣 点击量	成交 成交订单金额	衍生指标 投资回报率
	狗玩具01	4.01	533	5	-	-
	手淘首页所有关键词去掉广泛未触达购中猜你喜欢	0.79	100	1	-	-
	狗玩具通杀 [日常销售]	103.45	16,287	116	47.50	0.46
	单品推广_拉新计划_精准1023	-	3	-	-	-

图 6.26　智钻计划整体分析

（2）找到资源位并对其进行分析，留下好的，删除不好的，如图 6.27 所示。

（3）找出优秀创意并对其进行分析，留下点击量高、转化率高的，删除点击量低、转化率低的，如图 6.28 所示。

（4）定向数据分析，找出符合我们需要的定向资源并进行投放，如图 6.29 所示。

钻石展位推广爆款 第6章

资源位信息	消耗 ↓	触达		兴趣	成交		衍生指标
		展现量 ↓		点击量 ↓	成交订单金额 ↓		投资回报率 ↓
手机淘宝_购中猜你喜欢 〔溢价〕 计划: 狗玩具02 单元: 狗玩具耐咬大中小型犬通用	**8.60**	**680**		**8**	**56.09**		**6.52**
手机淘宝_购中猜你喜欢 〔溢价〕 计划: 猫绳子猜你喜欢通杀关键词 单元: 遛猫绳小猫防挣脱可爱可调节	11.21	1,095		12	11.90		1.06
手机淘宝_购后猜你喜欢 〔溢价〕 计划: 狗玩具通杀 单元: 狗玩具耐咬大中小型犬通用	32.59	4,462		33	29.90		0.92

图 6.27 优质资源位

创意信息		收藏店铺量	添加购物车量	成交		衍生指标			
				成交订单量 ↓	成交订单金额 ↓	点击率 ↓	点击单价 ↓	点击转化率 ↓	投资回报率
狗玩具 耐咬大中小型犬金毛拉布拉 多磨牙博美法斗泰迪哈士奇训练 计划: 狗玩具02 单元: 狗玩具耐咬大中小型犬通用		-	4	4	56.09	1.22%	1.02	26.67%	3.66
狗玩具 耐咬大中小型犬金毛拉布拉 多磨牙博美法斗泰迪哈士奇训练 计划: 狗玩具通杀 单元: 狗玩具耐咬大中小型犬通用		-	6	2	38.70	0.84%	0.87	2.70%	0.60

图 6.28 优质创意分析

定向信息	收藏店铺量	添加购物车量	成交		衍生指标		
			成交订单量 ↓	成交订单金额 ↓	点击率 ↓	点击单价 ↓	点击转化率 ↓
扩展定向-幼犬 毛绒 泰迪 磨牙 耐咬 计划: 狗玩具通杀 单元: 狗玩具耐咬大中小型犬通用	-	1	1	8.80	2.90%	1.00	50.00%
扩展定向-大型犬 小狗 幼犬 泰迪 金毛 计划: 狗玩具全部相关键词dmp 单元: 狗玩具耐咬磨牙解闷大中小型犬金毛...	-	1	1	11.10	1.96%	1.70	20.00%
扩展定向-中大型犬 狗链 胸背带 金毛 计划: 猫绳子猜你喜欢通杀关键词	-		1	9.90	1.81%	0.94	20.00%

图 6.29 优质定向资源人群包

最后，通过对以上数据的解读，找出最适合投放的资源位、定向人群包、优质创意图片，然后进一步地计划创建，不断诊断数据，从而提高投入产出比。这就是账户诊断的整体思路，希望大家认真执行，尽早获得流量的红利期。

6.4.7 高手是如何做AB测试的

我们不仅可以通过直通车进行创意AB测试，通过钻石展位也可以实现这样的功能，而且钻石展位一天就能获得巨大的数据，大大降低了测试的时间成本。

当确定好与要推广的产品对应的同一个优质的资源位和定向人群标签包后，我们就可以采取不同的主图甚至自己上传资源位图片进行AB测试了。通过1~3天时间获得数据，然后分析报表，根据AB测试的考核指标，能够快速找出最符合我们需要的那张图片。下面笔者将进行具体分析，先看如图6.30所示的案例。

图6.30　AB测试创意时间段

根据考核指标进行判断，目前图6.30所示的内容都不符合需求。鉴于智钻的特殊性，点击率大于1%即可留下，然后慢慢进行优化，所以第一张图片勉强过关。

在这里还要强调一点，资源位如果选择首页猜你喜欢，那么最后一张图片必须是白底图，同时在选择副图时，最后一张图片也必须是白底图，否则系统不予展示。

6.4.8 智钻与直通车的区别

智钻与直通车的核心区别是什么呢？笔者总结了以下4点。

（1）营销形式不同。具体来说，直通车属于被动营销，用户通过搜索关键词进店，其优化核心是实现精准转化，可使用人群定向来辅助；而钻石展位属于主动营销，因为事先已经用人群标签对人群进行了圈定，但转化比较低，所以在扩展定向中增加了关键词标签人群，用好了可有利于转化。

（2）流量的体积不同。直通车一般体现的是精准流量，所以流量是有限的；而智钻是弹性流量，其不同资源位在不同的时间段，流量也不一样，所以流量很大。

（3）侧重点不同。直通车更侧重单品推广，既是打造爆款的利器，同时也是提高宝贝自然流量的利器；而智钻更侧重品牌推广与爆款的打造，更注重全店的基本功。

（4）玩法不同。直通车更多地考虑访客、下单、支付，而智钻更多地考虑蓄水、预热、全面爆发。

6.4.9 智钻常见的要点

智钻推广中常见的要点有如下几种。

（1）智钻推广的两种核心思维就是进攻和防守。前期重点是进攻，当人群圈定基本完成后，就要进行收割了，与此同时要做好防守。

（2）一提到收割，很多人可能会问怎么收割。例如，产品收藏、加购非常多，我们常用的手段就是购物车营销，可瞬间转化；再如，策划一场淘抢购，事先做好预热，等到产品参加活动那天进行收割。这些都是智钻擅长的领域。

（3）智钻中的智能定向，其前期数据效果不会很好，因为它需要根据卖家设定的人群与宝贝特征不断进行匹配、学习，最后才能实现精准推广。这就是我们把开智钻前期称为"蓄水期"的原因。

（4）"喜欢我的宝贝"与"喜欢相似宝贝"的人群标签其实是有很大区别的，"喜欢我的宝贝"是根据当前卖家的宝贝进行人群标签判断的，如果当前卖家的产品存在虚假交易，就不精准了；而"喜欢相似宝贝"是系统认为与当前卖家的宝贝相似的优质宝贝，人群很大。所以，两者圈定的人群量级是不一样的。

（5）智钻的三大难点：标签人群的判定、优质资源位的筛选、优秀创意的测试。

（6）本章一直以CPC为例进行讲解，原因是CPC容易控制成本。其实，在智钻中展现是以小时为计算单位的，谁的出价高，谁先展示。如果有人一直出价高，且在一小时内也没有花完出价，那其他人可以放弃了，所以出价不能太低。

（7）在创意制作方面，笔者一般采用在线制作，同时加上自己的宣传语，这往往比一般的美工做出来的色彩搭配还要好。

（8）我们找竞店一直用的是生意参谋后台的竞店流失，现在我们可以用智钻后台系统推荐的店铺直接抢取其流量。

（9）智钻后台的淘积木是单品与店铺设置高级玩法的地方，特别适合大促与联合爆款的打造，也可与淘宝神笔进行联合，制作优秀的落地页，大家需要好好自行研究。

（10）在智钻高级阶段一定要分清点击效果与展现效果的区别，单品一定要看点击效果，全店推广可以看展现效果。

（11）我们在提到1∶1∶1时，可以用复制计划的方法进行资源位选择，这样可以不用购买软件，复制完成之后，直接修改资源位出价。注意，CPC只能复制CPC，CPM可以复制

CPM，但不能跨越复制。

（12）如果你是高手，则可以选择自定义；如果不是，则应选择系统推荐。最不好的选择是系统托管。

（13）内容推广是目前的红利期，如果店铺等级比较高，那么粉丝也相对较多，内容推广刚好适合自己粉丝的推广，转化效果非常好。

（14）智钻后台 DMP 是系统事先创建好的，所有人都可以使用。申请开通达摩盘后，自己就有了对应的人群标签，可进行 AB 测试，找到最符合我们需要的人群池。

（15）在圈定宝贝人群标签时，必须保证被圈定的宝贝人群接受价格是与自己宝贝的价格相近的，最好是自己的宝贝还有独特于圈定宝贝的卖点。

（16）相似宝贝定向主要卡在主推款一致、价格高于你的价格或者相同、销量高于 50、风格一致等方面。因此，宝贝有自己独特的一面会更好。

（17）针对智钻的定向精准度，笔者多年的经验汇总如下：智能定向 > 营销场景 > 相似宝贝定向。这是用很多钱测试出来的，希望大家按顺序使用。

（18）新老店铺在应用钻展时的思路是不一样的，对于新店则建议先拉新（因为店铺没人群），再拉竞争对手店铺流量到自己店铺，每天能花 500 元左右来定向自己店铺，然后做产出；对于老店则建议先定位自己店铺再拉老顾客、加购物车收藏人群等，然后做好点击率和回报率，并考虑拉新，其中拉新、老客各占比 1/2（根据自己店铺运营目标进行相应调整）。

（19）针对大促时期的钻展投放一定要在蓄水期、预热期、爆发期三步走；在不同时间节点完成不同的目标，还要及时调整，这样在活动当天才能达到想要的结果。

（20）智钻的数据一般都是第二天才有考核，所以在投放智钻时必须经过一段时间才有效果，一般需要花一个月，同时需要花费 4 万元以上才能拿到一个爆款数据做决策。所以，钻手也是用钱"喂"出来的。

第7章

淘宝客销量增长利器

淘宝客又称淘客,是按照成交付费引流的一种方式(CPS,即 Cost Per Sales),是成本最可控的一种付费推广方式。它的代码标识是 ali_trackid=2。相对于直通车引流和智钻引流,淘宝客有自己独到的特点。

(1)更适合新品店铺冲钻、冲冠。
(2)更适合宝贝前期评价的快速增加。
(3)更适合客单价比较低、产品成本也很低的产品。
(4)更适合知名品牌产品的推广。

通过以上总结,大家应该了解淘宝客在日常运营中的地位。为了加深大家对淘宝客的认知,笔者给出了淘宝客、买家、卖家的关系,如图7.1所示。

图 7.1 淘宝客、买家、卖家的关系

综上所述,淘宝客就是帮助卖家找到买家,帮助买家找到卖家,并从中收取中介费的一个工具。通过对淘宝客的学习,大家能够在打造产品爆款的各个时期引来更多的流量。

7.1 淘宝客概述

在做淘宝客之前,我们需要对淘宝客有一个全方位的了解,本节将为大家讲解淘宝客的基础知识。

7.1.1 如何理解淘宝客

淘宝客是可以控制成本且能达到目的的一种营销手段。淘宝客是通过成交付费引流量的工具,它的缺陷是高价新品不太容易推广出去,除非佣金在50%以上,或者有明显的品牌优势。

很多人认为,卖出去的产品没有权重,这个观点是不对的,因为成交本身就是增加权重。针对一个新店,利用淘宝客赔钱冲销量、冲钻、效果还是比较好的,如老北京足疗贴,9.9元100贴还包邮,这可能连成本都不够,却是前期冲销量最有效的方法。图7.2所示为足疗贴冲销量效果。

图 7.2 足疗贴冲销量效果

7.1.2 淘宝客的分类

在应用淘宝客之前,必须先明确淘宝客的分类。官方将淘宝客分为以下四大类。

(1)官方后台的淘宝客:计划管理、团长招商、如意投活动推广等。

（2）达人淘客：淘宝形式的改变让很多积累了一定量粉丝的淘宝客成为达人，手机淘宝首页的一些流量入口，达人淘客是可以操作的，如淘宝头条、有好货、必买清单、爱逛街、淘宝直播。明白这个规则之后，大家对手淘首页的常见流量入口就不会无从下手了。另外，笔者建议大家都能重视达人淘客，偏向软广告。

（3）活动淘客：平台活动、爱淘宝活动、联盟活动等。

（4）非正统淘宝客：网址导航、插件营销、QQ群、微信群、返利网等。

以上就是淘宝客的分类，具体内容会在后面章节详细讲解。

7.2 淘宝客各种计划

本节主要讲解阿里妈妈淘宝客后台分类，以及它们的操作过程与要点，希望对大家有所帮助。

7.2.1 通用计划

通用计划是开通淘宝客推广后默认开启的计划，主要方便淘宝客及时获取推广链接以帮助卖家推广，所有淘宝客都能推广。整店的商品按照平台对每个类目设定的最低佣金计算（每单售价×类目最低佣金）。通用计划开启后，是无法暂停和关闭的，除非退出淘宝客，从退出之日起15天之内佣金仍然生效。

通用计划无需付费，佣金是保底的，不报单品，所有人都可以推广。通用计划针对大品牌店铺和爆款型单品有很大的作用，但对于新店和没有销量的产品，除非付的佣金很高，否则起不到推广作用，如图7.3所示。

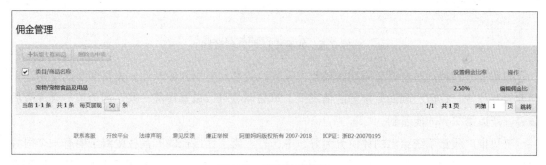

图7.3 通用计划后台

7.2.2 如意投计划

如意投计划需要商家后台计划方可使用。阿里妈妈凭借官方大数据进行精准投放，效果非常不错，可以投放最多100个单品。如意投计划的广告展示在爱淘宝搜索结果页及一些中小网站的橱窗位置上。具体可以在爱淘宝首页搜索与自己宝贝相关的关键词查看结果，若你的宝贝展现比较靠前，那么站外的那些中小橱窗网站才会有所展示。站外橱窗展示案例如图7.4所示。

图 7.4　新浪博客如意投橱窗展示

展示的规则是：阿里妈妈大数据＋（质量分 × 佣金比例），所得结果越大，排名越靠前。当前得分只有系统知道，前端是不显示的。经过一段时间后，系统会给出产品的排名，如图7.5所示。

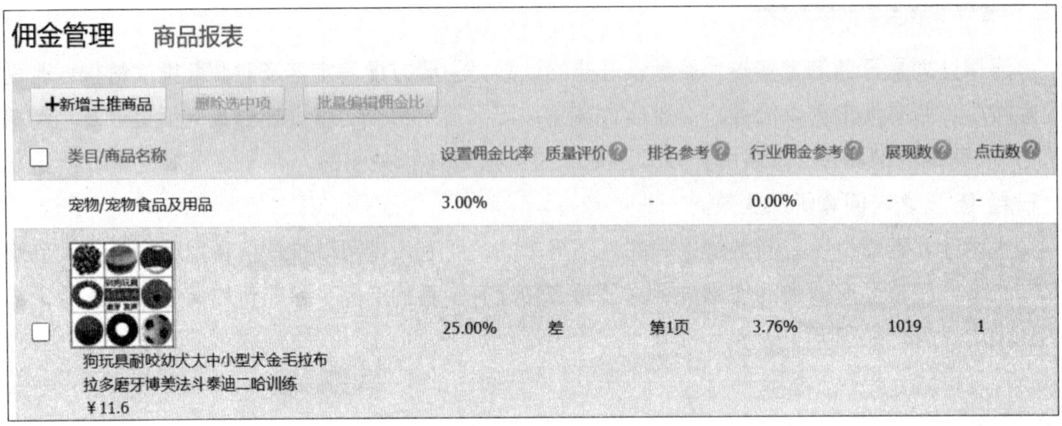

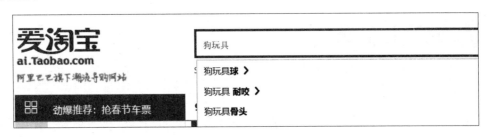

图 7.5　如意投计划后台数据

如意投计划特别适合成交周期比较长，并且让买家反复刷到的产品。类目佣金比通用计划佣金要高一些，在自己利润能接受的情况下，单品佣金可以设置得高一些。因为第一天没有质量分，所以第二天才能看到。

宝贝推广质量系统给出的评价分为好、中、差。为了让自己的产品在爱淘宝中有一个很好的排名，我们需要在标题中优化爱淘宝中的热词，如在站内可以通过如图7.6所示的下拉列表进行优化。

图 7.6　爱淘宝下拉列表热词

那么站外是怎么展示的呢？我们可以通过地址栏 keywords 进行解码分析。例如，下面的链接：http://re.taobao.com/auction?keyword=%25B9%25B7%25C1%25E3%25CA%25B3。

我们把 keywords 后面的"%25B9%25B7%25C1%25E3%25CA%25B3"用站长网站的网址 UrlEncode 编码/解码工具进行解码，如图 7.7 所示。

图 7.7　站外关键词解码结果

对于以上内容，笔者汇总了以下几个要点。

（1）通过关键词解码我们可以知道站外人群画像，这样就可以与直通车的站外投放进行结合，带来更好的效果。

（2）如意投的佣金要比通用计划高，虽然不用特别高，但也不能太低，一般控制在 10%～30%。

（3）如意投是站外流量，平均点击率为 0.5% 左右。在点击率较低的情况下，要进行点击率的提升优化。影响点击率的因素有宝贝主图、宝贝原价、折扣价、标题、直通车协助等。

（4）如意投的佣金是给阿里妈妈的，阿里妈妈在站外买断广告位置，然后再展现优质产品。

7.2.3　定向推广计划

定向推广计划是卖家针对不同质量的淘宝客设置的推广计划。卖家既可以筛选加入的淘宝客等级，也可以自主联系淘宝客申请加入。

除了通用推广计划外，卖家还可以设置最多 30 个定向推广计划。在创建定向推广计划时，可以选择是否公开计划，审核方式可设置为自动或手动，并设置计划的开始和结束时间。也就是说，我们开通定向推广后可以让淘宝客自己申请，在后台筛查适合的淘宝客进行推广。

定向推广计划的核心优势是可以把合作得好的淘宝客单独加进来，进行长期合作。在这里，我们要进一步针对店铺情况进行定向招募：大店铺一般要分阶梯推广，小店铺则要先接受淘宝客。我们在招募淘宝客时，一定要像个"老司机"一样熟练，定向计划标题撰写的演示如图 7.8 所示。

图 7.8 定向计划标题撰写演示

在这里我们选中"全部手动审核"单选按钮,目的是为了更好地甄别淘宝客。接下来招募淘宝客的内容会更加专业,如图7.9所示。

图 7.9 招募淘宝客的内容撰写演示

淘宝客招募创建完毕后,经过几天时间的淘宝客报名,我们可以点击这个计划,查看报名的淘宝客,然后进行进一步的沟通。在这里要强调以下几点。

(1)定向计划过期或者已经被删除、暂停等,都无法重新开启。如果需要该计划,那么只能新建定向计划。所以,笔者在设置定向计划的过程中都选择长期。

(2)计划类型公开是指淘宝客看到店铺推广计划时可以直接查看该计划。若不公开,淘宝客则无法查看该计划。若创建完毕后不公开,可自己把链接发给淘宝客。

如果产品同时参加了通用计划和定向推广计划,佣金是否会叠加?答案是不会。如果淘宝客申请了定向计划,就会按定向计划佣金结算;如果没有申请定向计划,则按通用计划结算(聚划算订单除外)。

7.2.4 活动计划

活动计划推广是卖家向淘宝客发起的活动,后台可以保留卖家所参加的活动最近30天的数据,过期后会自动清除。笔者以卖家的身份报名了一组淘宝客发起的活动如图7.10所示。

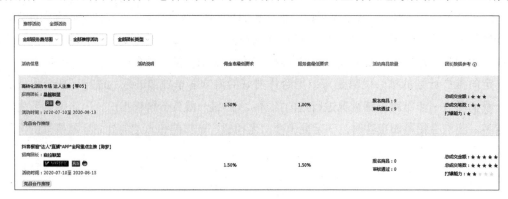

图 7.10 活动计划后台数据展示

在这个计划中，我们既可以看到自己参加过的淘宝客组织的活动数据，也可以指定要看的数据，如图 7.11 所示。

在这里，我们需要重点关注的是引流 UV、引入付款笔数、引入付款金额、结算佣金和点击转化率。通过这些数据，我们可以看出这个淘宝客是否把我们的产品作为主要产品进行推广，以及他推广的人群画像是否符合我们产品的需要。

图 7.11 自定义字段展示

7.2.5 营销计划

营销计划里面包括通用计划、自选计划、定向计划、其他管理 4 个按钮。对于通用计划，系统是不允许添加商品的，而是作为类目默认的计划，要想添加商品需要在营销计划中添加。那么通用计划最多可以推广多少个宝贝呢？答案是 1000 个。接下来笔者可以添加一个单品，生效之后如图 7.12 所示。

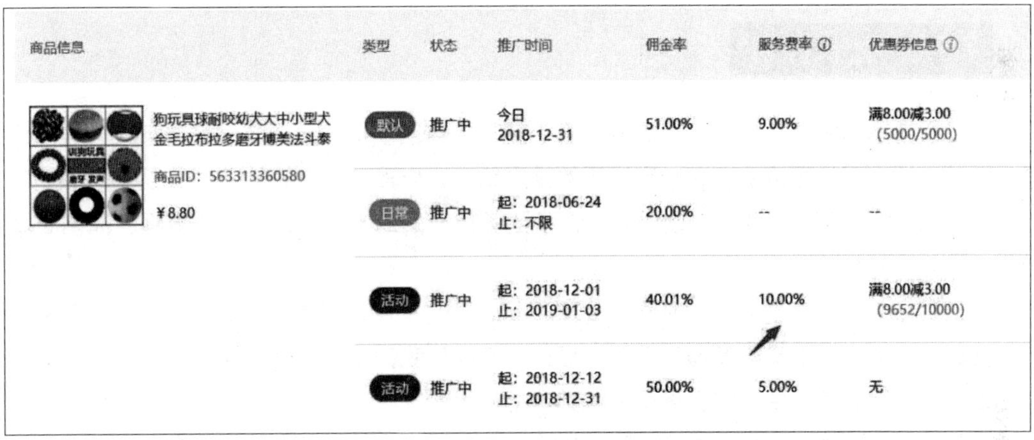

图 7.12 通用计划添加商品策略后的效果

对于单品添加，有 3 种常见的商品策略，即默认策略、日常策略和活动策略。

（1）默认策略：系统选取当前所有有效策略中最优佣金和最优优惠券进行平台推广，商家不能操作。其逻辑是首先选取最优佣金和最优优惠券进行推广，如果当前没有，则选取距开始时间最近的策略开始进行推广。

（2）日常策略：商家自定义设置的策略，同一个商品在同一个时间段内可以设置不同的佣金比例和阿里妈妈推广券。在新建策略时也可以不设置阿里妈妈推广券，但是佣金比例和推广时间必须设置。

（3）活动策略：报名团长招商活动，并且审核通过的活动都会同步展示在活动策略中，卖家可以直接在这里进行管理。如果没有报名团长招商活动，就不会在这里显示。

上述 3 种策略中的日常策略，常见的案例就是测试淘宝客到底喜欢哪种推广模式。笔者用牵引绳做了案例，如图 7.13 所示。

图 7.13　营销计划单品日常策略展示

通过以上 3 个时间段，我们可以看得到淘宝客能接受的范围，同时也能使用"优惠券 + 低佣金""高佣金 + 小额券"等，挑选淘宝客及买家喜欢的模式，做进一步广告的投放。一般活动推广和自选计划推广需要设置阿里妈妈推广券，即需要前往淘宝卡券包进行设置了以后才会有显示，进入淘宝卡券包设置的时候需要注意领券形式要选择阿里妈妈推广券，这才是淘宝客渠道的推广券，设置后要单击"刷新"按钮，淘宝客后台实时同步，之后再单击"保存"按钮。

7.2.6　团长计划

团长招商活动由具备招商能力的淘宝客（简称招商团长）发起，商家可自行报名参加感兴趣的活动。招商团长可协助商家制定优质的推广策略，以提升推广效果。

注意：团长招商活动推广的数据仅统计了团长招募的淘宝客带来的推广数据，而团长本身的服务费并没有统计。

我们在报名参加团长活动的时候，商家实际支出的费用为佣金和服务费之和。接下来可以到后台团长活动广场选择能参加的活动，可以快速找到我们能报名的活动。

那么，在团长活动中我们应重点考核哪些指标呢？

首先是团长总体的推广能力，包括历史成交单量、成交金额、目标完成率等指标，如图 7.14 所示。

图 7.14　团长筛选指标展示

图 7.14 所示的活动中的团长实力较弱，其通过自己补了一单而变成了大团长。

其次是查看团长的推广渠道，包括品牌团、单品招商、直播、达人招好货、聚划算拼团等如图 7.15 所示。找到符合自己产品推广渠道的团长非常重要。

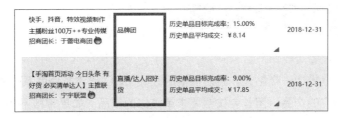

图 7.15 团长的部分推广渠道

最后,通过一段时间的数据分析,找出最符合自己人群画像的团长,进行深入合作。

7.2.7 各种营销计划的佣金

各种营销计划的佣金比例如下。
(1)通用计划,类目佣金最低,一般为 3%~5%。
(2)如意投计划,阿里妈妈帮我们投放,出价高于行业均值 10%。
(3)营销计划,被动等待跟进活动,所以佣金相对较高,为 20%~30%。
(4)团长计划,广撒网,多捕鱼,找到最适合自己的,所以佣金高,为 20%~40%。
(5)定向计划,自己设置阶梯型,是公开还是隐藏也要设置好,将好的淘宝客放进去,佣金为 10%~40% 不等。

7.3 如何玩转团长招商

团长招商计划是淘宝客后台的重中之重,本节将介绍团长招商计划的运营技巧。

7.3.1 团长招商报名要点

报名参加团长活动费用分别由 3 部分构成:佣金、服务费、每单的线下补佣。这 3 种费用分别对应着淘宝客、团长、团长。为什么会有线下补佣金呢?这是因为本身服务费不足支付团长推广的支出,所以需要单独补佣金。

团长活动报名成功之后是不允许退出的,除非商家报名比之前更高的佣金活动,这样原来报名的团长推广的宝贝就失效了,因为团长赚不到服务费了,所以会下线商家的产品。这就是我们经常谈到的独家佣金的意思。

一天最多可以报名 10 个团长活动,特别适合前期不同淘宝客人群画像标签的圈定,找到最适合自己行业的淘宝客,从而加深合作。

报名参加活动之前,一定要分析历史数据,如果成交额只有几万元,则不建议合作。

报名参加活动时,时间最好不要重叠,如果重叠,就会被计算最高的佣金和最高的优惠券。

鉴别蹭单型淘宝客的方法为:拿不同的产品让淘宝客进行推广,然后看看推广的效果。

7.3.2 团长招商活动报名流程

团长招商活动报名流程如下。

（1）在团长后台挑选一个站长，然后加他的旺旺、QQ或者其他联系方式。

（2）发布要推广的产品，团长会按照要求审核你的产品。如果审核不通过，团长会告诉你原因；如果通过，就会谈佣金和服务费。

（3）根据自己的产品成本和要达到的目标确定佣金比例与服务费率。在这里要注意，一般佣金比例越高，推广效果越好，而且服务费率越高，团长越会把你的产品作为主推产品。一定要注意，和你联系的一般不是团长，而是团长的助理，所以报名之后团长会筛选，有的产品能够推广，有的产品则不推广。

（4）一般推广都需要设置产品优惠券，买家一般喜欢领券之后再购买商品。设置优惠券的流程如表7.1所示。

表7.1 设置优惠券的流程

步骤	卖家中心	营销中心	优惠券
第一步	选择单品优惠券	—	—
第二步	选择阿里妈妈推广	—	—
第三步	设置优惠券门槛	满一定消费额	减一定金额
第四步	设置优惠券名称	见名知意	很多淘宝客要求

（5）提交并等待团长审核，审核通过之后，团长会按照你要求的日期进行投放。

（6）分析数据，找出产生问题的原因，然后决定是进一步合作还是再寻找其他淘宝客。

完成以上设置后，最终效果如图7.16所示。

图7.16 团长活动审核之后的效果

其实还有一种方法，即在后台直接报名参加团长活动，报名之后联系团长审核，然后按照团长的要求修改，直至成功报名。

7.3.3 团长招商活动的营销场景

团长后台有一个选项为"营销场景"，其中的每个场景都是有区别的，接下来笔者将为大家进行详细解读。

（1）品牌团：适合国际、国内知名品牌（含知名淘品牌），满足中高端消费者对品牌的追求。支持单个品牌多款商品或同一活动主题下多个品牌多款商品的招商。一般针对大牌产品通过特卖与超级返（超级返是返佣超高的，一般高于商品货值的50%）形式进行推广，不适合中小卖家。

（2）单品招商：适用于单品招商推广，可发起活动，在该活动有效时间内可随时招商随时审核（简称即招即审），所有卖家都可以报名。一般淘宝客活动时间为半年的就属于这种形式。

（3）券直播：精选优质单品，通过优惠券获得渠道优惠，体现推广优势。支持单品招商，招商商品必须设置阿里妈妈推广券。一般属于联盟型淘客，为很多淘宝客组成的联盟，有利于更大销量的推广。但这种营销方式一般每单都是有服务费的。也就是说，由于你找的淘宝客能力有限，卖不了那么多单，但是他有资源把剩余的单子跑完，所以只能赚取每单的服务费。有时淘宝客让卖家额外对一单线下补1元钱就属于这种情况。

（4）白菜价：在线售卖价小于100元的商品，如9.9元、20元封顶、50元好货等，活动商品必须符合该价格要求。支持单品招商或活动招商。例如，笔者走单冲等级用的猫砂铲就可以报名参加这个活动，如图7.17所示。

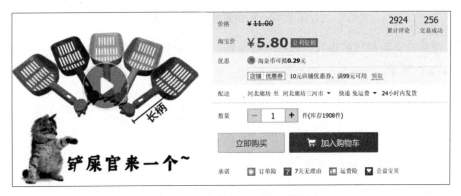

图7.17　白菜价产品展示效果

（5）直播/达人招好货：专为达人/达人机构、主播/主播机构开放的招商通道，支持单品或品牌活动进行招商。一般日出几千单，这个是快速的渠道。但一般机构审核比较严，会收取比较高的佣金和服务费。

7.3.4　如何寻找优质淘宝客

要寻找优质淘宝客，首先要明确淘宝客一般在哪里展现，比较常见的可以找到淘宝客的地方有相关APP、QQ群、微信群、特卖网站等。接下来笔者就把常见的寻找优质淘宝客的方法分享给大家。

（1）后台查找。根据自己的需要主动寻找淘宝客，可以通过ID或者关键词进行查询，如图7.18所示。

图 7.18　后台关键词查找淘宝客

（2）在一些垂直类网站中查找，如在美柚、宝贝树等网站的后台进行搜索，如图 7.19 所示。

图 7.19　后台垂直类网站查找

（3）在综合类新闻网站查找，如在今日头条、优酷视频、豆瓣等网站的后台搜索对应关键词，如图 7.20 所示。

图 7.20　后台综合类网站查找

（4）在站外的返利特价网（如折 800、卷皮网、51 返利网等）中查找，如图 7.21 所示。

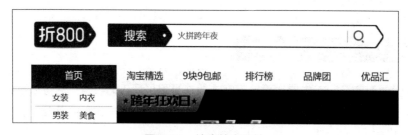

图 7.21　综合特卖网站

（5）优质网站反查，如大淘客、组团推、好品推、好单库、抠门兔等，如图 7.22 所示。

（6）对于优秀的淘宝客名单，笔者分享前 20 名，如图 7.23 所示。

图 7.22　优质淘宝客汇总网站

图 7.23　优质淘宝客超头部分享

（7）优质的淘宝主播资源，如图 7.24 所示。

信盛团队 V	150～180万
南国团队 V	150～180万
安然刀哥团队 V	130～150万
淘赢客 V	130～150万
麒麟智联团队 V	130～150万
嘻嘻联盟 V	100～130万
天神盟 V	100～130万
天峻精品联盟 V	100～130万

图 7.24　优质淘宝达人爆单排行榜

以上就是笔者为大家总结的寻找优质淘宝客的思路和方法，更多资源可以联系笔者微信进行索取。

7.4　淘宝客后台的活动栏目解读

在淘宝客的后台活动栏目中我们可以看到普通招商。对里面每个淘宝客团长发起的招商，我们都可以去报名。但是我们一定要选取优质的团长，因为他们在站外营销推广领域具有一定的招商选品、营销策略、营销流量精准推送等能力。而淘宝客互动招商可以让淘宝客直接与报名的商家进行旺旺联系，进行招商推广，甚至可以推广其他淘宝客制作完成的推广页面，后台截图如图 7.25 所示。

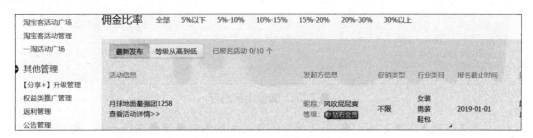

图 7.25　淘宝客活动广场后台

在这里，系统给每个淘宝客打上了一个标志，以 Kx 为标志，从 K6～K1 逐渐降低。通过 K 级淘宝客的展示，我们可以明确地知道每个淘宝客的综合销售能力。

接下来讲解淘宝客互动招商的报名步骤。

（1）后台筛选促销类型：如9块9、20元封顶、50元好货等，选择适合自己的档位进行淘宝客筛选。笔者选择9块9，如图7.26所示。

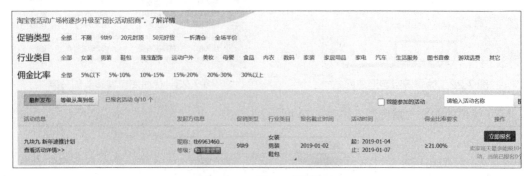

图7.26　后台筛选促销类型

（2）选择产品所在的类目，我们可以直接查看每个淘宝客擅长的领域，如图7.27所示。

图7.27　查看淘宝客擅长领域

（3）筛选自己可以接受的佣金比例，有针对性地寻找淘宝客。其与团长招商的不同之处在于团长后台无法直接选取佣金比例，而淘宝客活动广场可以，如图7.28所示。

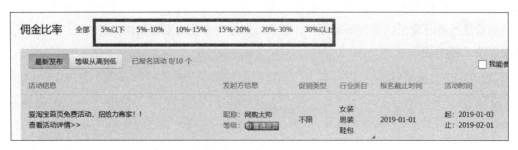

图7.28　佣金比例后台

（4）筛选优质淘宝客。淘宝客的 Kx 等级不同，对报名的最低要求也不同。淘宝客活动要求如图7.29所示。

淘宝客销量增长利器 第7章

图 7.29 淘宝客活动要求

（5）按照要求提交活动，等待淘宝客审核，也可以主动联系淘宝客让其审核，最终结果如图 7.30 所示。

图 7.30 淘宝客报名成功页面展示

通过以上分析，我们需要报名来征集不同的淘宝客，从而筛选出最符合我们产品特征的人群画像对应的淘宝客，进而加深合作。要是效果好，可以把淘宝客加入定向计划，进行长期合作。

7.5 一淘活动广场

很多卖家都不投放一淘活动，因为很少有卖家知道它到底是什么，应该怎么投放。本节笔者将对一淘活动进行详细讲解。

7.5.1 什么是一淘活动

一淘是阿里巴巴集团旗下的促销类导购平台，通过一淘购买商品可获得优惠券抵扣或超高返利。用一句话概括：一淘活动是阿里官方发起的超级返利网站，目标直指拼多多类型的网站。一淘官方网站如图 7.31 所示。

图 7.31 一淘官方网站

一淘开放商家报名,其活动形式目前包括超级返利、优惠券等。如果商家需要参加一淘活动,则可以到阿里妈妈商家后台进行报名,如图 7.32 所示。

图 7.32　一淘阿里妈妈后台报名处

作为阿里巴巴旗下的官方营销平台,一淘网正向内容化、会员权益化的方向进行业务转化,并且会将一淘带来的销量计入搜索权重,这是官网唯一说明。

7.5.2　一淘活动的分类

对于品牌特卖(优质品牌)活动,主要包括以下几种:专享超值优惠券、专享超高返利,下单即可获得优惠券抵扣等,是由单店铺维度(也可同一品牌多店铺)组成的,可报名多款商品的活动,在一淘首页单场活动展示。简而言之,就是店铺维度或者同品牌来自不同店铺的多个产品一起参加活动,具体活动页面,如图 7.33 所示。

图 7.33　品牌特卖展示

限时闪购活动是从产品维度,每次最多可以报名 5 款产品,并且分时段展示以打造秒杀抢购氛围的活动。在一淘 APP 端独立限时抢区块展示,也是高佣金,可以没有优惠券,具体活动页面如图 7.34 所示。

图 7.34　单品限时闪购展示

7.5.3 一淘活动报名流程

一淘活动报名共分为两种：报名品牌特卖和报名限时闪购。本节以报名限时闪购为例进行讲解，具体流程如下。

（1）打开阿里妈妈后台，找到一淘活动广场后单击进入，如图 7.35 所示。

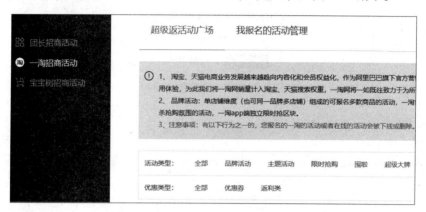

图 7.35 一淘后台展示

（2）选择限时抢购，然后找到属于自己类目的活动，如图 7.36 所示。

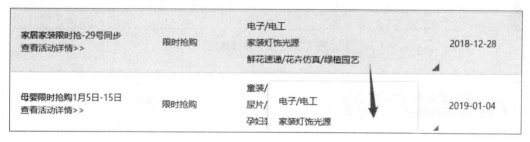

图 7.36 活动类目展示

（3）选择对应类目之后，仔细阅读招商规则。然后选择主推商品，设置完佣金比例后将无法进行修改，故应谨慎填写。买家在活动有效期内单击推广链接，且自单击推广链接起 15 天内拍下的订单，将按照活动佣金进行计算；活动有效期之外单击推广链接的，将按照通用或定向佣金计算。这里需要注意，提供优质的图片创意将极大地提升宝贝审核通过率。

（4）选择报名产品，其中佣金不低于 70%，具体与其所在行业有关，如图 7.37 所示。

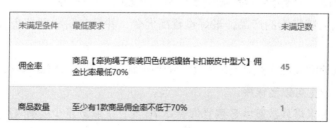

图 7.37 报名产品佣金比例要求

（5）上传与报名产品对应的场景素材与白底素材，不允许带有"牛皮癣"，否则不容易通过。

（6）提交报名后，等待审核通知排期，如图7.38所示。

图 7.38　一淘报名结果

（7）报名审核通过，如图7.39所示。

图 7.39　报名审核通过

7.5.4　一淘活动要点

对于一淘活动，有如下几个要点。

（1）产品设定优惠券金额不能超过折扣的50%，否则成交单不计入权重。

（2）在能接受的佣金范围内报名是划算的，因为它比刷单的效果要好。

（3）设置优惠券更容易带来转化率，同时佣金设置也比较高，那么系统会将你的产品作为主推。

（4）一淘的人群画像一般集中在25～35岁的女性，白领较多，其账号淘气值比较高。

（5）对于品牌团，需要店铺等级高于3个钻，天猫则不受限制。

（6）对于报名品牌特卖的产品，最好设置高佣金，并且有阶梯型佣金分流，以拉动滞销宝贝。

（7）一淘活动的满减优惠券是不影响宝贝的历史最低价的，买家购买之后以集分宝的形式进行返还，并且集分宝可以当钱用。

（8）品牌特卖要求爆款数量≥3款且佣金≥70元，关联款至少要有17款。

（9）报名活动时标题需要包含宝贝核心卖点，以增加买家的点击率。

（10）报名限时特卖的单品最好是应季产品，并且卖点要明确，最好包邮。

（11）一淘活动期间最好配合店铺 banner 与海报，让买家在一淘下单。

（12）大促节点一定要抢坑位，和每个类目的一淘小二保持良好的沟通。

每个类目一淘活动资源旺旺群如图 7.40 所示。

```
旺旺群
一淘品牌团母婴旺旺群：622664850  运动户外旺旺群：1632022302
女装天猫群：326384139  女装淘宝群：184627210 751654926  内衣群：877854969
男装鞋包配饰：706824054  936370869   93637086  361641656 219884727
鞋包超级返  1782776639
个人护理群：231330034   个护美妆：940114679   美妆护肤：635754546
食品类B店群1490200046  C店1492353623群
数码家电：827515281  872863515    小家电+数码：1285524782  大家电+手机：
1502272402
车品配件群：1782776631  家居家装：1639591442  医药计生：1782776635；
母婴家居商家群：622664850    运动户外：1632022302
```

图 7.40　每个类目一淘活动资源旺旺群

7.6　淘宝达人推广

淘宝达人是目前比较火的内容营销，很多人都想了解，本节将为大家进行详细讲解。

7.6.1　淘宝达人推广概况

淘宝达人的常见形式有淘宝头条、有好货、淘宝直播、每日好店、哇哦视频等。淘宝达人推广之后，你的产品才有可能在这里展示，当然账号等级高的优秀商家也可以自己投放。当前形势下，提得最多的是公域流量和私域流量。其中，公域流量是阿里妈妈提供的公开展示位置，有达人推送展示；私域流量是阿里妈妈给每个商家的权限，如直播、微淘等，属于卖家自己表现的机会。

对淘宝达人来说，淘宝达人平台也为他们提供了机会，让他们除了卖货之外，还可以通过自己的品位产生内容，通过内容获得收益，所以网上出现了很多大V速成之法。平台会通过两个维度评估达人是否满足"专业可信，真实生动"的要求。前期，平台会通过身份认证对达人进行考察。例如，美院的教授、设计师、时尚编辑等相关职业或经历，或是在一些社交平台、导购平台上的能力体现，这些对达人来说都会是不错的背书。对已经注册的达人，平台会从粉丝量、内容质量、粉丝回访数等数字和内容层面评估达人是否具有成为大V的条件。

关于达人推广，商家第一步要做的应该是去快选库（kxuan.taobao.com）找到自己的宝贝，这样达人才能给商家推荐，并且商家也不会因为宝贝质量不好而被清退。在入池的产品中，有很多是有质量得分的，称为"品质分"。品质分≥4档的推广效果更好。产品入池效果展示如图 7.41 所示。

图 7.41　产品入池效果展示

7.6.2　淘宝达人等级讲解

淘宝达人等级共分为6个级别，要达到不同等级需要不同的条件，并且也具备不同的权限，具体分享如下。

1. 微淘发现的规则

（1）达人等级 L1～L2。

①账号活跃：近7天发布的内容不小于7条且有效粉丝不小于100个。

②采纳内容类型：帖子、搭配、视频。

③内容封面图：上传优质封面会提高推荐机会。

④内容标题：与内容相符，有吸引力。

⑤内容优质：符合《微淘日常内容规范》，对内容质量有一定要求，通过机审及人工抽查的方式筛选优质内容。

（2）达人等级 L3～L4。

①采纳内容类型：帖子、搭配、视频。

②内容封面图：上传优质封面会提高推荐机会。

③内容标题：与内容相符，有吸引力。

④内容优质：符合《微淘日常内容规范》，对内容质量有一定要求，通过机审及人工抽查的方式筛选优质内容。

⑤粉丝喜欢：有一定比例的粉丝阅读和互动。

（3）达人等级 L5～L6。

①采纳内容类型：帖子、搭配、视频。

②内容封面图：上传优质封面会提高推荐机会。

③内容标题：与内容相符，有吸引力。

④内容优质：符合《微淘日常内容规范》，对内容质量有一定要求，通过机审及人工抽查的方式筛选优质内容。

⑤粉丝喜欢：有更高比例的粉丝阅读和互动。

注意：层级越高的优质内容可获得的推荐机会越多。

采纳结果：被此公域渠道采纳的内容，将有"微淘发现"的标志。

2. 淘宝头条的规则

符合以下规则的内容将有机会被淘宝头条采纳：达人等级 L3 及以上，纯达人身份，有专属领域。

①采纳内容类型：帖子、视频、问答。

②帖子基本要求：若含商品，则须满足至少有 4 个商品 3 个店铺，至多不超过 8 个商品 5 个店铺。

③问答要求：及时互动性强，内容质量佳。

④内容优质：符合《淘宝头条日常内容规范》，对内容质量有一定要求，通过机审及人工抽查的方式筛选优质内容。

采纳结果：被此公域渠道采纳的内容，将有"淘宝头条"的标志。

3. 有好货的规则

符合以下规则的内容将有机会被此渠道采纳：达人等级 L3 及以上。

①文章采纳要求：小众品牌，具有一定逼格，创意感极强，以及具有一定稀缺性或收藏价值的与商品对应的文章。

②有好货渠道海报图标要求，如图 7.42 所示。

图片大小：	尺寸800*800px	分辨率72dpi	白色背景		
商品构图：	居中对齐	画布撑满			
图片格式：	JPG格式白底图	PNG格式透明图			
严厉禁止：	敏感类目	违禁商品	政治敏感	宗教敏感	丧葬用品

图 7.42　有好货图片要求

③内容优质：对内容质量有一定要求，通过机审及人工抽查的方式筛选优质内容。

采纳结果：被此公域渠道采纳的内容，将有"有好货"的标志。

以上就是淘宝达人不同渠道的等级要求与内容要求，希望自己变成淘宝达人的读者应认真参详，以便早日成为淘宝达人。

7.6.3　有好货的玩法

有好货在手机淘宝首页中非常靠前的位置，属于公域流量。在有好货中，由达人推荐商品，系统审核通过后上线，产品会根据千人千面展现在每个买家面前，属于图文营销模式。

有好货展现位置：手机淘宝 / PC 端淘宝"有好货"专栏。

那么我们商家需要 V 任务形式找到淘宝达人，V 任务形式就是商家付费给淘宝达人，淘宝达人产出内容，投稿至有好货渠道。

本小节重点讲解3个话题：有好货推广的规则、有好货的合作流程和有好货要点。

1. 有好货推广的规则

有好货改版之后，很多规则发生了改变，达人的收益也变成20%，而且增加了30%动态奖励，且还不确定能否拿到。同时，卖家报名有好货的要求是，店铺等级大于1个钻，DSR最好全部飘红，商品必须出现在快选池中，产品必须有白底图和场景图。针对多位达人推荐同一款产品的情况，采取赛马机制，优秀的淘宝达人将拿到奖励。

2. 有好货的合作流程

有好货的合作流程如下。

（1）产品准备。根据产品的特征与价位，分析怎样能快速入选商品池（http://kxuan.taobao.com），从而达到有好货最低标准。那么没有入选的原因分析如下。

①商品权重低，或者店铺等级低。

②非知名品牌的高端货也不容易出现在快造池中。

③低价宝贝，同质化太严重。

④产品已上线一年（有好货喜欢新品）。

（2）寻找达人。打开阿里V任务（见图7.43）找到匹配的淘宝达人。

图7.43　阿里V任务

（3）鉴别达人。鉴定维度包括以下几个。

- 达人的核心粉丝数即真人粉丝有多少。
- 达人的粉丝构成是否与自己产品对应的人群画像接近。
- 达人在一段时间里内容的点赞度。点赞度越高说明这篇文章曝光量越大，那么带来的转化相对就比较高。
- 达人历史推广的产品都是品牌产品还是普通产品。若普通产品推广的销量高则说明达人真的很有水平。
- 达人发布内容的成功概率有多少，是在哪些频道展现了，也是我们考核的重点。

（4）合作模式。其实通过以上分析，我们会发现推广好货的达人一般很难联系到，当然他们也不会主动找你，最重要的一点是图文的价格也提高了。那么该如何面对呢？首先需要和达人谈合作的模式，是包月还是私下返佣金。其次，应该想办法提高产品品质，入选商品快选池，让更多的达人与你合作，增加合作机会。笔者找到了一位达人，他的有好货合作模式如图7.44所示。

图 7.44　有好货合作模式

（5）审核上线。首先，达人需要提交稿件；其次，进行初审，主要审核产品质量分、文章内容评分等；最后，进行二审，主要审核标题与图片关联度、卖点表达能力等。

3. 有好货要点

如果我们曾经发过有好货的文章，那么可以通过生意参谋下的内容分析找到。我们可以参考历史内容重新发布一篇，需要更新版本，切记不能用原来的文章内容。

参考阿里创意中心，找到目前的热点话题，找出热点与自己产品的共同点，然后蹭热点。

参考阿里创意中心，找到人群热点，类似于达摩盘圈定人群，然后将其放到宝贝标题中。

把阿里 V 任务进行投放、店铺微淘、智钻内容营销推广等，让它带来更多的曝光。

通过生意参谋下的内容分析查看推广的数据，然后进行调整。

去有好货或者京东发现好货的位置，参考优秀软文进行独特创作。

找一些优秀的大咖进行评价，增加图文的背书性。

有好货在本质上是软文营销。后台中的单品好货心得是可以发布微淘的。

有好货中的产品不一定是爆款、低价品等，它们是小众产品，是有调性、有特色的精品。

有好货对店铺的要求是，店铺 DSR 要飘红，评价≥10，差评要小于3个，有官方认证则更好。

阿里 V 任务商家旺旺群如图 7.45 所示。

图 7.45　阿里 V 任务商家旺旺群

7.7 淘宝头条的玩法

淘宝头条是专注生活消费、时尚消费领域的最全指南，不同于有好货等导购类的媒体，淘宝头条主要围绕媒体属性展开营销。关于淘宝头条，本节主要分享5个知识：淘宝头条对达人的要求、淘宝头条内容的特征、选题方向、选择达人的方法、投放淘宝头条的流程。

7.7.1 淘宝头条对达人的要求

可以投放淘宝头条的达人，要求等级在L3及以上且有经验教程型视频和图文制作能力，禁止跨领域投稿，如美妆领域达人做数码类教程。那么哪些达人有投放头条的权限呢？我们可以进入商家的阿里V任务，找到活动投稿，查看有淘宝头条权限的达人和没有淘宝头条权限的人。

7.7.2 淘宝头条内容的特征

淘宝头条的内容分为两种常见的形式：图文内容和短视频内容。图文内容的文字应精练有趣、有感染力可完整详尽地讲述知识、技能原理、实现方法、操作技巧等，内容要让人看得懂、学得会、长知识和技能。

文中必须含有4张及以上高清配图，必要过程可以GIF体现；若插入商品，则必须满足四品三店（即至少有4个宝贝，来自3家不同店铺，商品数的上限为8）。如果插入的是短视频，则时长以1~3分钟为佳，横竖均可。对于内容与视频的要求，官方给出的指导如下。

（1）内容方向：教程、知识点、技术帖、生活小窍门、小技能等，有明确的使用场景，提供有用的解决方案。例如，"教你如何××××"、"×步学会××××"、"一图读懂×××"、"几招帮你×××"和"×张图学会×××"等。

（2）图文要求：以"经验教程"类稿件为例，应该包括标题、正文、图片等主要部分。

①标题：切忌空洞、浮夸、标题党，要提炼核心价值点（说清为谁解决什么样的问题）。

②正文：务必写明白核心步骤，核心步骤要有说明或图解。步骤要让人看得懂、学得会。

③图片：文章配图不少于4张（表情包不算），不要用无版权的演员图片；拒绝素材图、广告图、商品图；图片尽量用高清实拍图，必要过程可以GIF体现；实拍图必须是同组实拍图，切忌东拼西凑素材图；图片要清晰、有吸引力，突出内容感，与标题呼应；无变形、无锯齿、非小图拉大、没有明显处理痕迹；无"牛皮癣"（包括Logo、标签、水印等）。

（3）视频要求：视频稿件除视频本身外，文字描述部分应包括标题、导语、正文、结论等主要部分（正文及结论部分非必需，可在视频中体现）。

①时长：建议不超过3分钟。

②比例：16:9、9:16或者3:4。

③清晰度：高清，720p及以上。

④基础质量：无水印、无二维码、无"牛皮癣"、无外部网站引导。
⑤大小：120MB 以内。

7.7.3 选题方向

淘宝头条的选题一定要围绕新鲜话题、淘宝最新动态来拟定，官方给出的参考如下。
（1）经验分享类：着重介绍专业的领域经验，如婴儿洗衣机是否有必要买。
（2）生活技巧类：着眼生活实用技巧，如何提高 WiFi 速度，如何洗干净煤气灶污渍等。
（3）产品评测类：简单评测产品，着重描述如何用产品解决生活上的问题，如何正确使用戴森吹风机。
（4）陷阱拆穿类：针对消费、日常生活中的陷阱或者经验误区，提供解决办法或者辟谣，如真的不能同时吃蟹和柿子吗，牛仔裤真的不能洗吗。

7.7.4 选择达人的方法

如果我们无法自己发布内容，则必须选择由达人发布，那么我们应该如何选择达人呢？首先，我们需要去淘宝 V 榜单进行数据的收集与整理；其次，筛选与我们产品对应的达人号；最后，分析该达人 V 任务的完成率与费用的性价比，如图 7.46 所示。

通过图 7.46 所示的数据，如果我们要发布淘宝头条，肯定会选择第二位；如果要做直播，肯定会选择第一位。即使他们都能完成对应的任务，但我们要找相对更专业的。我们可以从中看出，第二位的任务完成率要高于第一位，从这个角度来看第二位要好一些。与此同时，我们还要考虑他们的任务价格及对应的粉丝中核心人群的占比等，这里不再一一分析。

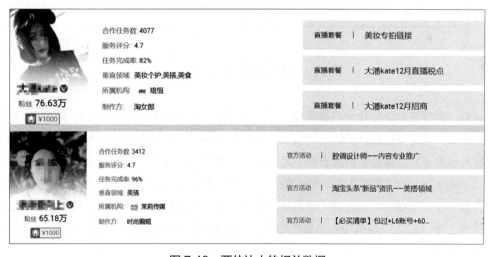

图 7.46 两位达人的相关数据

7.7.5 投放淘宝头条的流程

在淘宝头条投放内容的流程如下。
（1）选择对应的达人、阿里V任务。
（2）查看达人核心指标，并与筛选出的达人取得联系。
（3）找出热门主题，进行内容创作。
（4）内容的健康分要大于50分。
（5）提交后台，审核上线。
（6）全网进行大规模的数据投放，如智钻内容投放。
（7）分析数据，得出结论，重新撰稿，再次合作、创作，不断提升。

淘宝头条常见的优质达人资源如表7.2所示。

表7.2 淘宝头条常见优质达人资源

类别	任务数	粉丝数	评价	平均接单率	平均完成率	达人昵称
其他	155	98550	4.4	94	86	瑞丽网
美妆	121	233711	4.8	76	48	美妆美誓
美妆	63	150471	5	94	66	郭果果 mint
居家	305	49847	4.7	87	59	单毅进装修
母婴	401	257052	4.9	81	72	茉莉妈妈 APP
户外	170	178520	3.8	97	85	咕咚酷动
美食	88	482445	3.5	89	65	魔力美食
时尚车主	42	324950	5	83	64	玩车教授

7.8 淘宝短视频的玩法

目前，内容营销中比较火的就是短视频，本节重点讲解短视频相关的8个知识点：淘宝短视频的位置、淘宝短视频产出的3种模式、淘宝短视频规则、短视频适合的渠道、短视频哪些类目投放的效果好、短视频拍摄流程、短视频投放思路、大促期间短视频的投放要点。

（1）淘宝短视频在哪里？打开我们的手机，可以看到哇哦短视频，并且之前的爱逛街视频也已经合并在短视频中。短视频不但可以在站内投放，也可以在站外投放，如可以通过智钻投放到抖音上等。总之，短视频的流量不但来自自有店铺，也可以来自公域，2019年是短视频营销的红利年。

（2）淘宝短视频产出的3种模式分别为商家短视频、达人短视频、UGC短视频。淘宝短视频可以由商家自己创作，也可以来自用户给商家的评价和晒视频，还包括达人帮商家制作的推荐短视频。一定要明确一点，买家帮商家制作的短视频的效果要远远好于其他类型的视频，因为它会更好地诱导其他买家下单。

（3）淘宝短视频规则。

①时长：1分钟以内（最好是9～30秒）。

②画质要求：高清，720p以上。

③视频格式要求：mp4、mov、flv、f4v。

④尺寸：16:9。

⑤短视频内容要求：单品展示，以介绍一件商品的功能、特点为主；短视频最好不要有文字介绍和描述，否则不容易通过审核；短视频不允许有黑边，否则也无法通过审核；短视频宣传图片不要为白底图或者透明图。

内容的统一规范要求如下。

a. 视频中不能含有其他平台的二维码，如站内、外店铺等任何二维码信息。

b. 不能含微信、QQ、今日头条等其他内容平台的内容（如微信朋友圈、公众号、QQ空间等）。

c. 不能含其他视频平台、电视台、境外网站、境外（含港澳台）制作公司的标志，如腾讯视频、爱奇艺、搜狗、ftv等。

d. 不能含任何引导下载APP信息，包含文字及口播。

e. 视频内容中不能出现任何其他购物平台的品牌，以及引导下载等信息。

f. 视频内容需要有同期声唱词，具体指视频中有说话声音时，需要同时配上字幕。

其各类目商品视频拍摄脚本建议如图7.47所示。

（4）短视频适合哪些渠道？因为短视频来自好几个内容营销平台，用户自己的短视频占据40%左右，有好货占据20%左右，淘宝头条占据20%左右，其他平台的占据20%左右。所以，我们可以在自己熟悉的平台提供短视频。

（5）短视频哪些类目的投放效果好？我们必须要明确，不是所有的产品都适合投放短视频。常见短视频投放类目有穿搭、美妆、美食、生活用品。

行业	方法论	结构化脚本（仅供参考，根据宝贝具体定）	备注
服装（童装）	1、提炼宝贝的核心卖点，给用户为什么要买的理由，核心卖点在视频前10秒讲清楚； 2、卖点从哪里来？详情提炼，问大家和客服询单。用户关心什么？关心的是不是宝贝的强项，找出来讲清楚。 3、卖点证明给用户看，而不是展示给用户看，防摔？180大汉站在上面蹦跶；好清洗？用水一冲弄干净；不褪色环保健康？放在鱼缸里24小时，鱼还是活蹦乱跳的。 4、字幕和讲解有利于用户理解产品卖点，核心卖点文字展示出来，讲解的话不要使用播音腔，正常说话就好。没有讲解配上带感的背景音乐	上身效果+设计亮点+搭配	前一定要给个全身的镜头，让用户看清楚衣服的全
食品		商品原质原产地、新鲜食材、独特配方等选1-2个点来打+食品特写	食品特写最好是动态的，滚动、跳跃、搅动等，有生动灵气的感觉，参考舌尖上的中国
母婴		测评+操作+效果展示	母婴用品对商品的品质要求较高，可在卖点中主打安全健康的点
玩具		操作演示+功能讲解+多SKU展示	玩以操作演示为主，把玩具的功能在操作中讲清楚，玩具视频中配备讲解很重要，核心的功能先
数码		效果展示+测评（防摔、防水、性能）+操作演示	很多商家数码的视频拍得非常有科技感，但从效果上讲，淘宝的用户比较接地气，画面要好看也要兼顾真实感
小家电		效果展示+功能讲解，或者以场景带入，如电炖锅，炖一锅鸡汤的教程	小家电重点是传递出简单好操作的卖点，让用户使用时能提升生活品质的感觉
美妆		使用效果展示+测评（防水、不晕染、好卸妆等）+多色号展示+使用教程	使用后的效果放在最前面，效果最好做对比，用的没用比或者用前和用后比。复杂的工具如眉笔需要教程，口红、面膜这些则不需要
箱包		测评（防刮、防水、承重）+外观设计亮点+功能口袋容量展示	箱包分两种功能型和外观型，功能型侧重测评，外观型侧重设计亮点
家居		这3个行业下的商品类型跨度较大，无法简单的归纳为结构化的脚本，建议参考方法论，抓商品的核心卖点	
运动户外			
汽车周边			

图7.47 各类目商品视频拍摄脚本建议

（6）短视频拍摄流程。要拍摄一个短视频，首先，必须要有脚本。通过对市场产品卖点进行分析，找出与之对应的文案表达形式，然后撰写脚本。其次，要找到对应的场景与模特，尽可能完整地展现出卖点，让买家产生购买欲望。最后，我们用好剪辑功能，配上音乐，并加上相应的解说。

（7）短视频投放思路：公域引流种草，私域引流成交。公域引流种草：首先，打开淘营销，搜索短视频内容进行报名；其次，可以在阿里商家创作平台中选择活动投稿，投放自己创作的短视频；最后，可以去阿里V任务找达人进行短视频的投放，以增加曝光。对于私域流量的引入这里不再介绍。

（8）大促期间短视频的投放要点。接下来以2018年的"双12"为例进行讲解。

①明确"双12"活动中短视频的营销矩阵，如图7.48所示。

图7.48　"双12"短视频投放的营销矩阵

②"双12"活动中短视频投放流程如图7.49所示。

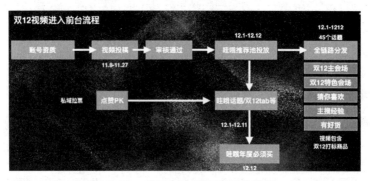

图7.49　"双12"短视频投放流程

③了解不同行业的短视频排期，做好相应准备，如图7.50所示。

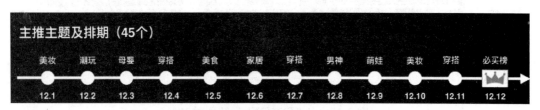

图7.50　"双12"短视频排期

④明确"双12"活动的真实需求。要想有好的效果,就必须注意以下几点。

a. 产品或者模特的颜值要高。

b. 一定要做到有料、有知识。

c. 宝贝展示要做到新、奇、特。

d. 让买家感觉是品质之选。

e. 最好做到实拍亲测。

通过以上对"双12"活动的操盘,我们对活动过程中的要点做出如下汇总。

a. 短视频要用一句话就让人产生购买欲望。

b. 找达人一定要关注达人的粉丝质量。

c. 围绕话题,用议论文的思路拍出视频。

d. 最好有宝贝销量基础,增加收藏与加购量。

e. 让买家感觉商家是亲力亲为的,自然地引导买家入店。

7.9 淘宝直播的玩法

淘宝直播是承接短视频营销后,又一个给店铺引流量的好方法。淘宝直播分为自己播和找达人播。自己播的缺陷是观看人数比较少,很难上到公域流量,所以一般是找达人直播。正常情况下,我们一般是打开手机淘宝首页观看与我们产品相关的视频;通过达人直播观看他的成交量与互动能力,做好达人名字的记录,汇总之后再联系他们为我们服务。

(1)淘宝直播的入口在哪里?

①无线端:最好升级到最新的手机淘宝客户端,打开手机淘宝APP,然后下拉两屏左右,在热门市场模块下面,聚划算的右边。

②PC端:打开淘宝网,下拉2/3屏左右,在淘宝头条模块下面。

(2)如何加入淘宝直播?

以下几种身份可以与淘宝直播平台合作,直播合作均为免费,不收取任何费用。

①个人主播,可包含商家。

②UGC直播机构。

③PGC直播栏目。

(3)淘宝直播权限是邀请制吗?

淘宝直播权限为非邀请制,但入驻有门槛,符合基础门槛的第三方可申请入驻合作,审核会择优通过。

(4)淘宝直播算活动吗,店铺被扣分了,还可以参加或申请直播吗?

淘宝直播是平台上的导购产品的方式,不算活动。只要没被关店且拥有直播权限,就可以发起直播,与店铺扣分无关。

(5)审核周期和审核标准是怎样的?

①个人主播:7个工作日左右。

②UGC直播机构:7个工作日以内。

③PGC 直播栏目：7 个工作日以内。

④商家主播：30 个工作日以内。

上述 4 类身份在符合基础合作要求的前提下，圈子知名度高、综合实力强者优先通过。

（6）如何查看是否已开通直播相关权限？

①查看发起直播权限。对于无线端，打开手机淘宝 APP→进入淘宝直播频道→看频道的右下角是否有发起直播的小图标，若没有，则没有直播权限。

②查看直播浮现权限：目前官方没有给出明确的查看方法，我们需要持续直播每天四小时以上，要是不断有新用户进来，则说明系统已经把你的直播推至公域渠道，进而表明浮现权已经开通。

（7）如何发起淘宝直播？

淘宝直播的发起分为手机端与 PC 端，PC 端中控制后台的地址为：https://liveplatform.taobao.com/live/addLive.htm。手机端需要下载淘宝直播 APP，点击"创建直播"填写相关内容即可。

（8）开始直播时要注意什么？

①手机设置为飞行模式或者勿扰模式。

②保持网络 WiFi 畅通。

③封面图不要出现"牛皮癣"，如 Logo、标签或水印等。

（9）直播过程中怎样屏蔽广告？

用主播账号点击发广告人的账号，依次选择"屏蔽设定"→"高级屏蔽"→"启用屏蔽"选项。若不想屏蔽别人，关闭屏蔽即可。

（10）用户反映直播卡或听不见直播声音怎么办？

一定要保证电量充足＋备用手机双保险，电量不能过低，不能边充电边直播，否则会很卡。在很卡但还没有断开的情况下，双击【home】键，退出手机淘宝进程，再重新打开进入，恢复该直播，可缓解卡顿问题。如果听不见声音，应确认手机是否在静音或震动模式，并确认手机淘宝是否可访问麦克风。

（11）淘宝直播的基础功能如何操作？（不定期更新，大家可以通过笔者在前言中介绍的方式获取相关资源进行参考。）

优惠券、抽奖、红包必须通过中控台来发放，注意事项如下。

①优惠券：店铺后台须设定好优惠券，必须是公开的店铺优惠券。

②抽奖：须填写抽奖标签，然后选择中奖人数，开始抽奖。

③红包：通过 PC 控制后台发出，店铺后台须设定好红包。

（12）淘宝直播中的商品链接可以修改吗？

淘宝直播视频是实时发送的，目前不支持商品链接的修改。

（13）如何查看直播回放？

要查看淘宝直播的回放，可以在手机淘宝中选择"淘宝直播"→"个人主页"选项，找到往期直播记录进行查看。

（14）淘宝直播的内容要求是什么？

淘宝直播的内容还在持续优化中，可通过笔者在前言中分享的方式获取相关资料查看暂行规定。

（15）淘宝直播的内容管理处罚规范是什么？

淘宝直播的内容管理规范参见笔者提供的资料。

（16）直播频道中浮现相关的位置规则是什么？

点赞数、观看人数、关注人数、直播频率、内容精彩程度等相关维度会影响直播的位置排名。

（17）主播可以换人吗？

禁止换人播或账号外借，认证的主播本人必须经常出面，不得出现借用、经常更换认证主播的情况。如果有特殊情况，如品牌代言人、大咖来直播，则可与小二沟通说明清楚，以避免被封号。

（18）如何让直播有预告视频？

建议通过中控台发起直播预告。在中控台发起直播预告时，有专门的上传预告视频的操作引导。

（19）直播回放视频可以删除吗？

可以。进入手机淘宝直播界面，在个人主页中选择相应的直播视频，然后点击"删除"按钮即可。

（20）为什么在网络没有问题的情况下，直播间会突然消失？

直播间突然消失，排除网络问题导致的信号中断情况后，则可能是因为直播内容、封面图、主播存在违规行为，淘宝直播24小时都有小二巡查直播间。严重违规将直接被取消直播权限。

（21）如何查看直播的引导成交数据？

对于达人的主播，查看达人后台统计，然后选择内容分析再选择渠道数据即可。

（22）子账号是否可以进行直播？

可以，但需要主账号的授权。

（23）怎样获取直播回放的链接？获取笔者分享的资料并查看。

打开安装后的淘宝直播APP，然后在弹出的"允许"这里全部选择"允许"，进入APP后输入账户密码登录，接着点击底部的"合作"按钮，选择一个需要回放的视频，例如回放视频。点击视频右上角的按钮符号，在弹出的菜单中点击"复制链接"即可。

（24）淘宝直播如何回放？

打开手机淘宝APP，往下拉，找到"淘宝直播"点进去；进去之后找到你想要回看的淘宝主播，点其名字；进去后点击"视频"选项，然后往下拉，就可以找到想要看的视频回放了。

（25）淘宝直播ID的获取方式。

在直播ID即个人的直播链接中，userID=后面的那串数字，直播ID是根据每期直播内容变化而变化的。获取直播ID的具体操作步骤如下。

第一步：进入淘宝直播首页，在右上角选择个人主页。

第二步：在达人主页右上角点击"分享账号"按钮。

第三步：分享账号到钉钉，用网页打开钉钉的分享，网页链接上的userID=后面的数字，即是用户ID。

获取了对外传播的链接后，通过任意二维码生成网站来生成二维码，然后再对外进行传播。二维码应明确提示通过手机淘宝扫码进入（微信无法使用）。应注意区分淘内和淘外、是否横版、回放内容还是直播房间等。

（26）淘宝直播/微淘直播/达人直播/千牛直播/天猫直播的区别是什么？

①淘宝直播：淘宝平台上（包括PC端、无线端）的直播形态。

②微淘直播：从手机淘宝的微淘端口发起的直播。目前发起入口已关闭，其权限规则和管理规范同淘宝直播。

③淘宝达人直播：由淘宝达人发起的直播，在手机端淘宝直播APP中发起，因此需要绑定支付宝实名认证过的账号，然后再注册成为达人，通过做一系列任务达到一定级别之后就可以直播带货了，规范同淘宝直播。

④千牛直播：从官方平台发起对商家类内容的直播，即阿里官方发起的直播，目前并没有对外开放。

⑤天猫直播：如果自己的微淘粉丝数量已经很高，不妨试着申请天猫直播，因为它是自带浮现权的，跟其他的直播相比有差异，如果想要获得浮现权就得通过官方考核的途径。

（27）知道主播的旺旺号，要怎么观看其淘宝直播？

要特意看某个人的直播，可以关注该主播，从"我关注的"主播列表中查看该主播的淘宝直播。

（28）在淘宝直播上关注主播之后，也设置了提醒，但每次该主播直播时都没有收到通知，为什么？

答案在本书赠送的资源中进行查看。

（29）达人合作常见模式有哪些？

达人合作常见模式有阿里V任务+佣金、纯佣金合作。

（30）如何选择直播时段？

避开大咖直播时段，可以减少竞争压力。例如，午休时间12～14点，此时很多上班族有时间，而主播们大多在吃饭，所以可以播一把。

（31）主播的产品不能太便宜，否则一般人不敢买。

（32）主播自带粉丝，要发挥这一优势，就得找对产品，做好互动，最好有红包。

（33）对于商家自己主播的，我们经常采用的方法是采购一批高质量的低价产品，作为特价产品卖出去，并且保证质量，这样才能吸粉。

（34）淘宝主播是有浮现权的，但刚开始的一周淘宝不会提供，所以需要坚持。

接下来笔者将"双12"活动中淘宝主播内容要点汇总如下，供大家参考。

①"双12"活动的单日直播规模次数为上万场，各主播各显神通，实力带货，统筹名人，强化品牌，改变传统店铺运营模式。

②直播内容分类：特色会场包含顶部商家、精品内容推荐；PGC会场包含头部商家、原厂地线下直供，强调实力性与真实性；自主直播会场包含全部商家，卖家主播与主播达人混播，互动性效果更强。

③流量分类："双12"活动中自播卖家首先应是有直播浮现权的卖家，直播能力强的商家会有banner资源位扶持，特色直播商家有直播频道为他们浮现。

④"双12"活动中的直播采取轮番赛马机制，考核直播过程中的收藏与加购量，通过直播效果给予不同权限。

⑤"双12"活动中直播权限中的商家节奏：从11月6日开放到12月1日上线，流程图

如图 7.51 所示。

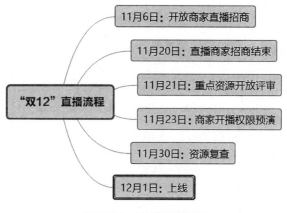

图 7.51　商家直播流程

⑥商家店铺预热与直播间的装修：直播前，在店铺以下私域做好预告，提醒粉丝直播的时间和福利优惠，提前进行预热。

⑦直播间互动准备：在直播间设置各种互动，吸引用户长时间停留；设置相应优惠福利，刺激成交。

⑧分析直播数据，为下次直播做好数据预测准备。

⑨与达人合作，其核心指标参考短视频营销的要点即可。

本节最后，笔者给出自己对直播的看法。随着直播业务的开启，很多有能力的人慢慢变成了"网红"，甚至原来的淘女郎也转成了"网红"。如果你是一个"网红"，或者即将成为一个"网红"，那么接下来的思路希望对你有帮助。

首先，可以开一个"网红"培训课程，整理一系列"网红"培训的教材案例，帮助别人实现"网红"梦；其次，可以把"网红"找来，一起研究开一个"网红"电商园，让每个人根据擅长的行业找到对应的产品并进行匹配，给电商园带来丰厚的利益；最后，也可以开展经纪人公司业务，把"网红"集中起来，赚取中间的差价。任何一个新行业的兴起都离不开培训，我们时刻要走在时代的前沿！

7.10　微淘营销的玩法

大家对微淘都不陌生，在手机淘宝首页下面的栏目中就有微淘入口。笔者通过自己的后台发布了一篇微淘，当再次打开淘宝账号时，就能看到投放的效果，如图 7.52 所示。

本节重点探讨发布微淘的过程及"双 12"活动中微淘的玩法。

图 7.52　微淘发布效果

7.10.1 发布微淘的过程

发布微淘的过程如下。

（1）打开阿里创作平台，用自己的卖家账号登录之后，可以看到图7.53所示的界面，单击"发微淘"按钮。

图7.53 微淘后台

（2）进入发布微淘的后台之后，我们可以看到有很多种发布微淘的方式，如图7.54所示。

图7.54 发布微淘的方式

（3）选择一种发布方式，如"短视频"，然后单击进入，如图7.55所示。

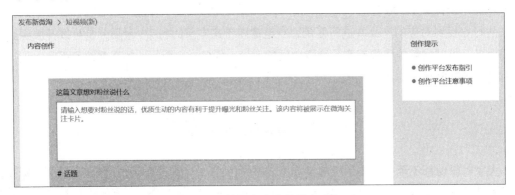

图7.55 短视频内容的发布后台

（4）任何一种媒体的发布都有其内容及规则。官方给出的关于短视频推广的规则如下。

①视频画面需精美，关联的商品和视频内容需要强相关，关联的商品要有完整画面。

②片头5秒不要出现无效信息，如栏目动画、Logo、空镜头等。

③商品在视频内容中以软植入形式出现，建议可以透漏商品最核心、最吸引人的卖点。

④内容节奏快，快速抓住用户，加快场景之间的切换，压缩剧情，不做无意义的留白和空镜头。

⑤建议视频风格与目标购买人群相关。

⑥建议强种草的内容，要有热点性、季节性、话题性。

⑦教学类视频需要有主要使用场景和受众人群说明，通过旁白、字幕等方式明确解决用户的问题，教导用户使用知识；需要分步骤演示，展示成品，重要步骤需要有旁白或者字幕说明。

⑧评测类内容应有重点、有结论，需要解答用户对产品的疑问，说明测评项目的优劣；可走专业测评路线或者创意搞笑测评路线；多品测评、单品测评均可，但是单品测评切记不能是简单的产品功能介绍。

⑨清单类视频需要包含主题、场景、目标人群，给出盘点理由和商品推荐理由，盘点商品时需要与主题契合。

⑩百科类视频要为生活窍门，有生活实用价值。

⑪创意类视频需要创意丰富，脑洞大开，或者温暖人心，剧情故事引人入胜，反转剧情亦可。

（5）按照内容要求撰写短视频内容，体现出卖点与痛点，编辑好短视频与短视频贴片。

（6）互动需要单独设计才能提升买家参与率，微淘的互动类型如图 7.56 所示。

图 7.56　微淘互动类型

（7）人群目标。一定要圈定对应的人群，方便微淘有针对性地展现，提高转化率。

（8）视频分类。每个栏目都要围绕产品本身对应的人群进行分类，如图 7.57 所示。

图 7.57　微淘视频分类

（9）发布微淘，等待视频被平台采纳。平台采纳之后，视频就会被投放到公域中，如图 7.58 所示。

图 7.58　微淘短视频发布成功

（10）可以对视频进行推广投放，并进行一段时间的数据分析。

7.10.2 "双12"微淘的玩法

微淘发布部分支持宝贝挑战,有助于商家冲榜,其具体玩法如下。

(1)参与角色:所有微淘号挑战(商家+达人)。

(2)内容类型:短视频、搭配、上新、清单。

(3)商品要求:关联"双12"宝贝。

(4)参与方式:"双12"期间每天登录创作者平台发布微淘。

买家与卖家同发力,共筑优质秀,内容如下。

(1)掌柜卖家秀:优秀掌柜也有优秀达人。

(2)名人真人秀:平台优秀名人展示宝贝。

(3)大咖买家秀:优秀垂直行业大咖展出宝贝。

微淘福利官:通过名人派发福利吸引买家进店购买。

粉丝召集令:私域型卖家可以开放内容运营与优惠福利,快速召回粉丝与成交。

针对上面的玩法,我们把不同达人玩法的要求汇总如下。

掌柜卖家秀的重点内容要求如下。

(1)内容形式:短视频。

(2)内容标题:突出亲测、宝贝的核心卖点,可以适当加一些语气助词。

(3)审核要点:掌柜、店长真人出镜、趣味评测体现商品特质(如弹力裤的弹力、丝袜的韧性、商品好在哪里)。

大咖买家秀的重点内容要求如下。

(1)内容类型:搭配。

(2)参与角色:千咖及领域头部优质账号。

(3)内容要求:真人实拍图,拼图+滤镜,文案第一人称,至少添加一个商品。

例如范文"不做条纹控,不是好的时髦精",如图7.59所示。

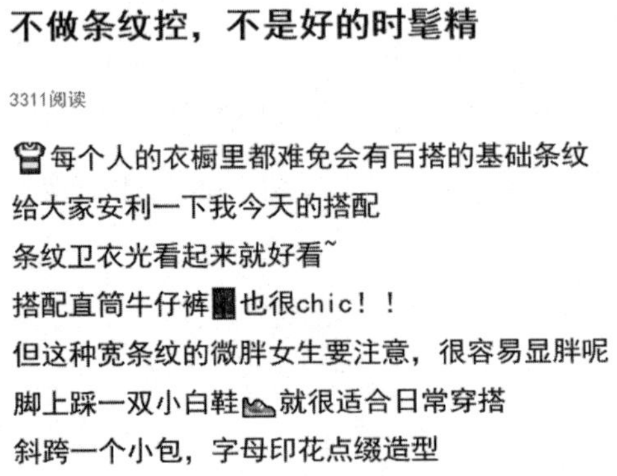

不做条纹控,不是好的时髦精

3311阅读

👕每个人的衣橱里都难免会有百搭的基础条纹
给大家安利一下我今天的搭配
条纹卫衣光看起来就好看~
搭配直筒牛仔裤👖也很chic!!
但这种宽条纹的微胖女生要注意,很容易显胖呢
脚上踩一双小白鞋👟就很适合日常穿搭
斜跨一个小包,字母印花点缀造型

图7.59 微淘内容范文

名人真人秀的重点内容要求如下。

(1)参与角色:名人。

（2）内容类型：短视频、搭配。

（3）审核要素：名人真人出镜，突出物的展示，体现宝贝好在哪里（好看、好玩、好用、好价）。

最后，笔者汇总了"双12"活动中的微淘作战图，如图7.60所示。

玩法报名—内容投稿—线上拉票—站外传播			
玩法攻略	第一步	第二步	第三步
人民的宝贝PICK			每天跟随指定话题发微淘
卖家秀&买家秀		招投稿开启/V平台合作对接	每天发内容引导打榜（掌柜/大咖/明星）
淘宝福利官		福利官招募/视频红包派发	每天一位福利官空降微淘发福利
粉丝召集令	平台玩法公布	卖家名单公布内容+福利准备	粉丝召集令上线（清单+福利）

图7.60 "双12"微淘作战图

7.10.3 内容营销玩法

我们一共讲解了5种内容营销，其核心都是创作，不同平台对创作的要求不同，我们应按照平台要求进行投放。投放之后，我们要先设法拿到公域流量，这样生意参谋的后台才会有数据，才可以指导我们更好地做内容营销。

7.11 淘宝客的其他玩法

淘宝客发展到现在，除了前文介绍的玩法之外，还有一些新的玩法，如把产品送给买家，或者让买家花少量的钱就能得到好的产品。但有一点需要注意，就是买家必须按照要求进行购买。这样的平台有很多，典型的如众划算、聚划算、试客联盟。本节将为大家介绍淘宝客的其他玩法。

7.11.1 众划算营销推广

众划算折扣形式的活动是指通过让利给消费者，帮助商品快速积累消费见证，增强后来消费者的购买信心，进而提升店铺转换率的体验式营销模式。本小节重点介绍众划算的报名流程。

众划算的参与人员及活动流程如图7.61所示。

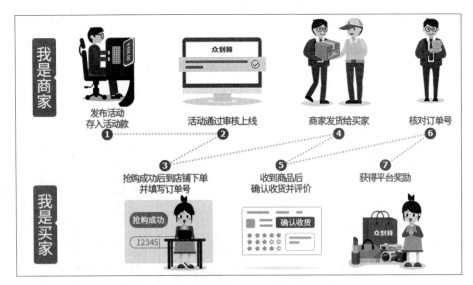

图 7.61　众划算的参与人员与活动流程

商家入驻众划算的流程如下。

（1）商家注册账号，并通过验证。

（2）商家发布活动，存入活动款，审核活动，通过后等待活动上线。

（3）买家进行抢购，并到店铺下单。

（4）买家收到宝贝并确认收货后，商家核对单号并返还划算金。

对于收取佣金为 8% 的计算方式为，佣金 =（商品下单价 ×8%）× 份数。

众划算的佣金是逐笔收取的，卖出一笔收一笔，没有卖出则不收，为零风险推广，如图 7.62 所示。

图 7.62 所示的产品以 17.6 元包邮的价格在店铺出售，如果店铺参加众划算活动，选择 5 折出售，也就是以 17.6×0.5=8.8（元）的体验价给会员抢购。抢到优惠折扣的人到店铺中先以原价 17.8 元下单，走淘宝购物流程，确认收货后，获得 8.9 元返现，这就是活动流程。活动担保金 = 商品数量 × 返现金额。

图 7.62　参加众划算的产品

通过对活动流程的讲解,大家应该明确了众划算在本质上是做好坑产(坑产=销量×单价)的一种重要活动手段,而且买家是真实需要产品的,所以前期需要打造基础销量的卖家可以尝试参加众划算。众划算平台的要求如下。

(1)对于普通活动有直链下单方式和特殊下单方式两种。

①直链下单方式:活动折扣要求是0.1~5折。

②特殊下单方式:活动折扣要求是0.1~3折。

除新疆、西藏、内蒙古、港澳台外,其他地区需包邮。

(2)活动总价值满500元即可,类目不同,折扣要求也不同,如图7.63所示。

商品一级类目	最高折扣	商品二级类目	最高折扣
潮流女装	5折	/	/
精品男装			
鞋子箱包			
母婴用品			
美食/特产		生鲜果蔬/生鲜熟食	6折
家居日用		家具	8折
时尚配饰	3折	/	/
美容护肤			
综合商品		汽车用品、运动/户外器材	8折
数码家电	8折	配件类/其他	5折

图7.63 各个类目产品最高折扣

7.11.2 聚划算营销推广

正常情况下,中小卖家不能报名聚划算。2018年下半年团长改版之后,官方提供了聚划算拼团活动,只要团长邀请,中小卖家即可参加聚划算拼团活动。其具体流程如下。

(1)商家进入团长提供的聚划算拼团报名链接。注意,只有营销场景是"聚划算拼团"的团长链接,如图7.64所示。报名成功后,才能享受聚划算推广服务。

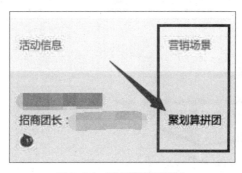

图7.64 聚划算拼团后台

(2)选择商品(不满足聚划算基础要求的商品无法选择),同时设置聚划算排期时间(指运营小工根据每月的计划做出的活动日期表,然后向商家进行提报)、佣金、服务费等。报名聚划算的商品无须设置优惠券。

（3）提交后，单击"前往聚划算"按钮（见图7.65）进入聚划算商家后台。

图7.65　聚划算拼团后台入口

（4）进入聚划算商家后台，在活动详情页中单击"下一步"按钮，如图7.66所示。

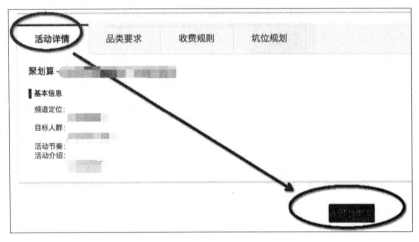

图7.66　聚划算商家后台

（5）填写基本信息，选中"同意接受营销平台系统排期"复选框，然后单击"下一步"按钮。

（6）在商品提交页面设置商品活动价格。该商品活动价格不是最终的聚划算拼团价，因此不要低于产品的历史最低价。聚划算拼团价会在后续步骤——"玩法设置"中设置。报名类型和库存类型按图7.67所示进行设置。

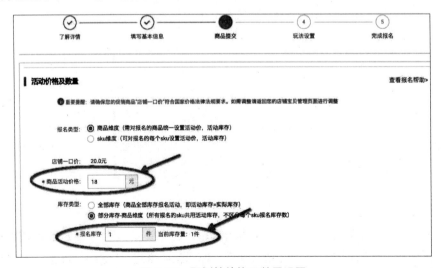

图7.67　聚划算价格及数量设置

报名库存是活动的基础库存。如果商家是第一次参加聚划算，建议不要将报名库存设置得太高，因为聚划算的库存设置得越多，对应库存的货值也就越高，缴纳的"参聚险"相应也会越高。

（7）设置玩法。按提示设置折扣大小，折扣是基于商品活动价格来计算的。例如，商品活动价格设置为20元，折扣为4折，即聚划算拼团价为8元。注意，聚划算拼团价是不计入历史最低价的，所以折扣力度越大越好，即折扣数越小越好。库存大小是指聚划算拼团库存，至少要比报名库存的数量少一个。推广文案建议填写，推广页面可能会使用到该推广文案。设置好后，即可单击"报名"按钮。

（8）商家在聚划算后台设置完相关内容后，回到团长报名链接，审核结果会更新为"待聚划算审核"，如图7.68所示，审核时间通常为几分钟到两个小时。

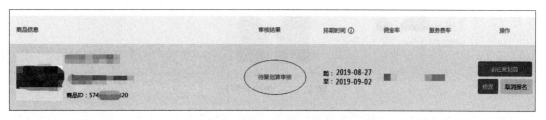

图7.68 报名后等待审核

（9）商家应自行关注"审核结果"的状态更新。审核通过后，"审核结果"会变成"待补全聚划算信息"，如图7.69所示。此时商家应单击"前往聚划算"按钮补全信息。

图7.69 补全聚划算信息

（10）单击"保证金"按钮，缴纳相应的费用。

（11）选择对应商品的服务，如图7.70所示。

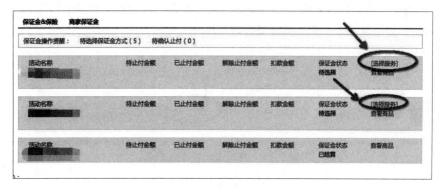

图7.70 聚划算缴纳保证金

（12）选择"参聚险"（阿里预收1500元参聚险，活动结束以后按实际收取，1500元封顶，如有多余，会退还商家），单击"确认"按钮，如图7.71所示。

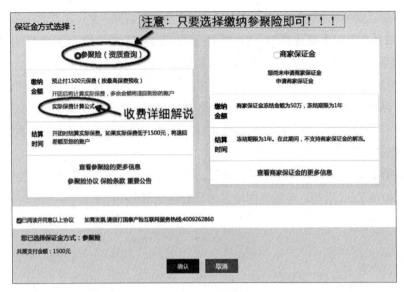

图 7.71 缴纳参聚险

（13）支付参聚险后，回到发布页面，单击"我要发布"按钮，如图 7.72 所示，然后根据提示结果，进入"团长审核"环节。

图 7.72 聚划算排期页面

（14）回到团长活动报名链接，"审核状态"会更新为"待招商团长审核"，如图 7.73 所示。审核通过以后，聚划算报名的整个流程就完成了。

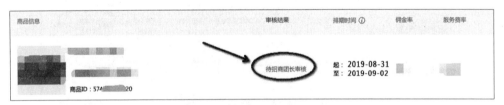

图 7.73 待招商团长审核页面

7.11.3 试客联盟营销推广

试客联盟（http://www.Shikee.com）是通过免费试用活动帮助商家打开知名度，为商品打开销路，为商家挖掘潜在消费者的精准试用营销推广平台。试客联盟的注册者分为商家和试用者两个角色。为了更好地讲解试客联盟，笔者以自己店铺为例介绍参与试客联盟的所有步骤。

（1）注册商家账号，登录后台，选择发布试用活动。

（2）选择试用活动类型，如图7.74所示。

图7.74　试客联盟后台的活动类型

（3）选择商品活动来源，目前后台支持京东、淘宝、天猫、拼多多。

（4）设置买家领取时间：需购买"极速下单"服务，试客在获得资格后需在3个小时内下单领取，逾期将终止试用。

（5）设置活动是否收取邮费：100元以下的产品可以收取。

（6）根据自己提供的试用产品的数量，选择对应的时间段，一般选择7天。

（7）填写宝贝相应信息，体现出产品的核心卖点与价格优势，如图7.75所示。

图7.75　填写试客联盟商家宝贝相关信息

（8）填写各种联系方式，这样试客联盟客服就会联系你，如图7.76所示。

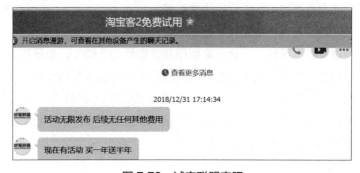

图7.76　试客联盟客服

（9）填写相关产品卖点简介，搜索方式限定条件，单击"发布"按钮。
（10）发布成功之后，系统会提示要存入的款项，如图7.77所示。

图7.77　试客联盟提交成功

（11）支付金额之后，等待小二审核，也可以加入他们的VIP，增加推广力度和优惠力度。

以上就是试客联盟的报名流程，其对于店铺前期增加图文评价是一个不错的选择，只要能保住成本或者赔得不多，商家还是可以尝试的。但要强调一点，报名的产品最好不要参加淘宝客推广，如果要开通也要将佣金设置到最低，否则会有人通过淘宝客联盟来购买，会给店铺造成损失。

7.12　内容营销知识延伸

本节将为大家介绍优秀电商文案的撰写思路及内容变现等知识。

7.12.1　11步创作一篇优秀的电商文案

一篇优秀的电商文案的创作应该具备的要点如下。
（1）对产品独特的卖点进行情景化细分。
（2）蹭时代热点，关注生意参谋热搜关键词及淘宝风云榜。
（3）圈定自己的人群，要针对该人群进行挖掘，做到专注。
（4）明确买家的具体需求与痛点，针对性地提出解决方案。
（5）围绕一个话题展开讨论，采用议论文形式。
（6）图文并茂，最好能有小视频，一针见血地进行披露。
（7）文章要通顺，绵里藏针，要让买家明明知道你写的是软文，也愿意读下去。
（8）文章最后要留有悬念，或者留有可探讨的话题，供读者互动参详。
（9）一般控制在300字以内，核心关键词以重复出现3次为宜。
（10）分析不同渠道产品的特点，如淘宝头条偏向科技类产品，有好货偏向有格调的产品等。
（11）做好运营的3个工作：拉新、留存、促活。

7.12.2 内容变现的要点

这几年一直有人问笔者，什么是粉丝变现。本小节即为大家汇总电商变现的常见模式，但在变现之前首先要有超高的人气或者一定的粉丝数量。汇总 4 种变现模式如下。

（1）通过阿里平台变现，简称 2P。这种方式比较简单，内容创作者只需要与平台进行合作，在自己的文章后面或者中间安排广告，即可领取平台稿费。例如，找创作者写一篇淘宝头条中的文章，需要给创作者 300 元，他们只管写但不管产品是否成交。

（2）通过商家变现，这种是为商家导流，简称 2B。创作者有自己的阿里平台大号或者微信大号，通过发布产品促销等信息让自己的粉丝购买，进而产生提点，就是我们讲过的 CPS 模式。当然也有按照次数进行收费的。

（3）通过用户变现，将产品或者服务直接卖给粉丝，简称 2C。这种模式有别于上面两种模式，主要难在除了要有优质的内容外，还要有供应链与运营能力。该模式主要包括内容电商、打赏、付费会员等。

（4）超级 IP 变现，即大咖级别的人物，针对卖家来说可以跟他们合作，从而快速提高品牌效应。比如李佳琪、薇娅等主播，这些超级 IP 整合了更多的网络渠道，从而实现快速变现。

上述就是常见的变现手段，但无论如何都离不开软文广告。软文广告的最高境界就是让人看了浑然不知道是广告，或者明明知道是广告也愿意被它吸引、打动，甚至还会转发。

7.12.3 阿里创作者的商业模式

在淘宝、天猫的内容创作平台中有很多种合作模式，常见的有以下几种。

（1）CPC 模式：按照点击计费，比如淘宝头条里面的测评、榜单、好货推荐、科技前沿等，平台会根据人群画像进行相关商品的文章推荐，从而实现精准点击。该部分付费模式适合商家的类型包括教育、新款手机、高科技产品等，同时为了达到更好的效果，商家也可以寻找多个账号同时进行投放，具体效果还待商家进一步测试。

（2）CPS 模式：既有能力创作，又有能力选品的创作者通过内容直接导购，成交后获取销售佣金的方式。阿里 V 任务中的有好货、哇哦短视频多是比较直接的导购类内容，除了拿取投放费用外，还要拿取卖一单的佣金。

（3）V 任务广告营销费：在微博与微信这两个社交媒体平台进行广告投放，一般采取的是高佣金模式。在阿里联盟中报名，然后采集到各大账号（这些大账号也可能挂靠 MCN 机构）与 QQ 群等进行转发成交，从而实现联盟推广。

（4）MCN 机构是一个多频道网络的产品形态，其将 PGC（专业内容生产）内容联合起来，在资本的有力支持下保障内容的持续输出，最终实现商业的稳定变现。阿里 V 任务页面有很多 MCN 机构，如图 7.78 所示。MCN 机构的盈利模式：一方面通过帮助品牌方进行整合推广获取广告费，另一方面是旗下创作者的佣金抽成。

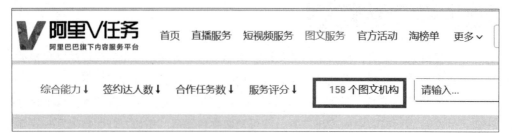

图 7.78　淘宝目前的 158 个图文机构

（5）创作者店铺模式。这种模式变现就是自己卖产品，产品可以是自己的，也可以是别人的。当创作者账号的粉丝号召力和电商内容足够强时，有创作者的团队就会考虑切入店铺、代理产品或者孵化自己的品牌。曾经的淘女郎年代就孵化出了很多成功的案例。

在前面章节中笔者向大家介绍了淘宝、天猫营销的"三剑客"，即付费引流量的 3 种模式。在这 3 种模式中，直通车是拉升宝贝自然排名的利器，淘宝客是前期宝贝冲销量、店铺冲等级的首选，智钻是打造品牌、打造爆款的有利工具。

一般优秀的店铺都是 3 种模式结合使用，让店铺从一个单品爆款逐渐变成爆款群，并且不断地研发新的产品，让爆款不断更迭，从而实现很高的利润空间。如果拿其中任何一个工具去打造爆款，也许都能实现，但付出的努力和产出的回报可能就不成比例了。所以，宝贝在不同的阶段应该选择不同的工具来实现目标，笔者称其为"阶段性优化"。每个阶段都应该为优质的结果负责。

活动推广——引爆店铺流量的利器

店铺活动是每一个店铺发展到一定阶段必须要做的,因为活动能让店铺的产品销量骤增,快速赶超竞争对手,甚至可以清理库存换钱。本章将从各个方面讲解不同店铺活动的报名技巧、数据评估及有效产出。

8.1　活动概况

淘系活动之多，是我们每个运营者都无法想象的。不过只要知道淘宝营销的网址（http://yingxiao.taobao.com），很多活动就可以报名了。用活动引流量是每个运营者都想做的事情，无论店铺大小，都无法拒绝活动的诱惑。

因为每个活动都是平台的一个节点，如年终大促、"双11"、"双12"、年货节等，所以商家无法忽略"节点性"活动带来的流量暴增的效果。也有商家说，活动都是大商家的事，与小卖家无关。其实不然，平台活动是线上促销的一种手段，是一个产品冲进TOP50的重要举措。当然，很多活动也让商家为难，究其原因是报名参加一次活动赔一次，真的不知道是否还要继续下去。这时一定要注意，活动前与活动后的数据分析正确与否是决定赔赚的关键。接下来让我们一起学习抢占淘宝天猫1/10流量的角色之一——活动吧。

8.1.1　活动的重要性

关于活动的重要性，笔者想从以下5个方面为大家进行讲解。

（1）店铺前期快速冲等级。淘宝店铺报名淘宝客活动，达到一个钻以后报名天天特价，进一步冲等级，在短时间内可变成一个蓝冠。

（2）生命周期短的产品快速冲销量，如车厘子、三文鱼活体、阳澄湖大闸蟹等。这些产品因为季节变化快与生命周期短，所以常见的销量方式就是参加聚划算与淘抢购快速冲量，迅速提升宝贝排名，然后提升宝贝价格，从而盈利。

（3）新品上市，走低价冲销量。报名参加天天特价的活动，让买家感觉物有所值，买家会给出好评，这样可以吸引后来者进行购买。做电商的，如果产品一个评价都没有，则很容易形成马太效应。笔者研发的狗玩具飞盘，前期就是赔钱报活动冲销量，到产品销量、评价达到一定基数之后，再参加淘抢购将销量一次性冲上来，然后调价实现盈利。

（4）争夺市场，抑制竞争对手成长。在市场竞争过程中，很多卖家通过拉低价格来打压竞争对手，而我们可以一次性低价参加活动，迅速抢占市场份额，积累一批自己的客户，并保存自有品牌的市场份额。

（5）清理库存，加快资金周转。有时积压的产品太多，通过活动可以有效地降低库存，快速回笼资金，研发新产品，带动店铺可持续性发展。

8.1.2 淘系活动的分类

一提到活动，很多商家就会想到降价销售。虽然促销是活动的主要形式，但并非我们的目的。既然活动可以起到宣传、销售、传播、清仓等作用，那么我们应该对平台的活动进行分类总结。

（1）促销类活动。此类活动如平台上的天天特价、免费试用、淘金币活动，以及站外的折800、卷皮网、试客联盟等，这些活动都以折扣为卖点，甚至还需要押金与淘宝客佣金，从而实现产品销量快速增长。

（2）平台类活动。此类活动的特点是流量很大，且针对全网类目进行报名，有着很好的买家认知，买家在互动页面也更容易购买。平台类活动常见的有3月上新、年中大促、8月新风尚、"双11"和"双12"等。

（3）全网渠道类目活动。针对每个类目进行报名，然后统一端口展现，常见的如淘抢购、聚划算、天天特价等。

（4）主题活动。小二根据中国的传统节日及平台自己创造的节日开展主题活动，常见的如家居馆、女装上新、七夕节、女王节等，在节日氛围内带动部分类目销量的增长。

（5）店铺内部活动。主要针对店铺的老客户进行关系营销，如会员日、店庆周、免费试用等，进一步活跃老客户，刺激老客户二次回购，并吸引新客户加入。

以上就是淘系常见活动的分类与汇总，部分活动由于其特殊性，可以同时分布在不同的分类中，这也是活动的特殊性所引致的，希望大家能够理解。

8.1.3 参加活动的产品的特征

活动中的产品有三类：流量款、主推款和利润款。本小节针对活动中的每款产品进行分析。

（1）流量款：用于引流量，它存在的意义就是冲等级、冲销量。对于做得好一点的，可以采用增加SKU的方法或者直接在原有产品上进行改价或链接新产品；做得一般的，应做好关联营销，关联主推款与利润款，从而提高客单价。在流量款生命周期中，常见的活动如淘宝客高佣金活动、淘宝天天特价活动、淘金币活动等。

（2）主推款：店铺主要销售的产品，它的意义就是给店铺带来权重与利润。通过参加活动，可以让它在该展位的成交额骤增，从而保证宝贝的排名。可以用关联营销的方法提高宝贝的单价，常见的活动如淘抢购、聚划算、达人V任务、主播活动、平台类活动等。

（3）利润款：店铺最赚钱的产品，它的流量是相对较少的，一般很难参加活动，原因是综合性价比不高。一般常见的活动就是淘宝客活动、达人主播活动、平台类活动、平台主题活动等。

参加活动之前，要对产品进行内部结构的优化与老客户唤醒操作，以便在活动当天达到最好的效果。

8.2 淘宝天猫活动的玩法

要在活动中立于不败之地，除了选好产品之外，还必须明确各个平台聚集的人群画像及销售重点。分析竞争对手参加活动的数据，是玩好活动的基石。

8.2.1 天天特价的玩法

天天特价是淘宝多年以来一直存在的一个活动，不管其怎么改变，都离不开3个"特"，即特价产品冲销量、特价产品冲等级、特价产品冲流量。

天天特价现在更名为天天特卖（见图8.1），但人们仍习惯称其为"天天特价"，本书也以"天天特价"为名进行讲解。

图 8.1　天天特价

1. 什么样的产品适合报名天天特价？天天特价的策略是什么？

天天特价中的产品价格都特别低，但质量却很好。低价的目的是能够冲上想要的等级、销量、流量。但不管什么目的，最终结果肯定不会一直赔下去。

如图8.2所示，10斤丑橘的销售价为26.8元，而同样的价格在线下能买到5斤就不错了。卖家这么做的目的很简单，就是在短时间内把店铺等级与销量冲上去，然后改折扣价，让宝贝的售价变成39.9元，接着开直通车快速拉升排名，实现盈利。当然，为了能让宝贝的销量很高，活动当天往往伴随着很高的淘宝客佣金，争取让产品上主推。

图 8.2　四川丑橘报名天天特价

2. 天天特价的报名要求是什么？

淘系对参加天天特价的店铺或宝贝的要求为，店铺等级要大于 1 钻，宝贝售价为 15 天历史最低价，宝贝 30 天的销量大于 5 件等；而天猫对此没有太多要求，可以直接报名。

3. 天天特价的报名流程是什么？

（1）确定好参加活动的产品，并且报名的产品要符合天天特价的要求。

（2）进入天天特价后台，选择对应的栏目报名。

（3）后台活动类型中最容易通过的就是天天特价 - 日常单品，如图 8.3 所示。

图 8.3　天天特价 - 日常单品报名入口

（4）单击"去报名"按钮，在后续步骤中填写相应信息，然后提交，如图 8.4 所示。

图 8.4　天天特价报名过程

（5）日常单品报名促销的手段有 4 种。

①特价店铺团优惠券。

②特价日常单品优惠。

③天天特价第二件半价。

④天天特价第二件零元。

进入天猫招商后台，可以看到 4 种玩法，如图 8.5 所示。

图 8.5　天天特价后台

（6）提交成功（见图 8.6）之后，等待小二审核。若未通过要找出原因，继续报名直至成功。

图8.6 天天特价报名提交成功

4. 天天特价的常见玩法

天天特价后台玩法目前共分为8种,每种玩法都有自己的展现渠道和特点,具体如下。

(1)对于天天特价中的极致爆款——特价王,仅在支付宝小程序拼团中展现,具体玩法如下。

①派发特价店铺团优惠券。

②特价日常单品优惠。

③天天特价第二件半价。

④天天特价第二件零元。

(2)对于天天特价中的淘宝特价版新人专区,后台没有具体说明,直接报名即可。

(3)对于天天特价中的天天特卖,在支付宝小程序精选拼团中,共分为两种玩法:拼团渠道店铺优惠券和天天特价拼团(热卖)。由于支付宝小程序拼团场景下产生的订单不计入搜索销量,因此报名容易通过,对增加产品评价数还是有帮助的。

(4)对于天天特价中的天天特价C2M定制成长期,此活动重在成长计划,要求报名的产品在近90天内参加的天天特价活动大于3次,定期成长。其常见玩法如下。

①特价日常单品优惠。

②天天特价第二件半价。

③天天特价第二件零元。

④天天特价极致爆款拼团玩法。

(5)对于天天特卖中的极致爆款——9.9元包邮,旨在招募平时销售价格大于9.9元、性价比较高的产品参加活动,多个SKU的产品最高价格不得高于9.9元。其常见玩法如下。

①派发特价店铺团优惠券。

②特价日常单品优惠。

③天天特价第二件半价。

④天天特价第二件零元。

(6)对于天天特价中的极致店铺团,旨在扶持中小品牌参加团购,报名件数控制在10~99件。其常见玩法如下。

①派发特价店铺团优惠券。

②特价日常单品优惠。

③天天特价第二件半价。

④天天特价第二件零元。

（7）对于天天特卖–支付宝小程序五折拼团，在历史最低价的基础上以五折价报名。

（8）对于天天特卖–日常单品，旨在邀请全网平台参加，所有单品都可以参加。常见玩法如下。

①派发特价店铺团优惠券。

②特价日常单品优惠。

③天天特价第二件半价。

④天天特价第二件零元。

5. 通过天天特价审核的技巧

天天特价是扶持淘宝、天猫中小卖家成长的活动，卖家通过审核的技巧如下。

（1）品牌资质必须填写齐全，最好有授权销售书，让小二认为该产品有保障。

（2）要保证店铺DSR、所在层级及店铺等级，最好为金牌卖家。

（3）日常销量、好评率、疲劳度、产品性价比是当期最优等。

（4）最好在活动审核期间，安全地提升销量，开通直通车与淘宝客以增加天天特价的通过率。

（5）分析自己产品与历届产品的核心区别，报名时在标题与文案中要有所体现，这样在机器审核阶段，产品有其独特的卖点，会比较容易通过初审。

（6）应季产品报名天天特价往往通过率高，究其原因是买家需求量大。

（7）报名天天特价的产品必须做好关联营销，从而提高客单价，增加访问深度。

（8）天天特价报名需要填写库存的数量，我们会参考历届相似产品的销量，从而提升我们的售罄率，为我们的下一次报名做准备。

8.2.2 淘抢购的玩法

淘抢购是淘系最大的活动之一，入口在手机淘宝端的首屏。淘抢购的日均流量过千万人次，既是淘系宝贝快速提升销量、拉升排名的利器，也是日均销量过万的活动之一。淘抢购每天有18个场次可以轮流抢购，在买家心中有一定的品牌形象，买家对其也有一定的认知度。本小节将从6个方面讲解淘抢购的相关知识。

1. 淘抢购中的产品的特点

淘抢购是大型活动，报名的产品一般以主推款为切入点，旨在让主推款的排名进一步提升，从而增加店铺整体流量与权重。另一个重要因素是，主推款有一定的利润空间，在保本或稍有利润的情况下参加淘抢购是很容易通过的。淘抢购是官方计入宝贝权重的活动，每个坑位的访问量在1万次/日以上，非常适合打造爆款。

2. 淘抢购的费用收取

淘抢购的收费模式共有5种，在讲解之前我们需要明确几个名词。

（1）实时划扣技术服务费 = 买家点击确认收货累计金额 × 类目收费费率，另外，确认收货后退款的订单不予以退费。

（2）保底费用，可以区分为固定保底和动态保底两种。固定保底按照报名的业务类型的活动公示的收费标准；动态保底费用 = 报名品值 × 类目收费费率 ×30%。

（3）固定费用，固定费用是按照商家报名所在行业细分类型的活动所公示的收费标准。

（4）封顶费用，封顶费用是按照商家报名所在行业细分类型的活动所公示的收费标准。

并不是以上4种淘抢购费用都要交，可按以下5种收费模板进行缴纳。

（1）保底 + 实时划扣技术服务费。

通过审核后，提前支付一笔基础费用至支付宝内，开团后只扣淘抢购账户。当累计确认收货交易订单金额对应的技术服务费等于或者小于已扣除的基础费用时，系统免收技术服务费，否则会对超出的成交额按费率扣去实时技术服务费。

（2）保底 + 封顶费用。

在保底 + 实时划扣服务费模式的基础上，直至扣除的费用达到封顶时，停止扣费。

（3）固定费用。

商家审核通过后提前支付一笔固定费用至绑定的支付宝内，在开团时从淘抢购中扣除；开团后系统将不再实时监视确认收货成交额，商家无需缴纳实时划扣技术费。

（4）实时划扣技术服务费。

不包括保底和封顶费用，淘抢购订单确认收货时，将会扣除一定比例款项至淘抢购专用的收费支付宝账户，为实时划扣。

（5）实时划扣技术费（不包括保底费用）+ 封顶费用。

在实时划扣技术服务费模式的基础上，当扣除的费用达到封顶时，停止扣费。

3. 淘抢购的报名条件

对于淘抢购的报名条件如下。

（1）店铺等级要求在3个钻以上，开店要满90天，实物交易占比为80%以上，累计评价在200条以上，扣分控制在6分以下等，这些都是最低报名门槛。

（2）小二审核时会考核单品近期销售情况，如果产品近期销售指标差，小二一般不会让其通过审核，此时卖家应换一个有竞争力的产品进行重新报名。

（3）销量要求：如果报名产品本身销量很高，那么通过审核的概率就会大一些，所以建议在报名期间尽量保证宝贝有一定销量，不管是AB单还是淘宝客单，多多益善。

（4）价格要求：报名淘抢购的产品性价比要很高，同样的产品别人可能卖20元，如果你卖11.9元，将非常有竞争力。小二会考核竞争对手的数据，考核行业平均值，如果你的数据比平均值还低，就更容易通过审核了。

（5）完善的宝贝主图与详情页及视频是通过活动的核心条件，所以建议大家做好宝贝的文案与卖点的一致性，中差评数量与买家相册、好评率等都会影响报名的通过率。

（6）宝贝库存：报名时要求报名货值大于5万元，我们要考虑售罄率，所以也要综合考虑报名库存。

（7）产品的利益点：一定要写出宝贝的核心卖点及与其他产品不同的地方，最好写出类似"第二份半价"等内容，让买家在活动一开始就会下订单。

4. 数据选品，让小二无可挑剔地选择你

所有活动报名能否通过，最终取决于数据化选品，选择一个好的产品是通过淘抢购活动审核的根本。仔细观察，我们可以看到很多参加淘抢购的产品并没有很高的销量与评价，而往往是一些"新、奇、特、优"的产品，这正好符合淘抢购这个平台的定位。对于选择参加淘抢购活动的产品，需要分析思路如下。

（1）确定好产品的卖点。在生意参谋中选择"市场"选项，输入核心词，然后找到关联热词，找出目前产品的核心属性。以狗玩具为例，其关联热词如图8.7所示。

狗玩具				
耐	13,967	33	104.00%	10,957
毛绒	7,977	40	80.00%	5,507
泰迪	6,275	26	76.00%	4,498
幼犬	6,160	11	85.00%	4,555
仿真	5,563	17	80.00%	4,005
磨牙	5,416	12	98.00%	4,238
大型犬	4,240	7	90.00%	3,233

图8.7 狗玩具关联热词

（2）分析自己产品的卖点。目前笔者的店铺中有小狗玩具与大狗玩具两个单品，通过分析图8.7可以看到泰迪幼犬小型犬玩具，还有大型犬狗玩具，卖点是耐咬、磨牙、仿真、毛绒。

（3）分析竞争对手产品卖点。分析近7天报名参加淘抢购的狗玩具产品的核心卖点并汇总，如表8.1所示。

表8.1 报名产品的卖点

原价（元）	活动价（元）	评论数	库存数	核心属性
59	19.9	56	2500	泰迪、耐咬、磨牙、球
39	15.9	300	3500	耐咬、磨牙、发声、泰迪
79	59	459	1500	金毛、磨牙、耐咬、训练
29	11.9	1092	5300	幼犬、发声、耐咬、磨牙

（4）分析小二喜欢的卖点，在表8.1中，通过分析这些产品我们可以看出产品应该具备耐咬、磨牙、发声3个卖点，其他卖点有训练、球类。根据狗的体态大小分为小狗、幼犬、大狗。为了能让自己通过活动审核，就必须要满足这些卖点，本店铺的一款产品分析如图8.8所示。

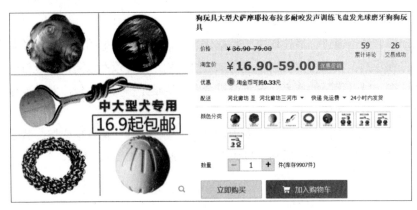

图 8.8 狗玩具产品

通过以上分析，我们的产品不但具备普通卖点，如磨牙、耐咬、发声，而且还有发光、互动等特殊卖点，并且是大型犬玩具，非报名热点中的小型犬，所以最终我们选择大型犬狗玩具进行报名。

（5）确定报名的产品。在淘抢购后台选择档期进行报名，最终结果如图 8.9 所示。

图 8.9 淘抢购报名结果

5. 报名淘抢购的产品如何能卖得好？

（1）在产品预热时，可以将活动悬挂在店铺首页与每个宝贝的详情页中，以增加活动产品的曝光率与收藏量。

（2）关联营销。做好活动产品的关联营销是增加活动当天销售额的关键；同时，做好关联性搭配营销，提高客单价也是常用的手段之一。

（3）合理安排宝贝库存。因为售罄率是淘抢购衡量产品是否可以返场的重要指标，多卖一天就会多一天的销售业绩。在这里要强调一点，产品不但要售罄，而且售罄速度要快。所以，常见手段是前 500 件五折或者前 500 件送好礼等，可刺激买家快速下单。

（4）利用老会员关系管理系统。活动当天可以通过向老客户发送优惠券短信或者电话追销的手段，增加当天销售业绩。

（5）利用淘抢购本身的工具可以提高活动的趣味性，如增加关注度、曝光量、围观抢、整点抢等。设置这些活动，产品将有机会在活动细分频道进行展示，增加曝光量。

6. 淘抢购审核报名店铺或产品的指标

（1）对于店铺所在类目的层级，超过第5层级优先考核。
（2）店铺等级最好在一个冠以上，淘宝店考核。
（3）店铺流量来自多个入口，具体包括自然流量、付费流量、直通车流量。
（4）在淘宝方向是否为金牌卖家。
（5）店铺综合DSR是否飘红。
（6）历史淘抢购数据中的售罄率占比70%以上，才算合格。
（7）报名产品要有价格优势，价格要低于同行业的平均值。
（8）报名产品本身卖点优势，有别于同类产品的不同卖点优势。
（9）报名产品最近30天的销量与评价质量，尤其活动前几天的差评必须要解决掉。
（10）提交活动时间最好保证在凌晨0～1点，先入为主。

8.2.3 聚划算的玩法

聚划算是阿里旗下独立的团购型网站，是目前全网存活下来的少之又少的团购网站之一，其平台的独立性强、产品分类多、团购形式多样化、网站流量过亿等特点深受淘宝中大型卖家喜爱。聚划算本身配有营销型工具和流量推广方式，并且销量纳入宝贝权重。但是，目前聚划算偏向天猫与大品牌商，使很多小的卖家望而却步。怎样玩好聚划算，并利用聚划算打造品牌呢？本小节将从5个方面为大家进行讲解。

1. 聚划算上的产品特征

聚划算上的产品中，当季主流新品占绝大多数，即不是所有类目聚划算都会收。那么，在报名聚划算时，肯定要选择自己店铺综合权重最高的主推款，而并非是利润款与流量款。在报名聚划算前，卖家必须分析历史数据，做出总结，让自己的产品与众不同，才有可能通过初选。卖家可以在服务中购买聚划算数据分析软件，只买自己产品所属类目的即可，如图8.10所示。

图8.10 聚数据分析软件

2. 聚划算的报名流程

聚划算的报名要求比较高，聚划算除了要求店铺满足《淘宝营销规则》的基本要求以外，还对店铺的退款率等有要求，具体细节可以参考聚划算后台招商网站。聚划算的报名流程如下。

（1）后台报名。打开网址 http://ju.taobao.com，找到"我要报名"。

（2）机器审核。一般由小二设定审核条件，然后让机器执行审核。审核的内容具体包括店铺的违规扣分情况、近期的访客、收藏量、加购物车量、转化率等。

（3）人工审核。小二针对机审之后的产品做进一步的筛查，具体考核内容有两点：销售额与售罄率。

（4）参与竞拍。这部分是针对产品展示位进行出价，同期参与活动的卖家谁出价高，谁就能获得产品展示，其他卖家则被淘汰。

（5）缴费。根据类目要求缴纳相应的费用，各部分费用如图 8.11 所示。

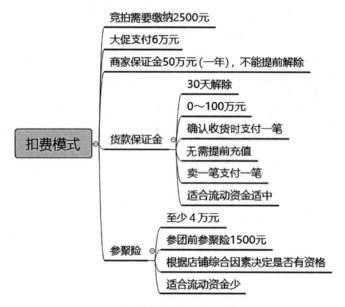

图 8.11　各部分费用

（6）预告。在预告之前做好产品基本功，包括营销工具的使用、全店铺聚划算流量的入口等，让更多的买家知道你的产品哪天会参加聚划算。同时，系统会根据你的预告能力让你的产品在预告时有一个排名，如图 8.12 所示。

图 8.12　聚划算预告排名

（7）上线。每日上午 10 点开始团购，根据产品销售额与售罄率实时进行排序，一般卖得多的产品排名靠前，曝光率大，容易售罄。

3. 如何卖好参加聚划算的产品？

（1）提前做好预热工作。审核通过到排期上线的这段时间，都是聚划算的预热阶段。而预热期间就像我们在种草，等到活动当天瞬时爆发。

（2）活动一般是多渠道引流量，会使用如下工具进行活动前期与活动当天的引流。

①钻展：提前准备钻展素材，锁定活动当天人群画像。

②直通车：提前优化好关键词质量得分，等到活动当天全网 24 小时投放。

③淘宝客：提前联系好淘宝客与淘宝达人，在活动当天进行全网渠道推广及达人主播推广。

④老客户群发：通过淘宝会员关系管理系统，让老客户参与本次聚划算活动。

（3）做好开团提醒与收藏引导。在预热期间，可以把商品放到手机端首页、关联位置、店招、每个宝贝详情页的海报入口等位置，设置宝贝收藏有礼、加关注有礼，甚至可以送优惠券，限聚划算活动当天使用等。

（4）对宝贝详情页的主图做进一步优化。在预热期间，根据访客的跳出率、访客深度、浏览时长等因素进一步策划与修正文案，使活动当天能够有的放矢。

（5）团队部门之间分工合作，尤其是文案策划者、车手、运营、店长、美工 5 个岗位的人员要进行头脑风暴，制订出整个工作的计划，然后分工执行。

（6）使用聚划算营销工具。如第二件 1 元（见图 8.13）、第二件半价、前 5 分钟半价等玩法的实施，能在活动当天短时间内让宝贝排名靠前，增加曝光率。

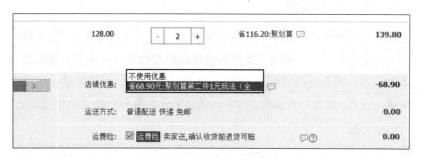

图 8.13 聚划算第二件 1 元玩法

（7）做好产品追销。针对买家下单后却没有付款的情况，卖家应该及时通过旺旺提醒，或发短信甚至打电话沟通，积极引导买家下单。

4. 通过聚划算审核的技巧

（1）选品要有优势，价格要有优势，要有自己独特的卖点，应季产品应优先考虑。

（2）产品近 15 天成交额呈现上升趋势，无纠纷、无差评的优先考虑。

（3）店铺综合打标，产品销量过 10 件，店铺月销售额达 15 万元以上优先考虑。

（4）拥有行业类目标志的店铺，如极有家、汇吃、亲宝贝、ifashion 等优先考虑。

（5）产品货值大于 10 万元，活动审核期间有大单出现的优先考虑。

（6）报名时填写的促销手段与宝贝文案较好，对小二有很大吸引力。

5. 聚划算活动结束后工作

（1）发货问题。聚划算的一期一般会有几千单，活动过后发货是一个很重要的环节，一般在活动结束后，人员要组织到位，避免因发货不及时而导致被退货。

（2）货物发出后短信提醒很重要，这样会告知买家宝贝已经出发，让买家感觉商家服务态度良好。

（3）售后应对策略。要组织好各位客服，对于买家反馈的问题要尽快找到应对策略，对损失的客户一定要做好安抚，表达歉意并为其解决问题。

（4）继续预热。因聚划算销量会计入宝贝搜索权重，活动结束后宝贝排名肯定会大幅提升，所以要做好付费流量与自然流量的组合，让他们形成"经叉图"，以进一步提高宝贝销售额，为下一期的活动做好准备。

总结：聚划算是淘宝、天猫中最大的活动，活动过程不能用难易程度衡量，而要用它带来的产出比作为衡量指标。一次成功的聚划算会让店铺的流量剧增，并且会形成老客户的二次回购，尤其是食品类与日常用品类产品等。如果是KA商家，可以参加品牌团甚至全店团等，如三只松鼠的碧根果，基本上每周都参加聚划算。

参加聚划算前、中、后都要做好充足的准备，持续参加聚划算，让店铺的产品变成爆款群，让店铺的产品成为行业TOP50。

8.2.4 淘金币的玩法

淘金币抵钱活动是阿里平台虚拟货币的一种SNS玩法，淘宝有淘金币，天猫有天猫积分，淘宝和天猫共同有集分宝，这3种货币就是阿里平台研发的平台内的3种虚拟货币。本小节重点讲解淘金币的玩法。淘金币抵钱活动有两种：店铺内部活动、平台活动。店铺内部活动可以在淘金币官网进行报名，这里不再讲解；而平台活动又分为每日币抢活动和超级抵钱活动两种。

1. 每日币抢活动

每日币抢活动每天推送具有"淘金币"特性的精选商品，消费者可以选择物美质优的商品并用淘金币抵扣支付现金。活动商品在线时间为1天，报名每日币抢活动，须同时在工具中设置金币频道商品推广。每日币抢活动的招商标准如表8.2所示。

表8.2 每日币抢玩法

资质类型	招商门槛	招商标准
店铺	店铺创建时间	≥90天
	店铺星级（淘宝）	≥3钻
	卖家淘金币余额	≥10000个
	近30天店铺支付宝成交笔数	≥10笔
	本年度内一般违规行为累计扣分	<12分
	本年度内严重违规行为扣分	<12分

续表

资质类型	招商门槛	招商标准
商品	淘金币抵扣比例	≥2%
	天猫加钱购金币数	≥20个
	宝贝30天已售出数量	≥5件
	商品所在类目要求	不是所有类目都可以，具体参考后台规则

每日币抢的展现位置在手机淘宝端→淘金币→抢淘金币→购后返淘金币。

2. 超级抵钱活动

此玩法主要针对淘金币多的买家进行购物金额抵扣，商家报名超级抵钱活动的具体要求如下。

（1）报名条件。

①淘宝C店要求3钻起，天猫店要求开通淘金币账户。

②近30天店铺支付宝成交金额大于15000元。

③宝贝近30天的销量不小于30件，商品图片为白底。

④活动时间为一天，且最多可以报名5个单品。

⑤产品互动价格要小于30天内的最低价。

⑥全国大部分地区包邮，偏远地区除外。

（2）最低库存货值要求：1500元的5折兑货值。例如，商家报名商品的报名价为100元，因为是半价活动，则实际活动售价为50元，需要报名1500元的货值，则库存为：1500÷（100÷2）=1500÷50 = 30（件）。报名时，所填的活动库存必须大于30，否则将不予审核通过。

（3）集市卖家须设置金币比例。例如，设置为10%（与5折抵扣比例叠加，即50%＋50%×10%），当一款商品报名价为100元时，用户的实际购买价为45元（即50元－50元×10%），再加5500金币［（50＋50×10%）×100金币］（其中，超级抵钱的5000金币由平台回收，商品抵扣的10%部分（即500个金币），30%由淘宝平台回收，70%给卖家）。

（4）实际库存。卖家填写报名库存时，应当大于最低的库存要求，当最低库存卖完后，商品会继续在频道内展示，按商品的正常活动价售卖。例如，活动商品报名价为100元，商品报名的金币抵扣为10%，则该商品的超级抵钱（半价售卖部分）的库存为30件，商家后台报名时的库存则必须大于30件。半价售卖的30件库存兑完后，剩余的库存商品的售价为100元－100元×10%=90元，再加上100×10%×100个金币 =1000个金币（金币按照30%由淘宝平台回收，70%给卖家）。

以上是淘金币玩法汇总，淘金币活动旨在让买家手里的金币得以应用，但成交量并不是很大，往往加购率比较大。此时一般配备会员关系管理系统的购物车营销，促使曾经加购过的买家下单，这才是参加淘金币活动最重要的一步。

8.2.5 "双11"活动的玩法

"双11"活动是平台一年内最大的活动,当天成交额过千亿元。所以,玩好"双11",能让卖家"一夜暴富"。本小节将从5个方面讲解"双11"活动的玩法。

1."双11"活动方案

"双11"是全网最大的活动,我们需要事先制定"双11"活动方案。设定时间一般在国庆节长假结束后的第一个星期,主要围绕目标产出来设定。目标产出 = 客单价 × 转化率 × 流量,因此这里围绕这3个方面进行讲解。

(1)客单价。可以在后台生意参谋看到店铺的日均客单价。例如,客单价是40元,那么要在"双11"期间卖够十万元的产出,接下来就需要研究转化率和流量。

(2)转化率。我们一定要明确,"双11"期间没有人群画像标签,并且转化率都高于非"双11"期间的行业平均转化率,如表8.3所示。

表8.3 "双11"期间各个渠道的流量转化率

渠道	方式	流量转化率
自主访问	收藏	平时转化3倍
	优惠券	平时转化3倍
	回购	平时转化3倍
	购物车	平时转化2.5倍
免费流量	直接访问	平时转化3倍
	自然搜索	平时转化3倍
	主会场流量	5%
	分会场流量	5%
	内容引进流量	平时转化2.5倍
	站外U站引进流量	平时转化2.5倍
	营销推广群引进流量	平时转化2.5倍
付费流量	直通车	平时转化3倍
	钻展	平时转化2倍
	淘宝客	平时转化2.5倍

(3)流量。我们要想办法从表8.3所示的渠道引流量,并且计算出每个渠道需要投入的费用。由表8.3可知,转化基本控制在2.5倍以上,通过生意参谋后台我们可以看到行业平均转化率,如为5%,这样我们就可以计算出需要的流量了。100000=40×5%×2.5×Y,其中Y就是我们要的流量。然后根据各个渠道的流量费用与产出,计算出最终需要准备的费用,然后

让领导做出决策。以上就是"双11"活动方案的制定过程。

2. "双11"活动准备期

每年10月20—31日称为"双11"活动准备期，在这段时间中，我们重点应该考虑如何做好"双11"前的准备，具体从以下几方面入手。

（1）分析店铺有哪些产品在"双11"期间会有很大的销量，一般需要找出6～10款，与此同时，促使买家收藏与加购，从而增加产品的销量，销量最好能过百。

（2）测试推广在10月25日前必须做好直通车与钻展主图和详情页数据的测试，包括点击率、转化率、跳出率、停留时间等，不断完善直、钻、淘的主图与详情页，这样在"双11"期间才能有很好的表现。

（3）做出"双11"承接页面，该页面前6款产品必须有较高的评价与销量，并且设置好关联营销，营造节日氛围。

（4）活动氛围主要从店铺装修上体现，如产品折扣的力度、提前加购送优惠券、收藏送礼品等。通过手机端与PC端的装修，让买家在"双11"活动期间能够记住自己的店铺，这就是目的。

（5）10月25日前，应该通过直通车把关键词质量得分养到10分，这样才能在"双11"期间获得很好的ROI，不用担心"双11"关键词出价高，因为不用出太高价依然有流量，尤其是新款直通车智能引流量，因为"双11"当天流量是"爆棚"的。

（6）10月28日以后要开通钻展，这时钻展建议开通CPM，因为此时即使出价低也能获得展现，并且有流量就会有相应的转化。

（7）10月31日前确定好"双11"合作的达人与主播，甚至包括在"双11"期间推广的淘宝客都应该列举出来，并做好备份，并且从11月1日起开始投放淘宝客。

3. "双11"活动预热期

"双11"活动的预热期是每年的11月1—9日，此时平台销量急剧下滑，很多买家都在等"双11"活动到来，所以卖家把这个阶段称为"蓄水期"。在这个阶段，无论卖家如何努力，宝贝的销量都不会增长，所以必须想办法让买家下单并且唤醒老客户。其具体做法如下。

（1）该阶段的人群画像比较混乱，可以通过淘宝客模式给宝贝补单，从而增加宝贝的权重，促使宝贝在后面的赛马机制中胜出。

（2）通过营销手段留住客户，为"双11"蓄水。常见手段有收藏有礼、提前"双11"、加购物车送淘金币、老客户购物车优惠券营销等。

（3）通过各个渠道增加流量，如站外U站、淘宝客、适当的直通车推广、适当的钻展推广、达人合作等都是获取流量的渠道。因为转化率比较低，所以付费推广可以适当选用。

（4）在"双11"的预热期，拉新也是需要的。而且该阶段全网人群流量较大，所以圈定的逻辑可以稍微细致一些，但是覆盖面要广，因此拉新人群需要细致分类。

（5）达摩盘人群标签圈定配合钻展推广，首要圈定类目人群，如15天类目点击偏好、30天类目浏览、90天类目收藏和30天子类目浏览等标签；与此同时，应该加上当年"618"大促的特殊标签等。

（6）如果实力尚可，一定要参加平台举办的相关活动，如红包、"双11"津贴发放、互动城、提前加购物车等，这些流量对"双11"蓄水期来说是非常重要的。

4．"双11"活动当天

"双11"活动当天最凶猛的时间段在凌晨0~1点，该时段的销售额相当于"双11"活动当天剩余时间的销量额，可见蓄水泄洪之猛。该时段的买家购物特征都是抢购，因为绝大部分买家在预热期都已经咨询完毕了。

在活动的主会场，有很多产品是前1000名下单立减50，甚至打五折等，这些都是平台赛马机制所致的。在这一个小时的时间里，商家一定要做好客服应对，包括快捷用语、优惠链接、热销款链接等，要让买家短时间内就能找到他想要的。随着时间推移，上午9点以后，平台买家购物已经进入理性期，买家会对比曾经购买的产品和当天参加活动的产品哪个更优惠，这时卖家一般要在自己的产品上做出价格标志，如图8.14所示。临近晚上，又会有一批买家来进行扫尾。作为商家，可以制作"过期不候"、"活动倒计时"或"即将售罄"等标语，不断刺激买家的购买欲望。

图8.14 "双11"当天价格标志

以上就是"双11"活动当天买家的消费行为模型，我们当然希望越来越多的流量进入店铺，从而形成转化，所以在"双11"活动的当天，付费推广"三剑客"是不能缺少的。大家一定要注意，活动当天直通车出价不用太高也会有流量，因为当天流量是"爆棚"的，我们只需要出价平均就能获得不错的流量。

5．"双11"活动后总结

每年的"双11"活动都是一场火爆的较量，这次活动不仅考验员工、库存、广告费等硬性条件，还考验整个团队的分工协作能力。一次好的"双11"活动策划可以抵得过一年销售业绩带来的利润，这一点已被很多企业证实。

同时，中小卖家一定要明确一点，没有哪个行业已到了不可竞争的地步，只要我们懂得数据分析，善于把握市场风向，就不会被市场淘汰。

8.2.6 平台其他活动的玩法

除了前文中介绍的平台活动外，我们还可以在千牛卖家中心通过营销中心中的活动中心来查看我们能参加的活动与平台的其他活动，如图8.15所示。

图 8.15　平台其他活动

每个类目基本都有一个类目活动，如图 8.16 所示。

图 8.16　宠物类目活动

下面讲解类目活动的报名过程。

（1）通过入口进入报名界面可以看到大类目下所有的小类目，选择对应类目即可。活动的具体规则等如图 8.17 所示。

图 8.17　活动规则

（2）因为笔者卖的是猫狗用品，所以选择了其他水族器材进行报名，如图 8.18 所示。

活动报名类目限制		
允许报名的商品类目	允许最多报名宝贝个数	已报名的宝贝个数
其它水族用具设备	不限	0
孵化器	不限	0
水草	不限	0

图 8.18　活动报名类目限制

由图 8.18 可知，所有类目都没有与笔者对应的产品，所以这次活动笔者不能报名。但是继续往下看，发现有一个极有家－二次元活动，如图 8.19 所示。

图 8.19 极有家-二次元活动

在这个活动中依然要选择对应的类目进行报名,但是会发现,设置活动前还要通过一场考试,如图 8.20 所示。

图 8.20 提示需要考试

接下来对报名活动的步骤进行分享。

(1)通过考试后即可设置大促玩法。每一期的玩法都有所区别,本次是满 199 减 10 元(上不封底),如图 8.21 所示。

图 8.21 极有家大促玩法

(2)接受并签署服务协议后,单击"下一步"按钮,填写店铺信息,上传店铺图片与 Logo。
(3)完成之后,单击"下一步"按钮,选择对应的产品进行促销打折设置,如图 8.22 所示。

图 8.22 选择报名产品

(4)维护完成之后,等待系统审核。一般这样的活动审核都会通过,通过后宝贝打标活动即可开始。

极有家活动是淘宝平台专属活动,不对天猫开放。平台上类似极有家的活动还有很多,如全球购、亲宝贝、ifashion 等,这些活动都需要单独报名,且拥有自己的招商规则。报名成功之后都会打上自己的标志,全球购标志如图 8.23 所示。

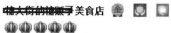

图 8.23 全球购标志

拥有了这些行业标志，店铺的综合权重会有所增加，并且宝贝的转化率也会增加。报名参加其他活动也是店铺的加分项之一，所以我们要想办法通过行业内部的标志认证。

8.3 无线手淘活动

无线手淘活动是只展现在手机淘宝首页及手机淘宝相关频道的活动，且每个季节的活动都不一样，笔者对其中两个节点的活动进行讲解。

（1）淘我要海外买手招商，如图 8.24 所示。活动定位：如果你长期定居海外，或是经常去海外旅行但并非喜欢旅游，而是喜欢海外商品，并对海外好商品了如指掌，是穿梭于各个时尚潮店的买手达人，对护肤、彩妆、包包、母婴、零食、家居等有自己独到的见解，非常适合点击报名。

图 8.24 淘我要 APP 招商

（2）"327"品牌极选，具体要求如下。
①每个商家需要提供 10～20 款商品。
②商品价格统一要求为 30 天历史最低价的 9 折。
③全国包邮。
④30 天销售 80 笔以上。
⑤单款商品货值大于 15 万元小于 25 万元。
⑥应季款式。
具体活动案例如图 8.25 所示。

图 8.25 "327"品牌极选招商案例

由于无线手淘活动较多，并且每个季节小二发起的活动也有所区别，所以这里不再一一介绍，具体活动大家可以在淘营销行业活动列表中查看并报名。

8.4 天猫活动

天猫活动与淘宝活动是有所区别的，因为天猫开店是付费的，所以其活动审核要比淘宝容易通过。笔者按照时间节点为大家介绍天猫的活动。

（1）1月重点活动有家装新年惠、阿里年货节、母婴进口节等。

（2）2月重点活动有年货不打烊、油漆涂装节、天猫情人节、开年总动员等。

（3）3月重点活动有38大促女王节、空调大促、春季汽车节、春茶节等。

（4）4月重点活动有宝宝出行节、美甲节、天猫粉丝节、家装行业大促等。

（5）5月重点活动有天猫母亲节、天猫橱柜节、天猫吃货节等。

（6）6月重点活动有618大促、天猫端午节、66全国爱眼日等。

（7）7月重点活动有天猫游泳节、727洗护节、啤酒节、家装大促等。

（8）8月重点活动有开学总动员、秋季上新预告、七夕情人节等。

（9）9月重点活动有天猫国庆出游季、辣妈囤货季、金秋出游季预期等。

（10）10月重点活动有国庆大惠战等。

（11）11月重点活动有天猫感恩节、火锅节预期、感恩节和伙拼周预期等。

（12）12月重点活动有天猫滑雪节、国际年货节、梦幻圣诞节预期等。

以上就是天猫平台针对天猫商家的活动，涵盖了所有的类目，希望商家抓住报名的时机，让自己的店铺火起来。

8.5 活动与其他推广的关系

任何一个产品的发展都是有生命周期的，并且有市场的产品都存在爆发期。报名参加活动推广就是让产品爆发的最好手段。一场好的活动往往涉及众多影响因素，具体如下。

（1）分析产品市场需求量，即分析产品有多少人需要，需求量越大，则越需要做活动。

（2）分析竞争对手类似产品历届参加活动的数据，用他们的数据来指导自己去粗取精。

（3）团队协同作战是活动能做好的根本，每一个岗位都有自己的任务。

（4）多种引流量的渠道共同使用是做好活动的手段，因为活动当天会形成"羊群效应"。

（5）一个宝贝的理想状态是大词自然排名第一，直通车推广关键词都是10分且转化率高于同行业，报名任何活动都能够通过，很多淘宝客达人帮助推广，站外U站也帮助推广等。

以上这些情况说明，一个宝贝的成长是有过程的，很多卖家朋友上来就问笔者如何让"连衣裙"这个词排名第一，其实这个就是因为宝贝成长需要过程，不会一下子就变成爆款。还有人问笔者报名参加的淘抢购为什么审核一直过不了，我的答案是，宝贝的权重应该从自然优化开始，有了自然排名才会有一定的销量基础，通过直、钻、淘来增加宝贝销量的基数，从而提高产品在展示位的销量，让宝贝的排名靠前，此时报名才容易通过。当然，一些特价产品除外，毕竟价格是最有力的竞争手段。

第9章

新媒体电商

媒体有传播属性,主要用于企业品牌的曝光,可以通过社交媒体快速传播企业品牌和企业美誉,所以新媒体就是基于"新"的介质和平台传播企业品牌,即基于移动互联网传播企业品牌和企业美誉。

本章中涉及的新媒体是指在移动互联网环境下,以文字、图片、音频、视频、短视频、直播等为主的媒体,即以微博、微信、视频、音频、直播等APP为主的媒体。新媒体就是移动互联网媒体,即数字化的媒体。

9.1 什么是新媒体运营

新媒体运营由新媒体和运营两个部分组成,新媒体运营即借助移动互联网媒体进行企业的运营。

随着互联网和移动互联网的产生及普及,大部分互联网企业已开始改变之前的营销模式,如 QQ。我们注册 QQ 时并不需要付出任何成本,而且注册成功后可以免费使用 QQ 的各项服务(当然,每项服务都是很基础的)。

我们熟悉的 QQ 软件,提供了很多有价值的服务需求,但好友上限不能超过 500。好友上限若是超过了 500 就需要付费使用了,这使传统的营销模式发生了改变。这就是免费达到一定量级之后,产生的新的营销模式即付费会员,同时对付费会员又做了细分:VIP 与 SVIP。以上就是 QQ 这个产品运营的模式。

运营和营销的区别。营销只有简单的拉新和转化两个环节,而出现互联网和移动互联网之后,运营就变为了拉新、留存、促活、转化、分享 5 个环节。

营销就是拉新和转化,适合传统行业。找到潜在的垂直用户,只要产品价值满足用户需求,用户就会购买产品,成为客户,如图 9.1 所示。

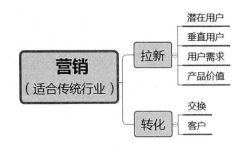

图 9.1 营销包含的内容

自从有了数字化媒体,就开始产生了"运营"的概念。

运营就是用户从不了解产品到认识产品,从认识产品到使用产品,从使用产品到付费,从付费到介绍朋友使用产品,在这个过程中做的所有工作。有些工作是产品营销功能设计自动完成的,比如分享订单有红包可领。有些工作必须由人工完成,比如促使新用户使用产品,用好的内容留住用户,用荣誉等级让用户喜欢产品,用活动提升用户转化。

运营分为用户运营、内容运营、活动运营、商务运营等。

运营与营销相比，运营范围更广，它包括了营销。从两者的环节来理解：营销的环节是拉新、转化，而运营的环节是拉新、留存、促活、转化、分享。运营更加注重留住用户，并使用户保持活跃，即用持续输出的有价值的内容让用户留下来成为粉丝，并且用一些活动比如红包、优惠券等让用户保持活跃和购买。运营也更加注重用户购买产品后用户的评价和分享，比如淘宝运营经常用的一个策略是当客户接到包裹时，包裹中可能有一个微信二维码，微信二维码下方写着扫描添加好友可以领到 3~10 元的红包，通过这种方式不仅可把客户留存下来转化为粉丝，而且能够实现对产品的好评。运营的 5 个环节如图 9.2 所示。

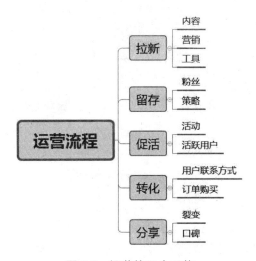

图 9.2　运营的 5 个环节

促活就是把客户拉到自己创建的微信群中，并设置好微信群公告，在微信群中告诉客户每天都有店铺促销活动和优惠券。可以通过新媒体运营方式做淘宝、天猫店铺的微信群活动，更加有利于销售自己店铺的商品，提高老客户的二次购买率甚至更多的购买频次，从而增加店铺的销量，这就是用活动方式促使客户活跃并且提高复购率。当然这里的策略比较多，主要是根据淘宝、天猫店铺的产品实际情况设置相应的活动。价格高的如何设置？价格低的如何设计活动策略？总之，促活就是考虑如何让用户保持活跃，可以随时购买你的产品。

转化就是让客户购买产品，当然这里也要用一些常见的促销策略来促使客户尽快地购买产品，运营淘宝、天猫店铺，有一个基本观点就是：把价格低的产品尽可能多地、快速地卖给客户，价格高的产品抓住有价值的客户尽可能多卖钱，并快速转化客户为粉丝。

分享是在保证产品质量和性价比的基础上，让客户尽可能多地购买产品或者购买价格高的产品，并且分享给客户的好友，这就是客户帮助我们推广，当然我们要从产品质量、客户服务、客户激励等多个方向促使客户愿意分享我们的产品。

综上所述就是运营的概念，运营是有了互联网之后才出现的，当某个产品的客户达到一定量级之后，运营就开始显现出价值，这就是营销和运营的区别。

移动互联网时代，新媒体需要运营、电商需要运营、网络需要运营。新媒体运营的核心就是用户的留存和促活及最终的客户裂变。

最后总结一下，新媒体运营就是利用微博、微信、短视频、直播等平台，对企业的潜在客户进行在线转化，并且实现留存成为粉丝，然后用活动方式促使客户活跃，用促销方式实现转化客户，最后促使客户分享产品或企业信息的一系列过程，如图9.3所示。

运营比较复杂，接下来我们从4个角度介绍运营。

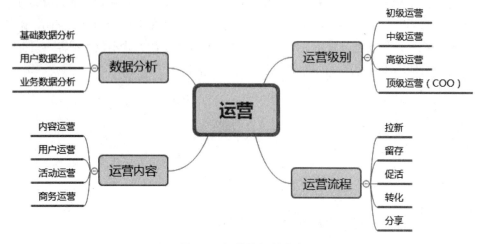

图9.3 运营的相关内容

（1）运营流程：拉新、留存、促活、转化、分享。

（2）运营级别：初级运营、中级运营、高级运营、顶级运营。

（3）运营内容：内容运营、用户运营、活动运营、商务运营。

①内容运营：主要对运营内容的采集、加工、处理、质量等负责，包括内容形式，如图文内容、音频内容、视频内容。如果是图文内容，则包括对内容原创性的考核；如果是视频内容或音频内容，则包括对视频或音频剪辑编辑的考核等。

②用户运营：要考虑如何与用户互动、如何让用户参与互动、如何设计用户成长体系等内容。

③活动运营：活动的策划方案，即设计目的、形式、奖品、过程、连接、反馈、公关、效果等。

④商务运营：运营如何借助外力、如何找到"粉丝"级别相对较高的账号、如何找到同行业的大号、如何对同行业大号的活跃度与粉丝进行甄别和判断等，以及如何与之合作等内容。

（4）数据分析：基础数据分析、用户数据分析、业务数据分析。

例如，淘宝店铺要做一个活动，应分析活动的主题是否满足用户需求，分析参与的用户数据和属性，"粉丝"用户有多少参与，以及参与的原因和意愿，最终转化的成单数量及销售金额等数据。只有做了数据分析，才能带来更多的转化和销售金额。

9.2 常见的新媒体平台

本节主要介绍一些常见的新媒体平台及其特征，方便大家做新媒体电商项目时参考。

9.2.1 微信平台

微信活跃用户有 10 亿多人，其巨大的用户群体就像一座巨大的富矿。但是有一点不足之处，就是微信平台屏蔽了淘宝和天猫的链接，所以大家要充分利用淘宝和天猫的反屏蔽功能——淘口令，实现利用微信推广淘宝店铺或天猫店铺的功能。在微信平台，企业常用的新媒体资源有微信公众号平台、微信群号、微信广告资源。

1. 微信公众号平台

微信公众号分为 4 类账号：订阅号、服务号、小程序和企业微信，如图 9.4 所示。微信公众号平台注册地址为 http://mp.weixin.qq.com。微信团队于 2018 年 11 月 16 日对公众号注册数量做了以下调整：个人主体注册公众号的数量上限由两个调整为 1 个，企业类主体注册公众号的数量上限由 5 个调整为 2 个。根据实际情况，确需注册多个账号的企业，可在注册时发起申请，经微信公众号平台初审，并报互联网信息内容主管部门审批同意后，可适当增加账号注册数量。

图 9.4　微信公众号分类

微信小程序可以作为客户服务工具；微信订阅号打开率低，转化率也较低，互动形式受到限制；微信服务号的互动形式和消息推送频次均受到限制，一个月只能推送 4 次；企业微信个人号可添加用户为好友，互动形式更为多样。

2. 微信群

微信群是用户社群运营和客户服务的载体。微信群的不足在于功能较少，人工干预比较多，社群管理较为困难；优势在于用户的打开频次较高，用户体验较佳，如淘宝客加到微信群后可更好地进行推广。

3. 微信广告资源

微信朋友圈广告如图 9.5 所示。

图 9.5 微信朋友圈广告

微信朋友圈广告按效果付费，微信系统广告可根据用户的手机类型、手机号码、年龄、所在城市和兴趣表情对目标人群进行匹配。

广点通广告如图 9.6 所示。

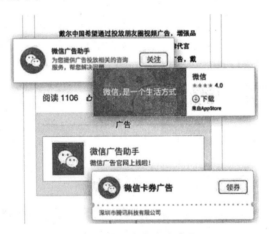

图 9.6 广点通广告

微信系统广告，即微信公众号末尾的 Banner 广告（横幅广告）。现在绝大多数的微信公众号推送的图文中都可以直接植入小程序广告，小程序可以链接到商城、指定页面等，这里不再赘述。

9.2.2 新浪微博平台

微博和微信是不同的，微博是社交媒体，微信是社交即时消息。很多新闻事件，如"花呗锦鲤""黑洞照片版权"等，它们会出现在微博上，而不会出现在微信上。

1. 企业微博的作用

对于企业微博，会有如下几点功能。

（1）拉新用户：微博作为社交媒体，信息传播速度极快。所以，微博往往是品牌话题营销和事件营销的载体，可快速提升品牌曝光量。

（2）活跃和留存用户：通过品牌自媒体账号与用户进行互动，提高用户转化率。如海尔、美的等品牌就经常与用户互动，可提升用户黏性。

（3）发布信息："官宣"是最近的流行语，互联网服务平台开展信息发布既是法律、法规的要求，也是增强用户信任的有效方式。企业微博是发布信息的重要途径。

2. 微博广告资源

（1）"粉丝"通广告：为新浪微博系统广告，按效果付费，可根据用户的手机类型、手机号码、年龄、所在城市和兴趣表情等对目标人群进行匹配。

（2）微博大号广告之软文广告：利用微博大号做推广，其看重的不仅是大号的流量资源，还有大号的信任背书。

9.2.3 问答平台

常用于新媒体推广的问答平台有知乎、百度知道和天涯问答等。百度知道、天涯问答被运用于网络推广已久，知乎最近几年才出现。要保持用户活跃度和月活用户增长迅速，是企业新媒体运营必不可少的平台。

问答平台可以做产品口碑推广，而且知乎可以直接植入淘宝做推广网店的网址，方便用户直接进入淘宝网店购买产品。知乎非常适合淘宝网店，但是要求推广的淘宝网店的产品有一些新特性，有趣、有创意的产品推广效果会更佳。

要使用问答营销，就需要掌握一定的文案撰写技巧，最好让用户看到问答结果时感觉不出这是广告，所以要在文案撰写方面下功夫。问答营销的形式是一问一答，需要注册至少两个账号，并且要变换 IP 地址进行问答营销。另外，对于问答平台的利用，还要掌握好平台的特点，如百度知道的文案较简单，而知乎问答则要求有详细的文案。

9.2.4 百科平台

常用于新媒体推广的百科平台有百度百科、360 百科、互动百科。百科平台是新媒体中的"旧媒体"，制作百科的作用有两个：一是辅助搜索引擎优化（SEO），由于百科类平台权重都比较高，所以比较容易在搜索引擎中获得比较好的排名，从而为推广的平台带来流量；二是提供信任背书，百科类平台可以为电商平台的商品与品牌在一定程度上提供信任背书从而带来可信营销。

那么，怎样才能容易通过百科词条呢？以百度百科为例：首先是要保证内容描述的准确性，一定要与主题相关，如果标题是描述某公司，而内容里面则是写其他公司，虽然有可能这个其他公司是这个某公司的旗下子公司，但是百度无法识别，所以我们在正文中要突出自己描述的核心关键词；其次是客观全面，是要求语言不能夸大，比如使用很、非常、特别之类的，如果检测到这些词的出现频率较高，通常是无法通过百度审核的，因此大家在描写正文时，尽量使用客观、第三方的语气来准确地描述；最后，一定要有权威网站作为资料佐证。比如，CCTV官网、新华网、各大学官网、日报媒体网站等，有了这些网站的证明，通过率就会很高。

9.2.5 直播平台

常见的直播平台有映客、花椒、一直播、淘宝直播、陌陌直播、抖音直播等。网络直播最大的特点是直观性强，即时互动性强。电商平台的淘宝直播，在直播过程中可以直接销售商品。例如，你需要买一双靴子，但不知道该靴子穿上会不会掉筒，直播中由模特穿上后来展现效果，你会发现并不会掉筒，这样你就会打消顾虑，达成交易。

直播的类型包括信息披露直播、品牌宣传直播、"网红"代言直播、专家达人直播、客服沟通直播、娱乐活动直播、线下互动+线上直播整合。

新媒体运营中，直播运营也是一种很好的方法，需要充分利用起来。

9.2.6 视频平台

常见的视频平台有抖音、快手、西瓜视频、腾讯视频、爱奇艺、优酷等。

短视频即短片视频，一般是指在新媒体上传播的时长在5分钟以内的视频，如抖音短视频。

视频平台营销的方式如下。

（1）贴片广告：通常在短视频大号所制作的视频前、后加贴片广告。

（2）内容营销：把淘宝店铺的产品包装成内容。

（3）短视频活动营销：如有奖视频创作大赛，用15秒视频说明××品牌的产品非常好用。

（4）拍摄平台短片，解答客户疑问：用于介绍淘宝网店产品的资质证明、特点、使用说明等信息。

（5）展现品牌文化：可拍摄制作公司团建活动的视频，节日时关于员工的采访视频等。

9.2.7 音频平台

音频的特点是呈伴随式，与视频、文字等其他媒体形式相比，音频不需要使用双眼，因此能在各类生活场景中发挥最大效用。常见的音频平台有喜马拉雅FM等。

音频平台营销的方式如下。

（1）音频内容中植入广告：选取目标受众集中的音频节目进行广告植入。

（2）搭建音频自媒体：品牌直接进入音频平台，建立自己的音频自媒体，如淘宝店铺品牌与喜马拉雅FM联合出品了杜杜电台节目。

喜马拉雅FM中有的音频收听量能达到千万，此时我们就可以利用收听量高的音频进行引流，推广淘宝店铺。喜马拉雅FM的引流操作如下。

（1）账号及头像：账号一定要实名认证，在增强用户信任感的同时还能放大上传音频的空间。头像要有识别度，让消费者容易记住，但也不要带有明显的营销信息。

（2）内容：根据自身情况做一个垂直领域的音频，既可以是你擅长的领域，也可以是你希望引来的人群喜欢的领域。内容最好与淘宝店铺商品相关，越贴近越好。

9.2.8 其他常见的自媒体平台

常见的自媒体平台包括 QQ 公众平台（Mp.qq.com）、企鹅自媒体、UC 浏览器的大鱼号、简书、头条号、搜狐公众平台、百家号等。

（1）QQ 公众平台：依托 QQ 强大的用户资源，可以很好地推广企业信息和商品信息。

（2）企鹅自媒体：腾讯内容开放平台，是做品牌推广和产品推广不错的平台。

（3）大鱼号：基于 UC 浏览器的用户资源，可以直接引流到淘宝网店。

（4）简书：通过图文内容可以直接引流到淘宝店铺。

（5）头条号：头条系产品，可以直接打通今日头条、西瓜视频、抖音、火山小视频、悟空问答、懂车帝等平台。

（6）搜狐公众平台：依托于搜狐网，可以做品牌宣传。

（7）百家号：依托强大的百度搜索用户资源，可以做淘宝店铺引流和品牌宣传推广。

这些平台的影响力和用户量均不及微信公众号平台，但它们又是企业不可忽视的自媒体平台，而且有的平台可以直接打开淘宝店铺。

自媒体运营的目的一般有以下两个。

（1）更大范围地曝光，提高品牌的知名度。

（2）新阵地占位。自媒体平台格局变化太快，提前占位很重要。

9.2.9 新媒体与淘宝结合的案例

前文介绍了新媒体的各个平台，本小节介绍通过新媒体给淘宝店铺引流的方法和步骤。

首先，确定产品面向的用户尤其是目标用户，进行用户画像分析和用户需求分析，确定目标用户经常访问的自媒体平台。例如，女装的目标用户是女性，这里我们再细分一下，以大码女装为例，如图 9.7 所示。

图 9.7 大码女装店铺首页

其次，根据分析的用户需求选择自媒体平台。例如，针对大码女装用户的上网习惯，我们选择今日头条平台，然后注册头条账号，名称要与用户需求相关。这时我们可以先看看自媒体平台有没有类似的账号，如果有，我们可以查看他们发布的文章及热度，如图9.8所示。

图9.8　大码女装今日头条中的相关账号

最后，制作相关内容。我们要选择不同的内容形式，如视频内容或图文内容等。这样做可以聚集粉丝，增加曝光量，能直接给淘宝店铺引流。部分内容的播放与评论数据展示如图9.9所示。

分5个号，适合150斤至220斤手

2468播放·7评论·2019-07-04 17:37

蒲公英的神话；#大码女装 @

1621播放·6评论·2019-07-05 16:58

古香古色，素雅大气；#大码

1273播放·2评论·2019-07-06 17:00

图9.9　部分内容的播放与评论数据展示

9.3 抖音如何做内容电商

据 QuestMobile 统计，抖音在 2020 年 3 月用户规模为 5.18 亿人，同比增长 14.6%，月人均使用时长为 28.5 小时，与去年同期相比增长 72.7%。另外，在 App Store 排行榜中，抖音 APP 的下载量为免费榜总榜第五，分类榜第一。营销原理决定了用户的关注点在哪里，品牌和产品就要出现在哪里，所以通过抖音也可以卖货，只要抖音中有潜在用户就可以做，有用户的地方就有商机。

简单来说，抖音的推荐机制就是表现好的视频会越来越好，表现差的视频会越来越差。因此，每个抖音短视频电商运营人员都会做的一件事就是，在视频发出来时，想办法发动所有能发动的力量去点赞、评论、转发，争取把视频播放完，以提升它的表现。

9.3.1 抖音 APP 的去中心化算法分类

1. 头部账号加权算法

为了提高平台内容的整体质量，抖音与一些机构、大号、MCN、音乐人等合作，这些人或机构首先制作出高质量内容，然后一些小号开始模仿，从而使整个平台的内容质量提高。这就是一种去中心化算法，又向中心化倾斜，主要目的是提高 UGC（用户生成内容，即用户原创内容）内容质量。

我们可以注册一个企业账户或机构账号，当然不是为了加蓝 V，而且可以做一个 MCN 去平台申请一定的流量，这样以后运营起来就很方便了。要注意，成为 MCN 的条件是要有很多"粉丝"的小号来辅助大号。

2. 数据智能推荐算法

作为一个抖音用户，你启动进入抖音的情况有两种：一种是无聊时随意刷视频，另一种是注册账号，可以评论和转发视频。

在第一种情况下，抖音也不知道你喜欢什么视频，于是会随机为你推荐视频。当然，推荐的视频都是抖音平台中点赞数和评论数很高的视频，这样抖音就可以试探你是否喜欢这类内容，然后进行相应的推荐。

第二种情况，平台主要根据你注册的账号看过的视频、点过赞的视频、评论过的视频、转发过的视频来判断你的喜好，从而为你推荐喜欢的视频。所以，运营过程中一定要注重 4 个数据：播放量、点赞数、评论数、转发数。

根据抖音的这个算法，要用抖音卖货就得在运营过程中发布一段视频，首先应看视频的播放量并想办法提高视频的播放量，因为没有播放量就没有一切。当然，抖音会适当给你提供一些播放量，这些原始播放量来自抖音的数据推荐算法。初期的播放量如果超过 1000，那么你的视频会很容易"火"。

当播放量提高之后，我们要关注点赞数。点赞数能够反映出抖音将视频推荐给用户后，用户对你的视频的反应。如果点赞数多，说明喜欢的人多，反之抖音就不会再推荐。所以，我

们可以在视频内容中添加一些鼓励用户点赞的行为,如"老铁双击666"或"点击右上角的红心"等。

评论和点赞数类似,每个视频我们可以不用自己点赞,而是使用小号点赞,但是必须用作者账号回复评论。建议每个视频最少回复3个评论,也可以回复别人的评论以实现引流。

转发数的多少是一个视频能否火的关键原因,在抖音视频运营中要足够重视该数据。转发数高说明用户喜欢你的内容,否则就不会转发。比较火的视频,其转发数都是巨大的。

9.3.2 分析抖音中卖产品的案例

抖音运营能卖产品,这个已经不新鲜了,而且抖音衍生了很多商业模式,大致分为以下几种。

(1)直播变现。

(2)广告变现。

(3)电商变现。

(4)线下店铺。

(5)导流转化。

(6)买卖账号。

从以上几种模式来看,最适合电商人的路子还是老老实实地诚信卖货。例如,"美妆"与"养生",因为做的人太多,入门易,精通难,所以并不容易做出效果。相反,"生鲜特产""服装搭配""美发美甲""舞蹈健身""线下餐饮店推广"等就很容易做出流量或直接带货。

如果一个号做了好几天,既没有播放量又没有人点赞,是否要换个号重做呢?判断一个抖音账号有没有前途、值不值得继续更新的重要标准是,系统有没有给这个号打标签。众所周知,头条系产品的机器算法规则是,不断筛选出垂直内容,并匹配给有可能感兴趣的人。所以,账号内容越垂直,越容易被打标签,越容易被系统推荐。

那么,如何判断运营的抖音账号是否被打标签呢?方法很简单,就是用其他账号打开自己的抖音首页,点击右上方的小三角符号,查看系统推荐的关联账户中有没有"可能感兴趣的人""这个类型中是否有你对标的同类型账号"即可。如果有,则说明已被打标签。保持一天两次更新,15天内如果你的账号被打上标签,则继续做;如果没有,则放弃。下面我们分析几个案例。

1. 生鲜类案例

生鲜类产品是抖音重点扶持的垂直类目,抖音官方上线了"山货上头条"官方抖音号,为全国各地的农副产品代言,销售优质的特色农副产品,提升当地产业的品牌影响力,如图9.10所示。

这类产品在操作过程中要注意以下几点。

(1)发布视频时注意标注好地理位置,以增加信任度。

(2)视频中不要出现微信号和手机号等联系方式。

(3)镜头侧重于原始自然风光,以证明自己的产品是一手货。

（4）展现产品时镜头要慢，以展现产品细节。

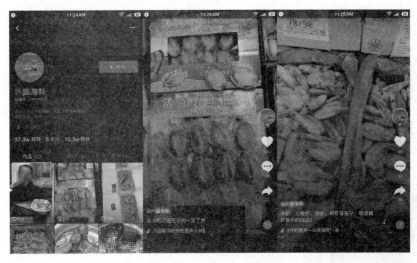

图 9.10　生鲜类案例展示

2. 健身类案例

健身类产品主要选择高颜值的教练作为拍摄对象，选择一些节奏感较强的标志性动作配以音乐就可以获得较高的展示流量，再加上主要受众群体年轻化，因此会更受欢迎，如图 9.11 所示。

图 9.11　健身类案例展示

这类产品在操作过程中要注意以下几点。

（1）舞蹈类适合节奏感强、可匹配舞蹈动作的音乐，而健身类则侧重展示肌肉和力量。

（2）瑜伽馆结合禅意风格的配乐，效果更佳。

（3）个人号建议用某健身教练或者舞蹈老师的 IP 运作，蓝 V 企业号则直接以 ×× 机构的名义输出。

9.4 抖音账号的运营

分析完抖音的推荐机制和一些案例，本节介绍抖音账号的运营。

1. 定位抖音账号

首先根据产品面向的受众选择他们喜欢的内容，然后定位自己的账号。新注册的用户，前几天不要直接给抖音号起名，应先刷几天抖音视频，然后按自己的内容起名，这个是很关键的。

2. 设置抖音账号

注册并给抖音账号起名后，开始设置自己的抖音号和抖音背景图片。背景图片最好是经过处理的，有一句标语最好，或者换上活动图片。然后设置签名和个人详细信息，也可以直接添加微信信息，引导用户到淘宝购买产品，如图 9.12 所示。

图 9.12 设置个人详细信息

3. 拍摄视频

拍摄视频的风格取决于具体卖的产品，应根据不同的产品拍摄不同风格的视频。例如卖农产品，应该保持视频的原始自然风格；拍实体店的视频应保持真实的风格，也可以用第三方探店角度进行拍摄；拍摄视频后可以使用视频编辑软件进行编辑，例如剪映、Premiere、After Effects，使用抖音 APP 拍摄视频的时候有很多道具，可以使用道具来达到更好的效果。拍摄视频最关键的是视频创意和策划，当然视频添加火爆的背景音乐，也能达到更好的效果。

4. 运营账号

账号有了内容后，先观察自己的视频是不是会被推荐，一天更新两个视频即可。按照目标受众的习惯设置发布时间，这样持续 15 天左右，查看账号是否被打了标签及是否被推荐了，如果没有就放弃，另外再重新注册账号。

运营账号过程中想要拍什么样的视频，以及要用什么样的背景音乐，需要参考抖音中热门的内容和热门音乐，抖音内部就有这样的数据，建议每天观察。方法是点击抖音右上角的搜索按钮即可。查看抖音热搜榜单，如图 9.13 所示。

图 9.13 抖音热搜榜单

图 9.13 所示为抖音中的热门内容，也可以用第三方工具查看抖音中的热门视频和点赞最多的视频等数据，然后用追热点的方式拍摄视频，或者用小号给热门视频评论并@自己的大号的方式来引流。

我们可以利用抖音的功能添加一些好友，即开始运营时的互粉。之后，可以把视频下载到手机中，然后上传分享到其他平台，如微信朋友圈、QQ 空间、皮皮虾、陌陌等，这样可以让用户看到抖音水印中的抖音号。

当然，我们也可以使用抖音内部的 dou+ 功能，先花少量钱试着推广。最好找到一些每天都登录抖音的账号，通过微信群让他们选择用 dou+ 推广我们的视频。视频火了之后，一定要经常回复抖友的评论。刚开始时粉丝比较少，可以做到每个评论都回复。当粉丝量过万后，要保持每个视频最少回复前面 3 条评论。

除上述方法，我们还可以尝试以下两种运营方法。

（1）账号矩阵方法。

（2）组织社群点赞。

5. 账号变现

账号变现，即账号卖货。如果企业账号直接加蓝 V，则可以置顶几个视频，我们可以利用这几个视频主推爆款产品。即使是个人账号，也应实名认证，然后开通橱窗功能，当粉丝达到一定规模（总是在变化标准）后则可以开通直播，直播和橱窗卖货都可以。其关键是视频播放量要提高上来，可以做到一天卖货几十单、几百单甚至几千单。

企业认证方法：打开抖音官网，开通购物功能即可。如果个人用户要在抖音中开通淘宝功能，其操作如下。

（1）进入抖音后，点击"我"，再点击右上角的小图标，出现图 9.14 所示的界面。

（2）点击"设置"，出现图 9.15 所示的界面。

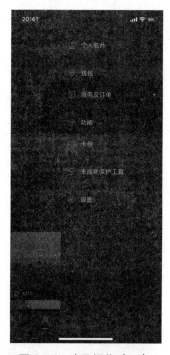

图 9.14　步骤操作（一）

图 9.15　步骤操作（二）

（3）在"设置"界面中点击"商品分享功能"，进入图 9.16 所示的界面。

（4）要开通商品分享功能，则必须满足图 9.16 中的 3 个要求，即对粉丝数没有要求，发布视频的数量不小于 10 个，要完成实名认证。实名认证的方法是，回到"设置"界面点击"账号与安全"，在开通实名认证的界面需要输入姓名和身份证号，并且使用芝麻信用的视频认证。完成认证之后即可直接申请商品分享功能，如图 9.17 所示。

图 9.16　步骤操作（三）

图 9.17　步骤操作（四）

（5）输入手机号和微信号，然后根据实际需要选择所卖商品类目即可，如图 9.18 所示。

（6）选择好类目之后，粘贴上淘宝店铺的链接即可，如图 9.19 所示。

图 9.18　步骤操作（五）

图 9.19　步骤操作（六）

设置完成后,当用户浏览视频时就会弹出要打开手机淘宝的提示信息,如图 9.20 所示。

图 9.20　购买功能

第10章

用数据玩转淘宝天猫——案例篇

在最后一章中,笔者将结合自身多年的运营经验,为大家分享淘宝、天猫运营中的常见问题及应对策略。

10.1 常见困境分析

目前，我们进入电商行业遇到的困境主要有以下两类。

（1）有了一些积蓄，看到朋友正在做淘宝创业，很是自由，于是自己找了一家电商培训的机构，学了一些电商运营知识。可是回来干了3个月发现，做淘宝并不是那么简单，家里倒是存了一批货。

（2）很多人发现做电商很赚钱，自己却没有那么多积蓄，于是从网上或者线下搜索了很多电商的知识，去了几家公司面试，当上了运营人员。做了3个月后发现，自己学的那些知识有些事情解决不了，悟性高的人会继续埋头学习钻研，悟性稍微差点的人就会放弃，然后干回老本行。

接下来笔者用穷举法对电商目前的9种状况进行汇总。

（1）想创业的非工厂的个人，没太多钱又没实力开通天猫店，只能从淘宝小店做起。

（2）想创业的非工厂的个人，有钱却不懂运营，想从淘宝小店试水做起。

（3）想创业的非工厂的个人，有钱也懂运营，尝试从淘宝或者天猫做起。

（4）想创业的团队非工厂，有钱却不懂运营，一般想从淘宝试水或者从天猫做起。

（5）想创业的团队非工厂，没太多钱却懂运营，一般想从代运营公司做起。

（6）想创业的团队有工厂，有钱也懂运营，一般从天猫专营店做起。

（7）想创业的团队有工厂，有钱却不懂运营，一般从天猫旗舰店与1688做起。

（8）想找工作的个人，没钱却懂运营，这种情况一般会从大公司运营助理做到经理，最后创业。

（9）想找工作的个人，没钱又不懂运营，还想自己做电商，这种情况必须先学会本书中的内容，自己开一个一件代发的小店边学边练，学会后再像第（8）条那样执行。

10.2 4种常见问题解读

本节以10.1节中列举的9种状况中常见的4种状况为例进行分析。

10.2.1 个人找工作类问题解读

电商类的工作薪资很高，很多好的电商公司不但待遇好，还有年终分红，这也就是很多毕业的学生想从事电商工作的原因。我们都知道，大学里学习的电商知识大部分都是理论，要在实际工作中有所专研，就只能从实践中学习、总结积累。所以，很多高校毕业生找电商类的工作都从客服、库房发货、运营助理等岗位做起。以上也是笔者经历过的，因为此时我们对电商的概念还是很模糊的。接下来，笔者就分享一下自己是如何度过懵懂期的。

（1）先找一本靠谱的教材，不清楚的可以去豆瓣网看评分，或者找电商培训机构录制的视频，不清楚的可以去淘宝找一下。这样我们就可以花少量的费用学习电商运营的知识。当然想快速成长，最好找辅导机构进行培训，就是费用太高了。

（2）自己开一个淘宝店铺，将学到的知识应用到实际中。记住，一定要开个类目比较大一点的店铺来练习淘宝中所有的运营技巧，若不知道哪些类目招聘的人员多，可以去招聘网站看看哪些类目店铺在招人。

（3）当我们确定好行业之后，直接看行业哪些产品卖得好并且淘宝客佣金高，直接确定产品的选择，这样我们不需要进货，选择一件代发来赚取淘宝客佣金。具体梳理如下。

①市场需求量大，通过对竞争对手的产品付款人数可以看出。
②服务费佣金高，通过淘宝客联盟后台可以看出。
③产品可以代发，并且图片可以授权使用。

针对以上步骤进行分析：首先，找出这些同类目产品，这样就不用担心进货的问题了，只要我们能卖出去就通过这些佣金高的卖家代发，甚至我们的价格还可以低一些和他抢占流量；其次，产品价格方面我们不要选择客单价比较高的产品，因为客单价越高越不太容易卖出，那么后台数据就没有那么大，对于我们学习技巧方面就很难做出准确的数据分析；最后，强调一点，一定要学习图像处理的相关知识，尤其是设计的理念及文案策划方向的知识，因为我们的目标不是运营主管，而是希望当上店长。

10.2.2 个人创业类问题解读

个人创业类困境主要是针对运营方面的困境。目前就个人创业来说，一般建议做淘宝C店，因为天猫店铺要求企业必须是一般纳税人才能入驻，当然买别人店铺（如果是小规模）也是可以的。目前创业类运营的技巧在本书中都有讲解，但最大的问题笔者认为可以分为两类：不知道该卖什么能做起来，知道该卖什么但又不知道怎么卖。第一个问题是没有工厂，第二个问题是有工厂没办法。接下来分别对这两种情况进行分析。

（1）对于没有工厂的情况，笔者建议做大类目，因为大类目总有竞争薄弱的环节，大的商家不可能面面俱到。例如，连衣裙、童装、零食、礼品、家纺、保健品、化妆品等，这些类目乍看起来不好做，因为竞争太激烈，可是仔细分析数据会发现，还是有很多值得去做的。以连衣裙目为例，具体步骤分享如下。

搜索核心词"裙"，查看生意参谋反馈的数据，如图10.1所示。

搜索词	搜索人气	交易指数	支付转化率	在线商品数	商城点击占比
汉尚华莲锦鲤裙	17,459	10,770	0.33%	481	60.94%
金鱼姬lolita裙	13,628	10,856	1.33%	488	15.89%
无名诗lolita裙	57,741	14,031	0.21%	507	13.39%

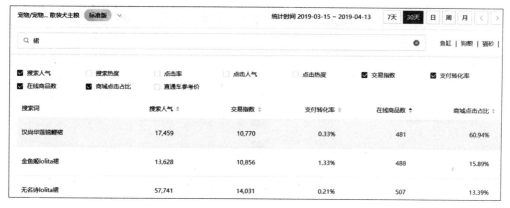

图 10.1　生意参谋关于“裙”的核心词反馈

图 10.1 所示的搜索词按照在线商品数进行了排列，发现 lolita 裙目前很火。同样的思路，也可以按照交易指数进行降序排列，找到在线商品数少的，如图 10.2 所示。

海边度假裙	59,470	189,510	5.36%	286,778	36.14%
法式桔梗裙 维多利亚	118,710	157,420	2.39%	39,325	57.45%
裙	87,525	143,193	2.73%	5,051,439	35.63%
赫本风小黑裙	61,239	114,182	3.43%	109,854	35.02%
lolita裙	116,737	114,071	0.96%	70,845	6.75%

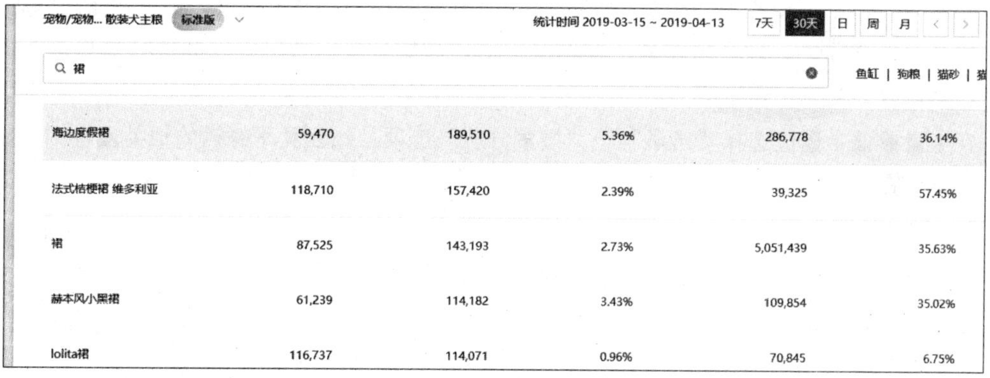

图 10.2　生意参谋“裙”后台

图 10.2 又进一步证实了我们的想法，lolita 裙比较火且在线数量相对较少，同时赫本风裙、法式桔梗裙等都是不错的类目。接下来换一种思维，如手工裙如何？这个类目就需要有自己的工厂，而且这种个性化的需求往往价格都是不菲的。通过以上分析，你是否可以找到自己的定位？小而美并且有利润的类目是创业的基石。

用关键词去淘宝搜索，查看竞争对手卖的相关产品的款式，然后去 1688 找到货源，最好能到工厂实地考察，接下来就需要拍照做图了。这些产品往往具有季节性和流行期，所以一定要以迅雷不及掩耳之势上传宝贝，开始运营。

（2）对于有工厂没办法的情况，我们无法选择，只能做现有的产品。尽管知道自己拥有货源的这个类目难做，但也不能将工厂关闭。这种情况笔者遇到过很多，如卖磁铁的、做广告牌的、卖阔腿裤的等。

解决思路有 3 个：第一，分析竞争对手卖得好的产品，模仿并超越；第二，提升服务质量；第三，挖掘卖点，抢占流量，提升转化。

通过生意参谋后台，首页最下面可以看到实时交易的榜单，近 30 天店铺排名与单品交易榜单如图 10.3 所示。

图 10.3　30 天行业内部销售情况排行榜

点开和我们相关的这些产品，进入它的详情页分析转化率高的原因，吸收优点，然后看对方的差评内容我们是否能解决。如果可以，就将可以解决的问题做到主图上以提升转化，或者在该产品的基础上研发更高一级的产品替换它们，这些都是我们做好自己的类目最常见的思路。

如果是卖磁铁的，除了模仿外，是否可以通过数据分析，找出自己的独特卖点进行优化呢？当然可以，具体步骤如下。

在生意参谋中通过选择"市场"→"搜索分析"选项，找到关于磁铁的相关属性词，如图 10.4 所示。

图 10.4　磁铁相关属性词

由于磁铁的相关属性比较多，因此利用表格来进行分析，如表 10.1 所示。

表 10.1　磁铁属性细分

属性	属性值（很有可能是核心卖点）
形状	圆形、长方形、环形、U 形
场景	白板、门帘、汽车、冰箱、遮阳帘、纱窗、教学、宿舍台灯
功能	强磁、强力
人群	儿童玩具、教师教学、家庭夫妇方向、跑步机人群、睫毛化妆品、宿舍学生方向、水表偷水者方向、开车人方向
材质	钕铁硼、铁氧体磁铁、铝镍钴、钐钴

针对表 10.1 所示的属性对店铺不同的宝贝进行组合，让每个属性都分布在不同的宝贝中作为主推关键词，利用多个 SKU 不同的属性进行汇总，提升转化率，再利用关键词搜索人气高、交易指数高、在线商品数少的宝贝进行流量的导入，做好 8 个一致性。除此之外，还可以使用付费推广进行流量的导入。

有人问笔者：为什么不开通 1688？因为 1688 每年要缴纳 6800 元的会员费，并且要开通实力商家，还需再缴纳 30000 元，这无疑增加了小利润商家的负担。

10.2.3 创业类企业商家的困境

电商运营是一项数据化、精细化、团队化的工作。企业要创业，就必须解决以下 3 件事。

（1）运营人员要有过硬的运营能力，运营工作往往不是一个人就能胜任的，但必须有领头的人。

（2）文案策划者和美工设计人员要深刻挖掘出产品卖点与表达形式，为后期产品的转化提供支持。

（3）企业要具备产品供应能力与研发能力。如果是渠道商，就必须时刻分析市场产品走向；如果是生产厂家，就要用数据分析指导生产。

只有解决以上 3 点，才能把创业类企业电商做好。所以，现在很多老板会带着得力员工一起培训，让自己的团队拥有足够过硬的能力后再去创业。

10.2.4 腰部企业商家的困境

腰部卖家即中型卖家，这种卖家的团队已经基本成型，有自己成熟的供应链和运营手法。这部分商家是整个淘宝、天猫中体量最大、竞争最大的商家，既要每天想办法超越对手，还要摸索适合店铺的运营方法，而且很多新的方法也不敢大胆尝试，因为一旦失败，辛辛苦苦做起来的业绩就没了，稍微一不注意还会被后面的竞争者超越。所以，在淘宝、天猫平台中，腰部企业商家才是最艰难的。那么，腰部企业商家该如何摆脱困境呢？可以从以下 3 个方面入手。

（1）完善产品的内功：主要从 8 个一致性入手，目的是在流量一定的前提下提高产品的转化率，从而提升店铺层级与流量。

（2）提升运营能力：重点从流量入口开始，对店铺流量入口进行细分，找出可以获得的流量，从而增加店铺流量。店铺流量构成如图 10.5 所示。

图 10.5 店铺流量构成

（3）不断研发新的产品，完善老的产品，只有创新才能让企业持续发展。

10.3　3个店铺案例分析

笔者对自己代运营多年的店铺进行了汇总,以3个店铺为例进行自我诊断式讲解,并且分享相关数据,希望能够帮助正在运营店铺的读者。

10.3.1　案例一:天猫店铺礼品方向

本案例针对天猫店铺进行讲解。笔者于2019年3月1日拿到店铺,让商家购买了市场洞察标准版及流量纵横标准版,如图10.6所示。

图10.6　开店必须订购的生意参谋版本

笔者做了如下几方面的工作。

(1)分析店铺所在的层级。通过对近30天数据的分析,在后台可以看到所处层级在第一级,说明店铺还有很大提升的空间。

(2)分析店铺已有产品的流量情况。在生意参谋中选择"流量"→"商品来源"选项来分析每个产品的流量构成,如图10.7所示。

图10.7　商品流量来源

(3)目前位于店铺流量前3名的产品不要动,从第4名产品开始优化。经过沟通与数据分析之后,笔者决定优化一款客单价较高的喜糖盒,如图10.8所示。

(4)要优化一个产品,首先对其历史流量构成进行分析,查看系统给它打的标签。选择"流量"→"商品来源"选项,然后单击要优化的产品即可看到产品流量来源,如图10.9所示。

图 10.8　准备优化的产品

图 10.9　宝贝 2 月份流量的来源及渠道

（5）通过上面的分析，笔者发现在付费推广方面，宝贝没有开通直通车与钻展，淘宝客的佣金也不高，且没有找过达人进行推广，因此这个部分需要加强。

（6）在手机淘宝搜索中可以看到宝贝下单转化率很低，说明文案与入店关键词有出入。接下来点击生意参谋后台的商品来源可以看到与宝贝流量对应的关键词，如图 10.10 所示。

图 10.10　喜糖盒入店关键词详情

通过以上分析我们可以发现，宝贝获得流量第二的关键词是"喜糖礼盒装"，而我们只卖糖盒，所以转化率低是有原因的。

（7）在保存原有的关键词流量的基础上，我们需要重新进行宝贝标题的撰写，然后优化主图与详情页，达到 8 个一致性。宝贝主图及标题优化后的效果如图 10.11 所示。

图 10.11　宝贝标题与主图优化

在这部分内容中，笔者做了以下几部分工作。

①淘词写了标题，保证核心关键词"结婚喜糖盒"的词距算法与卖点描述的一致性。
②做了宝贝买家相册，把买家秀做到了宝贝详情页。
③做了关于卖点的"问大家"，等待买家回复。
④优化了宝贝属性词，完善了宝贝风格。
⑤完善了主图，增加了主图表现手法——高档。
⑥完善了买家的疑问，每个盒子能装下多少颗不同的糖。
⑦与部分差评的买家进行沟通，进行了有效的更改。
⑧增加了宝贝主图视频，让买家能尽快地了解产品特征。
⑨做了淘宝客的补单，增加了宝贝评价，让好评进一步往上顶；部分买家发了真实的产品，沟通晒图，增加了买家相册的表现力。
⑩安排了人员进行关键词方向的补单，增加关键词排名，同时增加了视频点赞、收藏、加购等行为表达。
⑪开通了直通车，尤其是主推的关键词全部放进了直通车。注意，一定要与宝贝自然流量中转化率高的入店关键词一致，这样才能不断增加宝贝关键词的权重，如图 10.12 所示。

状态	全部	关键词 ↑	质量分		今天20:00-21:00平均排名		出价		展现量 ↑
			计算机 ↑	移动 ↓	计算机	移动	计算机 ↑	移动 ↑	
推广中		智能匹配	-	-	-	-	0.15元	0.30元	22
推广中		马口铁喜糖盒	6分	10分	第4页	移动11~15条	0.50元	1.10元	465
推广中		喜糖铁盒	7分	10分	无展现	移动4~6条	0.50元	1.10元	1,536
推广中		小铁盒糖果	7分	9分	第5页	移动前三	0.50元	1.10元	441

图 10.12　直通车关键词效果

图 10.12 所示的关键词和该宝贝最近 7 天自然流量的关键词是一致的,并且直通车表现效果也较好,如图 10.13 所示。

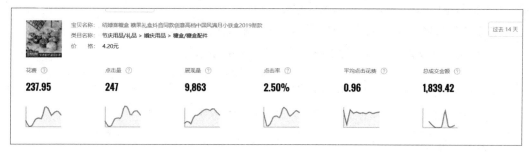

图 10.13 直通车效果

(8)接下来应该找淘宝客,增加宝贝淘宝客佣金,让淘宝客进行推广,增加流量渠道。笔者和商家沟通后,最终决定佣金出到 20%,如图 10.14 所示。

图 10.14 淘宝客高佣金推广

利用淘宝客推广时前期要广撒网,看看哪家效果好,然后单独与其合作。通过一段时间的观察,发现宝贝流量在剧增,从所有合作的淘宝客中找出那个销售额多的(在阿里妈妈后台中"我报名的活动"中查看),如图 10.15 所示,然后我们再进一步与他合作。

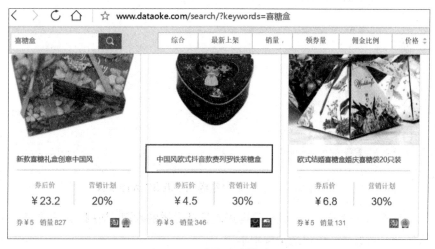

图 10.15 大淘宝客推广展示

(9)完善宝贝钻展推广。因为该类目竞争并不激烈,所以可以通过钻展圈定人群进行流量导入。

（10）定期发布宝贝短视频与微淘内容，与达人合作，进行宝贝内容营销推广。

（11）链接站外微博、小红书、抖音等平台进行站外流量的导入，让宝贝流量多元化，尤其是我们目前推广的关键词 —— 抖音同款。

（12）宝贝销量和权重达到一定阶段后，报名淘宝天天特价与淘抢购活动。

通过以上这些操作后，宝贝的数据表现如图 10.16 所示。

图 10.16　宝贝近 30 天的数据表现

通过以上手段可以陆续优化店铺的不同宝贝，做好主推款的关联营销，让店铺整体提升一个层级，增加店铺的年度销售额。

10.3.2　案例二：淘宝店食品方向

食品类目店铺：目前的数据采集时间为 2019 年 4 月 13 日，店铺有 200 款产品，店铺等级为 5 个蓝冠，主要销售的产品是台湾美食，属于全球购方向。接下来讲解目前店铺的运营思路。

（1）分析店铺已有数据。通过生意参谋查看宝贝的流量构成及近 30 天的访客数，如图 10.17 所示。

图 10.17　店铺产品流量构成及近 30 天访客数

（2）店铺访客行为分析。通过分析访客进入店铺之后的收藏、加购、访问深度、跳出率等，如图 10.18 所示，可以判断店铺的文案水平。

| 2018-04 | 2018-06 | 2018-08 | 2018-10 | 2018-12 |

跳失率		人均浏览量		平均停留时长
57.92%		**3.75**		**13.00秒**
较前一月 2.52% ↓		较前一月 1.35% ↑		较前一月 --
较去年同期 0.38% ↓		较去年同期 2.74% ↑		较去年同期 --

图 10.18　访客行为数据分析

（3）通过对入店关键词分析为什么没有转化，找出 8 个一致性中存在的问题并进行解决。访客入店关键词如图 10.19 所示。

店外搜索关键词				日期 ∨	2019-04-07~2019-04-13
搜索词	带来的访客数 ⇅	引导下单转化率 ⇅	全网搜索热度 ⇅	全网点击率 ⇅	全网商品数 ⇅
珍珠奶茶巧克力	1,047	0.57%	34,509	121.40%	532
小潘凤梨酥	200	3.00%	3,128	132.42%	78
台湾特产	177	1.69%	30,816	72.15%	1,586

图 10.19　访客入店关键词

因为本店铺是 5 个蓝冠并且处在第 5 层级，所以找出如下问题并解决，销售额就一定会提升。
①宝贝主图、详情页不够优秀，需要完善文案部分。
②主推款中差评的问题没有及时处理，影响宝贝转化。
③很多产品没有进行直通车推广，影响宝贝销量与关键词排名。
④很多宝贝的标题并没有遵循淘宝关键词的 3 项指标。
⑤主图视频欠缺，也没有与内容达人合作，缺乏内容营销。
⑥淘宝客推广薄弱，需要加强淘客推广。
⑦很多活动没有报名，欠缺活动方面的运营。
对于上面问题的解决方案如下。
①完善文案方向，通过生意参谋挖掘出关键词，优化宝贝文案的 8 个一致性。
②重新撰写标题，通过黑马词 3 项指标与标题撰写的方法完善宝贝自然流量入口。
③开通直通车，让推广的关键词与自然标题的关键词一致，从而增加自然权重。
④定期报名淘宝客活动，加大达人推广力度。
⑤完善内容营销体系，包括短视频、微淘、淘宝头条等。
⑥研究淘宝活动，参加淘宝大型活动，如天天特价、淘抢购、聚划算等。

（4）通过一段时间优化，店铺已经做出了 3 款主推款，并且销售额已经超过了上个月的数据，具体如图 10.20 所示。

		2019-05 较去年同期	2018-05 较去年同期
	支付金额	334,155.88 +17.68%	244,373.67 -13.80%
	支付转化率	4.09% +31.85%	4.15% +62.55%
	客单价	173.32 +19.51%	168.42 -7.08%
交易	支付买家数	1,928 -1.53%	1,451 -7.23%
	支付老买家数	601 +17.61%	403 -4.73%
	老买家支付金额	175,447.97 +100.90%	97,335.54 +4.81%
	支付件数	5,707 +12.10%	4,015 -22.37%
	支付子订单数	3,761 +6.15%	2,722 -8.99%

图 10.20　店铺 3 月份数据

（5）我们发现特产这个类目的客户黏性非常强，并且在线商品数进入很少，我们只需要做好自然优化，宝贝的权重就很容易做起来。接下来以一款软糖为例进行讲解。

进入分析后台生意参谋，选择"流量"→"商品来源"→"七天数据"选项，发现支付成功的买家数如图 10.21 所示。

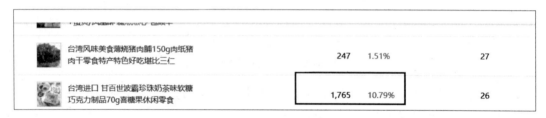

图 10.21　宝贝流量大支付少

打开前端，找到这个宝贝（见图 10.22），查看导致其转化率偏低的原因。

图 10.22　宝贝详情页

该宝贝转化率低是因为存在以下问题。

①主图没有表现这款零食如何好吃的视频，不够吸引人。

②手机端没有“问大家”与攻心评价。

③没有买家晒照片与买家相册。

④宝贝的销量不够多，评价也不多。

解决以上问题之后，我们应该想办法进一步导入流量，于是笔者在生意参谋后台淘词，如图 10.23 所示。

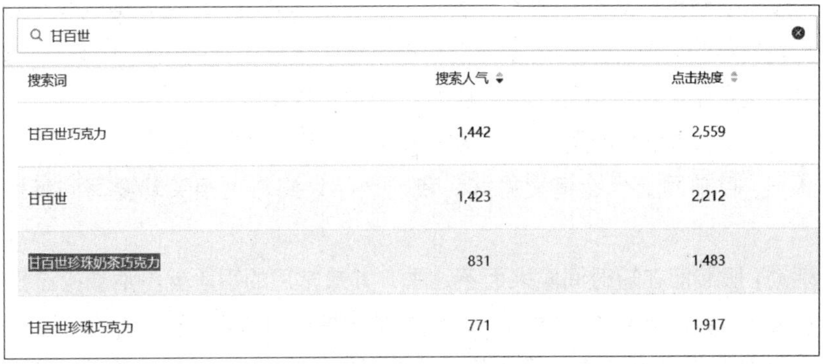

甘百世

搜索词	搜索人气	点击热度
甘百世巧克力	1,442	2,559
甘百世	1,423	2,212
甘百世珍珠奶茶巧克力	831	1,483
甘百世珍珠巧克力	771	1,917

图 10.23　宝贝后台淘词

进一步优化宝贝标题，用前文介绍的撰写标题的方法，让主推关键词做到完全正向匹配，重新撰写后的标题如图 10.24 所示。

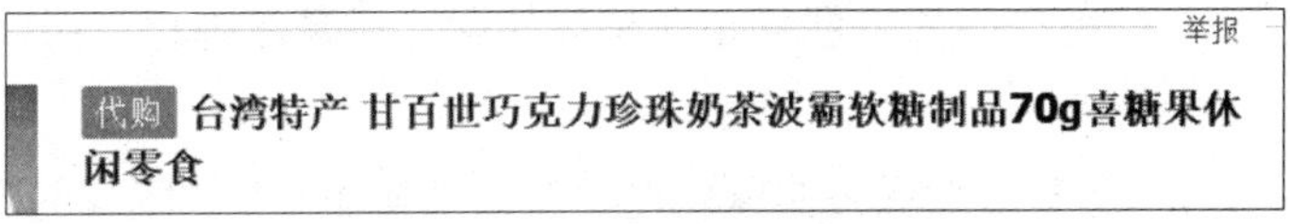

图 10.24　重新撰写后的宝贝标题

因为产品价格比较低，所以我们可以报名参加天天特价活动，或者做成买三送一等模式以增加宝贝转化。以上就是针对客单价比较低的宝贝进行的案例分析，内功是根本，外功需通过内功起作用。

10.3.3　案例三：淘宝店女装方向

女装是服装中的重要分支之一，服装在淘宝天猫中占据了 1/4 的销量，并且女装永远有新的款式与样式出现，这就导致不管市场竞争到什么阶段，都有那么一块地可以种。服装店铺运营策略分为两种：短、快、狠走快时尚策略，稳定需求走风格化策略。接下来就针对这两种运营策略进行讲解。

（1）短、快、狠走快时尚策略的典型代表就是 ZARA。其从设计、打板、制作成衣服，以及到店铺商家销售仅需要两周，而传统的企业根本无法实现。再加上 ZARA 在全球设置采购时尚信息的收集与生产限量的营销手段，让 ZARA 在快时尚圈子非常有名。所以，快时尚目前不适合小卖家，一般只有巨头才能玩得起来。

（2）稳定需求走风格化策略是目前传统企业转到线上经常使用的手段，其缺点就是产品更新慢、库存积压风险大。所以，很多卖家已经抱团作战，如温州鞋城、石狮服装城等，他们共同承包一个小工厂，大家共享资源，以降低风险。

以上就是服装类目常见的两种运营策略，做服装的具体方向一定要对我们产品的特点进行优化，让每个产品都成为导入流量的个体。每每讲到这个地方，很多人就会问笔者：怎样细分？例如女裤，我们可以从裤脚上细分出开叉、阔腿、不规则、拉链、小脚等；再如女装，从外观上可以细分为淑女、甜美、超仙、萝莉、名媛、小清新、御姐、小香风等。按照以上细分，小的卖家可以找到当年的蓝海，大的商家可以根据市场需求让店铺的风格多样化，吸收每一类人群画像的流量，这是服装类目运营之道。服装运营常用的手段如下。

（1）常挖词：找出市场核心需求，根据需求寻找产品并进行优化。

（2）沾人气：目前网上什么词卖得好，我们产品只要与之相关就要写到标题上，做到主图上。

（3）报活动：服装能在短时间卖火而不过季，其最常用的手段就是活动抢占榜首。

（4）玩社交：抖音、小红书、微淘、达人主播这些互动内容社交营销平台是做好服装的重要阵地。互联网典型代表为绽放旅行女装，其采用的"旅行＋女装＋摄影＋文艺"的策略无疑是成功的。

（5）找差异：细节的差异化营销往往是女装类目所欠缺的，做好差异往往能吸引广大女性。

（6）重拍摄：一张好的宝贝主图往往能带来很高的转化，尤其能准确地表达买家的需求。

（7）重品牌：一个优秀产品的发展肯定先是风格化，后是品牌化，所以付费推广是不可少的。

（8）重复购：一个买家往往会关注卖家定期上新，尤其是上新频率高的服装，所以老客户营销很重要。

10.4 店铺运营方案

店铺运营方案的撰写是每位店长必须掌握的能力，就是给你一个店铺要从哪些方面实施，这也是本书撰写的一条脉络，那么店铺运营包括哪些内容呢？

1. 了解产品（生意参谋分析）

通过生意参谋了解产品对应的人群画像，包括如下几点。

（1）年龄、性别、地域、大网时间——生意参谋。

（2）价格通过搜狗高速浏览器查看或者手机端APP价格区间查看，包括以下几种方式。

①渠道。

②浏览习惯。

③消费情景。

④学历职业。

必须得出产品人群定位结论，如某产品适合25～30岁长江以南月工资8000元以上的气质女孩。

（3）对已有的店铺老客户人群画像的研究可以通过 http://ecrm.taobao.com 进行。

2．分析宝贝的流量构成

在生意参谋中，选择"流量"→"商品来源"选项找出产品流量入口，从而加强已有的入口，并想方设法加入其他渠道流量入口。这个位置有宝贝所有流量导入的方式，需要点关注。

3．店铺分析

对店铺流量前 10 名进行分析。

（1）单品分析——流量为自然流量且很大，说明宝贝标题不用修改。利用宝贝标题中已有的属性挖掘一个核心属性，做到 8 个一致性，尤其是核心卖点在主图中的展现力。再强调一次，标题不修改。

（2）单品分析——流量都是来自非自然搜索，这时需要更改标题，写出包含主推关键词的完全正向匹配的标题。

店铺流量后 10 名处理方法：下架、编辑、写标题、优化主图与详情页、重新上架。

店铺流量居中产品：修改标题，与前 10 名宝贝做搭配，由流量高的产品带动流量适中的产品。这里应分清 3 个款：流量款、主推款、利润款。

店铺流量高的前 3 款不用修改标题，可以修改主图与详情页，想方设法地增加转化。与此同时，开通付费推广，让其直通车形成经叉图。

4．首页和宝贝详情页修改

（1）首页的布局类似于裂帛的布局，首页布局色调搭配要符合店铺产品核心卖点。

（2）主图、详情页装修设计都要围绕核心卖点。

5．自然流量

（1）打标：企业店铺、行业标、金牌卖家、信用卡等。

（2）自身优化：标题、销量、评价、问大家、买家秀、收藏、橱窗、上下架等。

6．直通车

（1）前期：测款、测图、养分。

（2）后期：打造爆款、低价引流。

（3）目的：提高 ROI。

强调一点，分析数据一定要看优秀的竞争对手 8 个一致性的做法。

7．淘宝客

（1）通过淘宝客后台销售额挑选优质淘宝客。

（2）测试淘宝客人群画像转化率情况。

（3）找出最优的淘宝客并加入我们的定向计划。

8．钻石展位

（1）利用钻展的流量红利期玩好钻展的 CPC。

（2）用钻展的 CPM+DMP 玩好爆款与品牌推广。

9. 其他推广

（1）移动端：手机淘宝首页流量入口研究。

（2）微博、百度产品、抖音、今日头条等产品链接跳转与人群锁定。

（3）微淘：软文关键词和产品链接。

10. 活动

（1）确定店铺宝贝各阶段的目标。

（2）试报活动做表格，对活动进行分类，并且注意主图创意及价格的设置。

（3）制作首页和宝贝详情页海报，营造节日氛围。

以上是我们运营店铺大致需要做的事情，具体操作细节大家可以参考各章内容。最后分享一些电商运营过程中要用到的表格。

竞品分析如表10.2所示。

表10.2 竞品分析

日期	品牌	与××相仿	上线月份	近一月销量	活动情况	是否推广	单价	调价频次	核心卖点	累计销量	日均销量
2020年5月4日	×××××	某SKU产品	6月	300	限时折扣	直通车	201元	1	ABC	1000	10

店铺日常数据统计如表10.3所示。

表10.3 店铺日常数据

日期	浏览量	访客数	收藏量	加购量	销量	店铺层级	停留时间
2020年5月4日	18595	7161	2262	1931	350	5	33

店长周工作表如表10.4所示。

表10.4 店长周工作表

工作周	3月第一周	制定人	××	所在部门	运营部	执行人员	完成时间
序号						A	完成情况（%）
1							
2							
3							
4							
5							
6							

客服日常工作每日报表如表 10.5 所示。

表 10.5　客服日常工作表

日期	接待人数	询单人数	当日付款人数	询单转化率	客单价	销售额	旺旺响应时间	好评数
2020年5月4日	107	61	41	67.20%	99	4045	29	10

店铺重要考核指标如表 10.6 所示。

表 10.6　店铺重要考核指标

支付率	退款率	中差评数	解决数量	投诉维权	推荐数	客单价	UV	转化	营业额	行业排名

由于表格比较多，因此笔者将其汇总至网盘中，大家可按前言中介绍的方法进行获取。